Margit Dietz
Evangelina García Martín
Javier Navarro González
Emilio Rincón Cabello
María Victoria Rojas Riether
Matthias Ruiz Holst
Beate Stascheit
Ina Steggewentz

Línea amarilla

3

Ernst Klett Verlag
Stuttgart · Leipzig

Línea amarilla 3

Autorinnen und Autoren: Margit Dietz, Bielefeld; Evangelina García Martín, München; Javier Navarro González, Erlangen; María Victoria Rojas Riether, München; Emilio Rincón Cabello, Mainz; Matthias Ruiz Holst, Berlin; Beate Stascheit, Berlin; Ina Steggewentz, Hannover.

Zusatzmaterialien für Schülerinnen und Schüler zu diesem Band:
Cuaderno de actividades, Klett-Nr. 536831
Cuaderno de actividades mit Lernsoftware (CD-ROM), Klett-Nr. 536841
Grammatisches Beiheft, Klett-Nr. 536835
Schüler-CD, Klett-Nr. 536833
Vokabellernheft, Klett-Nr. 536836

1. Auflage

1 8 7 6 5 4 | 2020 19 18 17 16

Alle Drucke dieser Auflage sind unverändert und können im Unterricht nebeneinander verwendet werden.
Die letzte Zahl bezeichnet das Jahr dieses Druckes.

Redaktion: Miguel Freire Gómez, Simone Roth, Dr. Monika Türk
Gestaltung: Thomas Gremmelspacher
Umschlaggestaltung: Anne Bäßler

Illustrationen: Beate Klauder, Esslingen; Sabine Koch, Stuttgart; Marlene Pohle, Stuttgart; Franziska Rosentreter (Karte Lateinamerika)
Umschlagfotos: Yahoo! Deutschland GmbH, München (flickr / freakyman); iStockphoto, Calgary, Alberta (aldomurillo)
Reproduktion: Meyle + Müller GmbH & Co. KG, Pforzheim
Druck: Mohn Media Mohndruck GmbH, Gütersloh

Printed in Germany
ISBN 978-3-12-536830-9

Inhalt

Thema	Kommunikative Fertigkeiten	Sprachliche Mittel	Methodenkompetenz	

Hola, soy Julián.

Vivo en Madrid, junto con mi madre, en casa de mi abuelo, y eso a veces es un rollo. Todavía no conozco bien la ciudad porque acabo de llegar. Vamos a descubrir juntos mi barrio y la ciudad, ¿queréis? También vais a conocer a mis amigos que se han quedado en Andalucía.
Además, vais a aprender mucho sobre Guatemala, un país muy interesante de Centroamérica y el país de origen de una vecina del barrio muy simpática.

¡Vamos, nos lo vamos a pasar genial!

JULIÁN

Wegweiser durch Línea amarilla 3

Zeichenerklärungen

Eine Aufnahme des Textes oder ein Video befindet sich auf der CD (Klett-Nr. 536833).

Dies ist eine Hörverstehensübung. Den Hörtext spielt euch euer Lehrer / eure Lehrerin vor.

Diese Symbole kennzeichnen Übungen für Partner- oder Gruppenarbeit. Unter den Partnerübungen sind auch Aufgaben, bei denen die Partner jeweils die Lösung des anderen vor sich haben. So könnt ihr gegenseitig kontrollieren, ob ihr den Stoff gut beherrscht.

Übungen mit diesem Zeichen macht ihr am besten schriftlich in euer Heft.

In diesen Übungen könnt ihr selbst Gesetzmäßigkeiten der spanischen Sprache erkennen und Regeln formulieren. Eure Ergebnisse könnt ihr im Grammatischen Beiheft (Klett-Nr. 536835) überprüfen.

Dieses Zeichen verweist auf wichtige Lern- oder Arbeitstechniken, von denen jeweils eine in jeder Lektion erklärt wird. Auch die Übungen zu diesen sog. *Estrategias* sowie die Lerntipps haben dieses Symbol.

In so gekennzeichneten Übungen könnt ihr alles anwenden, was ihr bisher gelernt habt.

Diese Übungen eignen sich besonders gut dafür, eure Resultate zu sammeln und in einer eigenen Mappe abzuheften. In diesem *Portfolio* könnt ihr im Laufe der Zeit euren Lernfortschritt erkennen und anderen zeigen, wie gut ihr bereits Spanisch sprecht und schreibt.

[ ] Dieses Symbol kennzeichnet Buchteile, die durchgenommen werden können, die aber auch entfallen können.

Andere Kennzeichnungen

(§ + *Zahl*) hinter den Titeln der Übungen verweist auf den entsprechenden Paragraphen im Grammatischen Beiheft. Dort könnt ihr Erklärungen zu der grammatischen Struktur nachlesen, die in dieser Übung besonders geübt wird.

536830-000# Unter diesen Online-Links findet ihr nützliche Adressen für die Internet-Recherche zu bestimmten Aufgaben oder auch weitere Linktipps. Einfach die Nummer unter www.klett.de/online eingeben.

Auf den Anfangsseiten der Lektionen und in den Übungen stehen des Öfteren farbige Kästchen mit Wortschatzangaben. Die verschiedenen Farben bedeuten dabei Folgendes:

Die Vokabeln und Ausdrücke in den Kästchen mit dieser Farbe sind Lernwortschatz. Sie werden in den folgenden Lektionen vorausgesetzt und sind auch im lektionsbegleitenden Vokabular verzeichnet.

Diese Kästchen fassen bereits bekannten und für das Lösen der Aufgabe besonders wichtigen oder nützlichen Wortschatz zusammen.

Die Kästchen mit dieser Farbe enthalten für die jeweilige Aufgabe hilfreiche zusätzliche Wörter und Ausdrücke.

Weitere Rubriken

Mirada afuera: Jede Lektion enthält eine Seite mit authentischen Texten, z. B. Lieder, ein Video oder interessante Auszüge aus spanischen Jugendbüchern.

Un paso más: Im Anschluss an die Lektionen 3, 5 und 8 befinden sich jeweils vier Seiten zur Wiederholung des bisherigen Lernstoffs. Die Texte enthalten außerdem weiterführende Informationen zu Madrid, Andalusien und Guatemala.

Glosario cultural: Auf den Seiten 130–136 findet ihr kurze Erläuterungen zu wichtigen Orten oder Persönlichkeiten aus Spanien und Lateinamerika, die im Laufe der Lektionen genannt werden.

Das *Vocabulario* (S. 137–151) verzeichnet alle neuen Vokabeln, nach Lektionen geordnet und in der Reihenfolge ihres Vorkommens. Es enthält auch Verweise auf ähnliche Wörter in anderen Sprachen, bereits bekannte spanische Wörter aus der gleichen Wortfamilie, Synonyme und Antonyme (Wörter mit der gleichen oder entgegengesetzten Bedeutung) sowie Beispielsätze. Diese solltet ihr immer mitlernen, denn im Satzzusammenhang prägt man sich die Wörter besser ein.

Im lektionsbegleitenden Vokabular stehen auch Übersichts-Kästchen zu allen grammatischen Strukturen. Angegeben ist auch der Paragraph im Grammatischen Beiheft, in dem ihr die Regeln nachlesen könnt.

Das *Diccionario* (S. 152–188) listet den gesamten Lernwortschatz aus den Lektionen, d. h. alle Wörter aus dem *Vocabulario*, noch einmal in alphabetischer Reihenfolge auf (Spanisch-Deutsch und Deutsch-Spanisch). Es enthält zusätzlich weitere Wörter aus den Übungen, die ihr nur erkennen und verstehen solltet. Dort könnt ihr also nachschlagen, wenn ihr die Bedeutung eines Wortes vergessen habt oder nicht sicher seid, ob ihr es richtig verstanden habt.

🔊 En el barrio La Latina

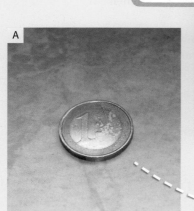

> Buenos días, Enrique. ¿Qué tal?

> Así, así. Mañana se acaban las vacaciones.

> Paco, ¿me cobras?

> Marcial, ¿por qué no viniste ayer?
> Dame dos billetes de lotería, anda.

ORFEO

Tiene seis años. Llegó al barrio hace tres años cuando comenzó a trabajar con Marcial, que es ciego.

FRANCISCO CAMARÓN GARCÍA

Es el marido de Jacinta. Se casaron en 1988 en la iglesia del barrio. Tiene esta churrería desde 1984.

MANUEL AGUILAR GARCÍA

Tiene 70 años. Trabajó muchos años en la panadería. Hace tres años murió su mujer. Pero ahora ya no vive solo porque su hija y nieto volvieron a Madrid.

JACINTA PINO LÓPEZ

Ha vivido siempre en el barrio. Casada, con dos hijos, primero fue ama de casa y en el año 2001 abrió este quiosco.

Una barra de pan, por favor.

¡Cómo mola esa gorra!
A ver si tengo dinero...

Julián, ya nos pediste dinero
hace unos días, pero...

Abuelo, mamá, ¿me dais la paga?
Hoy he quedado con mis amigos.

EL EURO

Hijo de la peseta, nació en el Banco de España en el año 2002. Tiene parientes en muchos países de Europa. Vivió en Francia dos años. Ha vuelto este verano a España con una turista que compró con él un billete de metro.

JULIÁN MOLINA AGUILAR

Va a ir a 3º de ESO. Él y su madre se mudaron al barrio hace tres meses y viven con el abuelo. Su madre trabaja en la panadería.

ANITA

Tiene año y medio. Ayer tuvo otra vez fiebre y por eso no ha ido hoy a la guardería. Sus papás trabajan y ella pasa mucho tiempo con Mirta.

MIRTA PUCHE MENDOZA

Es guatemalteca y vino a España hace dos años. Primero estuvo en un pueblo cerca de Salamanca y cuidó a una anciana; ahora vive aquí en el barrio y cuida a Anita.

1 ¿Quién es quién?

Mirad las páginas 8 y 9 y decid qué texto habla de qué persona de las fotos.

• El chico				
• La chica	a la derecha		primera	
• El hombre	a la izquierda	de la	segunda	foto es …
• La mujer	en el centro		tercera	
• La persona	al fondo *(Hintergrund)*		…	

• En la foto	hay (un / una / …) …
• Al lado de …	vemos …
• Delante de …	está *(+ nombre de la persona)*
• Detrás de …	
• Enfrente de …	
• Cerca de …	

2 Un día en la vida del euro (§ 1)

En las páginas 8 y 9 habéis visto cómo un euro
ha ido de mano en mano. Imaginad que este euro
sabe hablar y que por la noche cuenta a sus compañeros el día que ha tenido.

Ayer llegué al quiosco de Jacinta.
Esta mañana he salido de allí y me
he ido con un hombre que…

3 ¿Qué más hay en el barrio?

Después de leer el texto de las páginas 8 y 9 y de mirar las fotos, jugad como en el
ejemplo. Usad lo que veis en las fotos o las palabras que están en el texto.
Cuando una persona se equivoca *(sich irrt),* deja de jugar. Los otros empiezan otra vez.
Gana *(gewinnt)* la persona que al final se queda sola. Jugad en grupos de cinco o seis.

Ejemplo:
Alumno 1: Veo un periódico.
Alumno 2: Veo un periódico y un vaso.
Alumno 3: Veo un periódico, un vaso y …

4 El pasado (§ 1)

a Copiad esta tabla en vuestro cuaderno. Buscad en las páginas 8 y 9 las palabras o
expresiones que os ayudan a saber cuándo hay que usar pretérito perfecto y pretérito
indefinido y escribidlas en la tabla.

pretérito perfecto	pretérito indefinido

Expresiones útiles

Estas palabras y expresiones os
ayudan a saber qué tiempo verbal
tenéis que usar. Pero el tiempo
verbal también depende de *(hängt
ab von)* lo que queréis decir.
Por ejemplo:
Esta tarde he ido a la biblioteca
(= ya lo habéis hecho).
Esta tarde voy a la biblioteca
(= queréis hacerlo, todavía no
lo habéis hecho).

b ¿Qué más os ayuda a saber qué tiempo verbal tenéis que usar?
Describid el tipo de situaciones.

5 El mejor amigo (§1)

Orfeo, el perro de Marcial, os va a contar algo de su vida. Completad el texto con las formas correctas del pretérito indefinido o del pretérito perfecto. Vuestras soluciones del ejercicio 4 os ayudan a saber el tiempo correcto.

Mi nombre es Orfeo y **nacer** hace seis años en Toledo. Los primeros meses **vivir** allí con mi madre y mis dos hermanos. Cuando **cumplir** un año, mis hermanos y yo **venir** a Madrid. Yo **empezar** en una escuela de perros para ayudar a personas ciegas. Mis hermanos **preferir** algo más de acción y **irse** a la escuela de perros policías. Yo en la escuela **estar** dos años y **aprender** un montón de cosas: tomar el metro o autobús, ir a las tiendas... Hace tres años **conocer** a Marcial que me **llevar** con él. Desde entonces siempre **estar** con él y **vivir** en este barrio donde soy un vecino más. Estoy muy contento porque aquí me quieren[1] mucho y nunca **tener** problemas.

6 La vida de Marcial (§1)

a Escribid con la siguiente información la biografía de Marcial. Cuidado con los tiempos verbales.

Nombre y apellidos	Marcial Rojas Soler
Lugar y fecha de nacimiento	Ávila, España; 28-V-1956
1962 – 1966	Va al colegio Santa Teresa.
1966	Empieza en el colegio Diocesano.
1968	Cae enfermo y pierde la vista[2].
1968 – 1969	No va a la escuela. Está en casa y ayuda a sus padres.
1970	La familia se muda a Madrid y los padres abren un bar.
1970	Vuelve a la escuela donde aprende a leer en braille[3] y sigue ayudando a los padres en el bar.
1983	En el bar conoce a Marina Castro Blanco, una enfermera de hospital y se enamoran[4].
1986	Se casa con Marina.
1988	Tienen un hijo.
1989	Muere su padre. Él vende el bar.
Desde 1990	Vende lotería de la ONCE.
2005	Conoce a Orfeo y lo lleva con él.

b Elegid uno de los siguientes ejercicios. Los ejercicios 5 y 6a os pueden servir de ejemplo.
1. Contad la vida de una persona famosa. Leed vuestro texto a vuestros compañeros sin decir el nombre. Ellos adivinan quién es.
2. Escribid la biografía de vuestra mascota (*Haustier*) o de vuestra cosa favorita. Leed vuestro texto a vuestros compañeros sin decir sobre qué. Ellos adivinan qué animal o cosa es.

> **La ONCE**
>
> Para saber qué es la ONCE, mirad la página 132 del *Glosario cultural*.

---

[1] **querer (-ie-)** lieben – [2] **la vista** *hier*: die Sehfähigkeit, das Augenlicht – [3] **braille** sistema que usan los ciegos para leer y escribir – [4] **enamorarse** → enamorado, -a

🔊 El primer día

1 **Radio:** Hoy acaban las vacaciones y empieza el colegio. En la Comunidad de Madrid más de un millón de alumnos tienen que volver a las aulas y a los libros. Hoy va a ser un día para ver caras conocidas o hacer nuevos amigos. Desde la radio os deseamos un buen comienzo.

Fran: Julián, Julián, ven aquí un momento. —Julián
5 se acerca a Fran.— Mirad, éste es Julián. Es nuevo en el instituto, bueno, y en Madrid, ¿verdad?

Carmen: ¿Sí? ¿Dónde vivías antes?

Julián: Vivía en Motril, en la provincia de Granada.

Carmen: Sí, ya te noto el acento. ¿Y qué tal? ¿Qué
10 te parece nuestro instituto?

Julián: Enorme. El instituto donde estudiaba yo antes era más pequeño. Éramos menos alumnos. El instituto era genial. Había profesores que eran muy guays…

15 **Elena:** ¿Vosotros teníais profesores guays? Aquí son un rollo. Tenemos a las momias que no caben en los museos.

Carmen: Como Enrique, el de Tecnología del año pasado, que no sabía encender el DVD para ver
20 una película.

Fran: ¿Y os acordáis de «la Ketchup»? Era una americana y, como sólo hablaba inglés en clase, nosotros no entendíamos ni papa.

Carmen: Le llamábamos «la Ketchup» porque se ponía roja como un tomate cuando se enfadaba. 25

Fran: En clase no aprendíamos nada, pero nos divertíamos un montón.

Carmen: Aquí lo vas a pasar bien. Además, Madrid es mejor que un pueblo, ¿no?

Julián: Bueno, Motril tampoco es un pueblo. Además 30 yo allí tenía muchos amigos, iba con ellos a la playa cuando hacía buen tiempo… Por eso estaba muy contento.

Elena: ¿De verdad ibais a la playa? ¡Qué suerte!

Carmen: ¿Por qué vivís ahora aquí? ¿No estabais 35 contentos allí?

Julián: Uy… eso es una historia muy larga…

Carmen: ¡Oh no, el timbre! Después nos sigues contando qué más cosas hacías allá, en el sur, ¿vale? 40

Julián: Vale.

En la sala de profesores …

Teresa: Hola, Enrique, otro año más aquí. ¿Qué estás haciendo?

45 **Enrique:** Ya ves, me estoy rompiendo la cabeza. Estoy intentando mandar un mensaje, pero acabo de comprar un móvil nuevo y no entiendo cómo funciona. ¡¿Por qué hacen estos aparatos cada vez más complicados?! Ah, por cierto, ésta es

50 Beate, la profesora alemana de intercambio. La pobre tiene el 3° C.

Beate: Hola, ¿qué tal? ¿Tan malos son los alumnos?

Enrique: Malos, no. Pero, no sé, ya no son como los de antes. Antes los alumnos eran distintos: estaban

55 más atentos en clase, hacían siempre sus deberes. Pero ahora no. No sé dónde tienen la cabeza. ¡Tanta tele y tanto Internet los tienen locos!

Beate: Yo creo que también es algo positivo: como están todo el día en Internet, saben trabajar

60 muy bien con las nuevas tecnologías. Los chicos de antes no tenían esas posibilidades.

Teresa: Es verdad, pero hace unos años yo no veía tantos problemas. Por ejemplo, el año pasado a Kate, la profesora de inglés, no le dejaban dar clase. Enrique y ella siempre salían de clase con 65 unas caras …

Enrique: Sí, era imposible dar clase con ellos. Hablaban toda la hora, nunca escuchaban las explicaciones. Y en clase de Kate eran peores, no abrían ni siquiera el libro. ¡La pobre! 70

Teresa: Sí, es verdad. Ella era demasiado buena.

Beate: Bueno, en todos los colegios hay clases mejores y clases peores.

Enrique: ¡Vaya, el timbre! ¡Venga, ánimo y a por los leones! Por cierto, ¿me explica alguien 75 cómo apago este móvil? ¡Ay, qué rollo!

1 ¿Un buen comienzo?

Las personas en el texto de las páginas 12 y 13 se tienen mucho que contar.

a Decid de qué tema o temas hablan: 1. los alumnos   2. los profesores.

b Explicad por qué se tienen tanto que contar.

2 Profesores y alumnos

a ¿Qué significan león y momia? ¿Qué quieren decir los alumnos cuando llaman «momias» a los profesores y los profesores, «leones» a los alumnos?

b Haced una tabla en vuestro cuaderno y apuntad en ella qué más piensan los profesores sobre los alumnos y los alumnos sobre los profesores. Decid también si lo que piensan los unos sobre los otros es verdadero o falso.

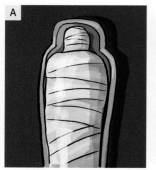

A

B

los alumnos piensan sobre los profesores	verdadero	falso	no sé

los profesores piensan sobre los alumnos	verdadero	falso	no sé

c Hablad sobre vuestros resultados y justificadlos *(begründet sie)* con ayuda de la información del texto y de los dibujos de las páginas 12 y 13. Usad el presente.

• Los alumnos	dice(n)		y sí …
• Los profesores	cuenta(n)	que …,	pero …
• *(nombre de una persona)*	explica(n) cree(n)		

3 ¿Qué quieres decir?

a Buscad en el texto de las páginas 12 y 13 las siguientes expresiones.

* no entender ni papa (l. 23)
* ponerse rojo como un tomate (l. 25)
* romperse la cabeza (l. 45)

Intentad saber qué significan. Después comprobad *(überprüft)* vuestros resultados con el diccionario.

b Primero contad qué pasa en el cómic. Después explicad el doble significado de la expresión «leer entre líneas». Usad el diccionario si no entendéis el significado. (Para ayudaros: es el mismo que el de la expresión correspondiente en alemán.)

c Mirad los siguientes dibujos y pensad cómo pueden ser las expresiones que ilustran.
Con ayuda de las palabras de abajo buscadlas en el diccionario.

A   B   C   D

echar • mano • película • pelo • poner • tomar • verde

d Buscad dos expresiones más en el diccionario. Haced un dibujo
o formad una frase con cada una y dad los dibujos o las frases a un
compañero o una compañera. Él / ella intenta saber qué significan y
después mira en el diccionario para controlar. Para ayudaros: hay
muchas expresiones con las palabras del ejercicio 3c, con los colores
o con las palabras perro, pimiento, mundo u ojo.

Lerntipp

Redewendungen und bildhafte Ausdrücke machen einen Text lebendig.
Legt deshalb in eurem Vokabelheft
oder -ordner eine eigene Rubrik für
solche Ausdrücke an. Notiert darin
interessante Ausdrücke, die euch auffallen und versucht, sie an passenden
Stellen in euren Texten zu verwenden.

4 Eran buenos tiempos (§§ 2, 3)

El abuelo de Julián piensa en cómo era el barrio cuando él era joven.
Usad la forma correcta del pretérito imperfecto de los verbos entre paréntesis.

Antes, cuando yo ⬚1 **(ser)** joven, ya ⬚2 **(vivir)** aquí con mis padres. Entonces ⬚3 **(ser)** un barrio
tranquilo. Aquí ⬚4 **(vivir)** gente de Madrid, la gente de siempre que ⬚5 **(trabajar)** o ⬚6 **(tener)** sus
tiendas por aquí cerca, y no ⬚7 **(pasar)** tanto tiempo en el coche o en metro para ir al trabajo. Todos
⬚8 **(conocerse)**. ⬚9 **(trabajar – nosotros)** duramente, pero también ⬚10 **(divertirse – nosotros)**. Los
domingos, todo el mundo ⬚11 **(salir)** a pasear[1]: las mujeres, con su mejor ropa, ⬚12 **(llevar)** de la mano
a los niños; los hombres a su lado ⬚13 **(escuchar)** en la radio el partido de fútbol que ⬚14 **(haber)** en ese
momento en el Bernabéu[2]. Después, si[3] ⬚15 **(poder)**, ⬚16 **(entrar)** en la churrería para tomar un
chocolate con churros y hablar con los otros vecinos del trabajo, de lo que ⬚17 **(pasar)** en el barrio. Yo
lo ⬚18 **(pasar)** muy bien aquellos domingos porque durante la semana ⬚19 **(tener)** que trabajar
muchísimo. ⬚20 **(ser)** buenos tiempos, diferentes por muchas razones, pero buenos.

[1] **pasear** spazierengehen – [2] **el Bernabéu** estadio de
fútbol en Madrid – [3] **si** wenn, falls

5 El abuelo cuenta (§§ 2, 3)

En la casa del abuelo hay muchas fotos en la sala de estar, entre ellas una de un hombre joven. Julián le hace preguntas a su abuelo.

a Mirad la foto de al lado. Imaginaos qué va a preguntar Julián y apuntad vuestras ideas.

b Escuchad el texto del cedé y comparad los temas de la conversación con lo que habéis imaginado. Corregid o completad vuestros apuntes.

c Escuchad la conversación otra vez y apuntad (en pocas palabras) las respuestas del abuelo.

d Decid quién es la persona que entra en la habitación al final. Explicad su reacción.

e Traed una foto de cuando vosotros teníais unos 6 años. Poned todas las fotos en la pared *(an die Wand)* o en el suelo. Hacedles preguntas a vuestros compañeros y compañeras sobre cómo eran a los 6 años para saber qué foto es de quién.

- ¿Eras …?
- ¿Estabas …?
- ¿Tenías …?
- ¿Llevabas …?
- ¿Te gustaban …?
- …

Ejemplo:
Sophie: Tom, ¿llevabas gafas?
Tom: No, no las llevaba todavía.

6 Viejas tecnologías – nuevas tecnologías (§§ 2, 3)

Las nuevas tecnologías han cambiado muchísimo la vida. ¿Qué hacía la gente cuando no tenía todas esas tecnologías? Explicadlo con ayuda de las fotos y las expresiones de la casilla. Decid, además, lo que hacéis vosotros hoy en día.

Pasado
- Antes
- Entonces
- Hace 10 / 20 / 50 / … años
- Cuando mis padres / mis abuelos eran jóvenes
- Cuando yo tenía 5 / 10 / … años
- En aquel tiempo

Presente
- Hoy
- Hoy en día
- Actualmente
- Últimamente
- Ahora

Ejemplo: Hace 20 años llamábamos por teléfono para seguir en contacto con parientes o amigos que vivían lejos. Ahora llamamos por el móvil o escribimos mensajes.

Para seguir en contacto con parientes o amigos que viven lejos

Para buscar información

Para divertirse

Para escuchar música

Para ver noticias y películas

Para ir de vacaciones

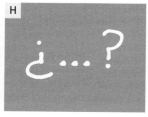

Para …

7 Chicos de ayer (§§ 2, 3)

La vida de los niños y jóvenes de antes era bastante diferente de la nuestra. Mirad los siguientes cuadros de Velázquez y Murillo, dos pintores españoles famosos.

a Describid cómo eran los jóvenes de antes, qué llevaban y qué hacían.

b Elegid a una de las personas de los cuadros e imaginaos un día normal de su vida. Escribid un pequeño texto.

- Eran …
- Estaban …
- Llevaban …
- Hacían …
- (No) Podían …
- Tenían …
- Tenían que …
- …

8 ¿Qué tal el primer día?

Cuando Julián vuelve a casa, la madre le pregunta por su primer día de clase.
Completad las respuestas de Julián. Usad los pronombres de objeto *(me, te, …)*.

Ejemplo:
—¿Te ha gustado el primer día en el colegio? —Sí, me ha gustado.

1. —¿Has visto al director? —No, …
2. —¿Has conocido a todos tus compañeros? —Sí, …
3. —¿Tus compañeros te han enseñado el colegio? —Sí, …
4. —¿Piensas que vas a hacer amigos? —Sí, …
5. —Seguro que te han preguntado por qué estamos aquí. —Claro que sí …
6. —¿Se lo has dicho? —No, todavía no …
7. —¿Tienes que hacer deberes? —No, …
8. —¿Necesitas nuevos libros? —Sí, …
9. —Has acabado el dinero de la paga, claro. —Para decir verdad, sí …
10. —¿Quieres comprar los libros ahora? —Sí, …
11. —Bueno, te doy el dinero. —Sí, …
12. —Pero después me ayudas con la cena, ¿vale? —Vale, después …

9 Un amigo se preocupa (§ 4)

a Leed las líneas 22, 24, 32 y 58 del texto de las páginas 12 y 13 y explicad qué significan *como, porque, por eso* y cómo se usan *(wie sie verwendet werden)*.

b Fran, el compañero de Julián, le escribe un e-mail.
Relacionad *(Verbindet)* las dos frases de cada número con *como, porque* o *por eso*.

1. Hoy pareces un poco triste. Quiero hablar contigo.
2. No estás en casa. Te escribo un mensaje.
3. A lo mejor no te sientes bien. Todavía no conoces a los compañeros.
4. Todavía no tenemos deberes. Podemos hacer algo juntos: ir al cine, por ejemplo.
5. A lo mejor Carmen y Elena vienen también. Siempre hacemos muchas cosas juntos.
6. Llámame enseguida si[1] te gusta la idea. Entonces tengo que preguntar a mis padres.
7. Ah, y tengo que estar en casa a las 10. Mis padres no me dejan estar fuera más tarde durante la semana.

Ejemplo:
Hoy pareces un poco triste. Por eso quiero hablar contigo.
o: Como hoy pareces un poco triste, quiero hablar contigo.

c Julián ve el mensaje de Fran sólo después de la cena, a las 9:30.
Lo llama enseguida.
Poneos en lugar de Julián, que le explica a Fran por qué llama tan tarde y le dice qué le parece su propuesta *(Vorschlag)*.

10 Julián está preocupado

Julián se ha alegrado mucho del e-mail de Fran y la conversación con él ha sido buena. Pero Julián todavía está un poco preocupado y no sabe si sus compañeros lo van a aceptar y si va a estar contento en Madrid.
Decid lo que piensa Julián. Usad las palabras de la casilla y las siguientes ideas. (Podéis añadir otras si queréis.)

casi • muchos, -as • nada • nadie • ni … ni • ningún • ninguna • nunca • seguro que • tampoco • todos, -as

Empezad así:
¿Como va a ser el curso que acaba de comenzar?
Todavía no conozco a casi nadie.

1. conocer / conocerse
2. tener el pelo corto
3. tener acento andaluz
4. tener que volver a casa a las 10 cuando salen el fin de semana
5. gustar a una chica / las chicas de la clase
6. saber algo de la vida en una ciudad pequeña
7. hay playa y mar

¹ **si** wenn, falls

11 ¿Por qué está Julián en Madrid? (§§ 2, 3, 4)

Al día siguiente en el recreo Julián habla con Carmen y le explica por qué vive ahora en Madrid. ¿Qué le dice?
Escribid un texto con las siguientes ideas. Usad el tiempo verbal correcto (presente o pretérito imperfecto) y unid las ideas con ayuda de *como*, *porque* o *por eso*.

Ejemplo:
mi padre / trabajar para una empresa[1] internacional; mi padre / tener que viajar muchísimo
→ Mi padre trabajaba para una empresa internacional, por eso tenía que viajar muchísimo.

mi madre / estar sola

mi padre / no querer dejar ese trabajo

mi madre / discutir con mi padre todos los días

mi abuelo / ya ser mayor

mi abuelo / no querer trabajar más en la panadería

por eso

mi padre / casi nunca estar en casa

yo / sentirme muy solo ahora

porque

yo / tener muchos amigos en Motril

mi madre y yo / vivir ahora en Madrid

como

mi padre / no enterarse de lo que nos / pasar a mi madre y a mí

 12 Un e-mail del instituto de Beate

Beate, la profesora de alemán que acaba de llegar al colegio, ha recibido un e-mail de su instituto en Alemania. En él hay también información para los profesores españoles. Leed el siguiente e-mail y resumidlo en español, como lo hace Beate para sus compañeros.

> **Trabajar con un texto en otra lengua**
>
> Recordad:
> – No es necesario conocer en español todas las palabras del texto alemán.
> – Pensad cuál es la información que necesitan las personas con las que habláis o qué es interesante para ellas.
> – Explicad la información sin traducir (*übersetzen*) el texto palabra por palabra.
> – Intentad expresar (*ausdrücken*) de otra forma cosas importantes que no sabéis decir directamente en español.

Hallo du treulose Tomate,

wir vermissen dich sehr und warten gespannt auf einen Brief oder eine E-Mail aus Madrid – aber nichts, keine Zeile! Wie sind denn die spanischen Schüler so? A propos spanische Schüler: Sofía, die Spanierin aus deiner madrider Schule, die zur Zeit zum Austausch bei uns ist, hatte zunächst einige Probleme hier. Da sie nicht viel redete, dachten meine Kollegen, dass sie nichts versteht, denn sie antwortete fast nie und arbeitete im Unterricht nicht mit. Meine Kollegen waren ziemlich besorgt. Aber jetzt ist alles in Ordnung: Sofía ist ein nettes, fröhliches Mädchen und arbeitet im Unterricht gut mit. Wahrscheinlich hat sie nur etwas mehr Zeit gebraucht.

Liebe Grüße
Eva
P. S.: Anbei ein Foto aus dem Lehrerzimmer, damit du uns nicht ganz vergisst.

---

[1] **una empresa** eine Firma

Fehler vermeiden mit Hilfe des Wörterbuchs

Das zweisprachige Wörterbuch bietet viel mehr als nur die Übersetzung eines unbekannten Ausdrucks oder vergessenen Wortes. Vermutlich habt ihr schon mal ein bekanntes Wort nachgeschlagen, wenn ihr unsicher wart, wie es geschrieben wird. Im Wörterbuch findet ihr aber auch Hilfe für andere Fragen.

Wie kann mir das Wörterbuch helfen, wenn ...

... ich das Geschlecht eines Substantivs nicht kenne?

Wörterbücher machen meist die Angaben *m* für männlich / maskulin *(el)* oder *f* für weiblich / feminin *(la)*.

... mir die richtige Verbform nicht einfällt?

Meist im Anhang der Wörterbücher stehen Beispiele für die Konjugation der regelmäßigen Verben, der Gruppenverben und der unregelmäßigen Verben. Bei ihrem Eintrag sind diese Verben gekennzeichnet und haben einen Verweis auf den Anhang. Dort findet ihr die Formen des gesuchten Verbs oder eines Verbs mit dem gleichen Konjugationsmuster.

... ich nicht weiß, wie ein Verb im Satz verwendet werden muss?

Verzeichnet wird in der Regel, ob ein Verb Objekte nach sich haben kann (*vt* für *verbo transitivo*) oder nicht (*vi – verbo intransitivo*) und ggf. welche Präposition mit ihm verbunden ist. Das Gleiche gilt für die Anschlüsse bei Substantiven und Adjektiven. Die Angaben können direkt nach dem Wort stehen, oder auch bei den einzelnen Bedeutungen, wenn diese unterschiedlich konstruiert werden.

... ich unsicher bin, ob ich ein Wort im Kontext verwenden kann?

Wenn der Gebrauch eines spanischen Wortes nicht deckungsgleich mit der deutschen Entsprechung ist, geben gute Wörterbücher an, in welchem Kontext es verwendet werden kann. Sie verzeichnen darüber hinaus, wenn Wörter z. B. umgangssprachlich oder gar vulgär sind oder nur regional verwendet werden.

...ich eine Angabe, die ich suche, nicht finden kann?

Manche Angaben finden sich im spanisch-deutschen Teil, andere im deutsch-spanischen. Versucht es daher auch bei der anderen Sprachrichtung, wenn ihr eine Angabe im einen Teil nicht findet.

Tipps zum Nachschlagen im Wörterbuch

Um alle Vorteile eures Wörterbuchs nutzen zu können, solltet ihr euch mit seinen wichtigsten Zeichen vertraut machen, denn sie können von den oben genannten abweichen. Hilfreich sind auch kleine Klebezettel auf häufig benötigten Seiten, z. B. am Anfang der Verbtabellen.

Benutzt das Wörterbuch bei der ersten Fassung eines Textes möglichst nicht, damit ihr nicht den Faden verliert. Markiert solche Stellen erst einmal mit Bleistift.

Nachschlagen braucht Zeit! Seht euch deshalb zunächst die markierten Stellen in eurer Rohfassung an, und überlegt, ob ihr wirklich alle nachschlagen müsst. Könnt ihr vielleicht das gleiche mit anderen Wörtern ausdrücken, mit denen ihr keine Schwierigkeiten habt?

Verwendet das Wörterbuch auch, um Wortwiederholungen zu vermeiden, präzisere Bezeichnungen zu finden oder euren Text durch passende Redewendungen lebendiger zu machen. Nutzt dafür sowohl das spanische Stichwort als auch die deutsche Übersetzung. Schlagt ggf. auch unter deutschen Synonymen des Wortes nach. Vergesst nicht, bei unbekannten Wörtern immer auch die wichtigen Zusatzinformationen zu lesen, damit ihr entscheiden könnt, ob das Wort in euren Text passt.

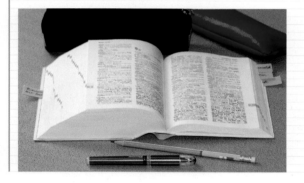

13 Ayuda en el diccionario

a Mirad cómo vuestro diccionario indica la conjugación de los verbos y dónde encontráis las formas. Buscad, por ejemplo, los verbos *entender, jugar, repetir, hacer* e *ir*.

b Apuntad las abreviaturas *(Abkürzungen)* de vuestro diccionario para indicar palabras que sólo podéis usar en algunos contextos (por ejemplo palabras que no son de la lengua estándar o que sólo usan los habitantes de algunos países).

c Abajo tenéis un texto que un alumno alemán ha escrito sobre Julián. Pero el texto todavía no está terminado. Con ayuda de vuestro diccionario solucionad sus problemas y escribid el texto completo en vuestro cuaderno. A lo mejor conocéis alguna solución, pero para practicar el trabajo con el diccionario, mirad todas las palabras en el diccionario.

Julián es un chico de *Andalusien*. Ahora vive en Madrid, pero todavía *recordar: Verbform? Präposition?* Motril.

No le gusta la escuela porque el colegio de Madrid es distinto *anders als: Präposition* colegio de Motril. Allí le *molaban: zu umgangssprachlich?* los profesores y aquí los profesores le parecen un *ohne Akzent?* *rollo: im Kontext möglich?*.

Julián se queja *über* ellos. *el?/la?* ambiente no es igual *que/como* en Motril, pero en el colegio no tiene much*os?/as?* problemas y, además, conoce a muchos chicos y chicas que son *guays: passenderer Ausdruck?* y ya ha *quedar oder quedarse?* quedado con algunos.

14 ¿Decir, decir y otra vez decir?

A veces en un ejercicio tenéis que resumir lo que alguien ha dicho.

a Para no repetir siempre el verbo «decir» buscad en los siguientes fragmentos de diccionario verbos con un significado parecido *(mit ähnlicher Bedeutung)*.

b ¿En qué contexto podéis usar los diferentes verbos? Haced una frase con cada uno.

c ¿Qué podéis hacer para encontrar más palabras apropiadas *(passend)*? Buscad dos más.

decir [de'θir] *irr* **I.** *vi* ❶ *(expresar)* sagen *(de* über +*akk*); ❷ *(contener)* besagen; **la regla dice lo siguiente: ...** die Regel lautet wie folgt: ... ❸ *(armonizar)* passen *(con* zu +*dat*) **II.** *vt* ❶ *(expresar)* sagen; *(comunicar)* mitteilen; **~ algo para sí** etw vor sich hin sagen; **¡no digas tonterías!** *(fam)* red keinen Blödsinn!; **dicho y hecho** gesagt, getan; **lo dicho, dicho, ¡lo ~!** es bleibt dabei!; **como se ha dicho** wie gesagt ❷ *(mostrar)* zeigen; **su cara dice alegría** aus seinem/ihrem Gesicht spricht Freude ❸ *(loc)*: **no es muy guapa, que digamos** sie ist nicht gerade hübsch **III.** *vr:* **~se** sagen; **¿cómo se dice en alemán?** wie sagt man das auf Deutsch?; **¿cómo se dice "ropa" en alemán?** was heißt „ropa" auf Deutsch? **IV.** *m* Redensart *f;* **es un ~** wie man so sagt

sagen ['za:gən] *vt* decir *(zu* acerca de/ sobre, *von* de); *(ausdrücken)* expresar; *(mitteilen)* comunicar; *(meinen)* opinar *(zu* de/sobre); *(ergänzen)* añadir *(zu* a); **wie sagt man auf Spanisch?** ¿cómo se dice en español?; **Gute Nacht ~** dar las buenas noches; **Auf Wiedersehen ~** decir adiós; **Ja/Nein ~** decir que sí/no; **dagegen ist nichts zu ~** no se puede decir nada en contra; **kein Wort ~** no decir ni (una) palabra; **was ich noch ~ wollte, ...** lo que iba a decir...; **~ wir mal ... digamos...; sagt dir der Name etwas?** ¿te suena el nombre?; **nichts ~d** *(Rede, Argument)* insustancial; *(Worte, Sätze)* vacío; *(Gespräch)* vacuo; *(Thema)* trivial; *(Ausdruck)* inexpresivo; **das hätte ich dir gleich ~ können** podría habértelo dicho desde el principio; **was wollen Sie damit ~?** ¿qué quiere decir con esto?; **wie man so schön sagt** como suele decirse; **genauer gesagt** mejor dicho; **auf gut Deutsch gesagt** dicho claramente; **offen gesagt** a decir verdad; **das oben Gesagte** lo susodicho; **sie haben sich nichts mehr zu ~** ya no tienen nada que decirse; **das hat nichts zu ~** eso no quiere decir nada; **ich habe mir ~ lassen, (dass) ...** me dijeron (que)...; **sag mal, ...** di(me)...; **um nicht zu ~ ...** por

PONS Schülerwörterbuch Spanisch. Stuttgart: Ernst Klett Sprachen, 2007.

El colegio en los años ...

Buscad información sobre el colegio alemán del pasado y presentadla en español en clase.

a Preguntad a personas mayores, por ejemplo a vuestros padres, abuelos, vecinos ... cómo era el colegio cuando ellos eran niños.

b Ordenad la información que os han dado. Pensad en qué forma queréis presentarla.

c Apuntad el vocabulario sobre el tema. (Hay mucho en el texto de las páginas 12 y 13 pero seguro que conocéis más palabras.)

d Escribid los textos o preparad la presentac.

Explicar información alemana en español

¿Qué podéis hacer si las personas os han contado cosas que no conocéis en español?
– Intentad explicarlo con las palabras que conocéis ¡sin cambiar el sentido (die Bedeutung)!
– Mirad en el diccionario. Leed toda la información sobre la palabra para usarla correctamente en su contexto.

Mirad también la casilla de la página 19.

Ya sé en español ...

hablar de cómo era el pasado
(ver página 16)

hablar sobre información que tengo de otras personas

	dice(n) / ha(n) dicho	que ...
	ha(n) contado	
...	ha(n) explicado	
	ha(n) hablado de ...	
	me ha(n)	enseñado | fotos de ...
		dado

Mis	padres	recuerdan que ...
	abuelos	se acuerdan de que ...

Ahora sé	
He entendido	
Me he enterado de	que ...
He notado	
He aprendido	

comparar el pasado y el presente

Los alumnos de hace ... años ↳

↳	eran	tan *(+ adj.)* como
	estaban	más *(+ adj.)* que
		menos *(+ adj.)* que
	tenían	tantos, -as *(+ subst.)* como
		más *(+ subst.)* que
		menos *(+ subst.)* que
	(verb)	tanto como
		más que
		menos que

los alumnos de hoy.

¡Abajo los libros!

Los alumnos de un instituto español hablan de cómo son sus clases.
Al final de la discusión hacen una lista para la dirección del instituto.

1 1° La enseñanza es terriblemente aburrida. Queremos divertirnos en clase.
2° Sólo deseamos estudiar las cosas agradables, interesantes y útiles para nosotros.
3° Odiamos los esquemas, las redacciones, los problemas de matemáticas, los análisis sintácticos… En cambio, nos encantaría aprender a hacer fotos, vídeos, dibujos por ordenador…
5 4° Los libros de estudio son de otra época y hay que cambiarlos poco a poco por documentales, películas, imágenes virtuales…
5° Nos deprime muchísimo tener que pasar los mejores años de nuestra vida encerrados en un aula. Queremos hacer excursiones, ir al cine, al teatro, al circo; visitar lagos, ríos, montañas, parques zoológicos…
10 6° También queremos escuchar música de cuando en cuando.

Al final, Iván dijo que estábamos a punto de acabar con una enseñanza anticuada y polvorienta.
15 —No vamos a acabar con nada –replica Natalia–. Las cosas seguirán como están, como han estado siempre. Esto no tiene ningún sentido. Para aprender algo, para meterse algo en la cabeza, es necesario hacer
20 un esfuerzo. Un verdadero esfuerzo. No es como cuando te comes un helado.
—Bueno, pero las clases podrían ser más divertidas.
—No podrían –dice ella–. Hay cosas que no
25 son divertidas y que también tenemos que aprender. Y si nos pasamos la vida viendo películas y telefilmes, seremos cada vez más tontos. ¿Tú quieres ser cada vez más tonto?

Jesús Carazo. *El mal de Gutenberg.*
Madrid: Ediciones SM, 2002
(fragmento simplificado)

a Decid qué piensan de las clases Iván, Natalia y sus compañeros. ¿Están contentos con ellas? Justificad *(begründet)* vuestra respuesta.

b Haced una lista con las cosas que quieren cambiar los alumnos del texto.

c ¿Qué pensáis vosotros? Discutid la lista en grupos. Tened en cuenta *(berücksichtigt)* también los argumentos de Natalia.

d Elegid una de las siguientes tareas *(Aufgaben)*:
1. Escribid vuestra versión de la lista.
2. Imaginaos que sois profesores y queréis dar una clase de español diferente. Describid qué vais a hacer en esta clase. Explicad también lo que vuestros alumnos van a aprender en ella. Presentad vuestras ideas al profesor o a la profesora de español: a lo mejor os deja dar una clase a vuestros compañeros.

abajo nieder mit – 1 **la enseñanza** las clases – 4 **en cambio** hingegen – **nos encantaría** wir würden gern – 6 **encerrado, -a** eingesperrt – 10 **acabar con algo** etw. abschaffen – 18 **(el) sentido** (der) Sinn – 20 **un esfuerzo** eine Anstrengung – 22 **podrían** sie könnten sein – 28 **tonto, -a** dumm

Julián en Motril

▩ Así era mi vida en Motril (§§ 2, 3)

El primer día del curso Carmen, una compañera de Julián, quería saber cómo era su vida en Motril. Ahora Julián se lo está contando.

Con ayuda de los dibujos describid la vida de Julián en Motril desde el punto de vista de Julián *(… aus Juliáns Perspektive)*. Usad las palabras y expresiones de la casilla y el pretérito imperfecto.

¡¡¡GOOOOOOOOL!!!

- todos los días
- los fines de semana
- en *(+ estación del año)*
- siempre
- a veces
- cuando
- algunos días

⚙ Todos me quieren tomar el pelo

De: Julián	A: Kiko, David, Alex
Asunto: ¡¡¡Socorro, colegas!!!	Fecha: 15 de septiembre

Me voy a crear un avatar con el pelo larguísimo. Y mi avatar va a ser un actor famoso, muy rico, que vive en Motril con vosotros, sin sus padres... y sobre todo sin su abuelo.

¡Mi abuelo! Al principio era el mejor abuelo del mundo: todos los días me traía regalos del quiosco, siempre me contaba cosas divertidas de mi madre cuando era pequeña, me llevaba al fútbol... Y no le importaba mi aspecto porque tenía el pelo corto y no llevaba pendientes. Pero un día todo cambió. Ahora me está llamando siempre «chica» o el «Che». Ya sabéis, el de las camisetas y los pósteres. ¡No lo soporto, de verdad!

Ayer, por ejemplo, estaba yo muy tranquilo en la sala. Ya eran las ocho y media y veía una peli, cuando de repente entró mi abuelo con unas tijeras en la mano. Mi madre, que también estaba, se rió un montón, pero yo ya estoy harto de sus bromas.

Yo creo que, como mis padres se han separado este año, ahora mi abuelo piensa que tiene que hacer el papel de padre. Pues no me va a tomar el pelo, ya os lo digo. No puedo parecer un niño de primera comunión ahora que tengo que hacer amigos.

Mi madre me entiende, pero mi abuelo... Y los profes son peores. Hay uno, el de Tecnología, que el primer día de clase dijo: «vaya, otro león en clase». Desde entonces me llama siempre «el nuevo león». Le he dicho mil veces que no me llamo León, pero a él le da igual.

Chicos, no lo entiendo. El insti aquí es más grande, y el barrio también, pero son muy normales. No me imaginaba Madrid así. Madrid, la capital de España, llena de sorpresas..., ¡pues no!

Otro ejemplo: la semana pasada, como tenía tiempo porque todavía no conozco a mucha gente, me fui a un casting. No era Operación Triunfo: necesitaban a gente para una película y podía ganar cincuenta euros. Yo, ya que estoy en Madrid, esperaba ver a un gran actor, pero, cuando llegué, el único famoso era García Bernal en un cartel. Un tío con gafas, que mandaba allí, me dijo: «¡Qué pelo, chaval! Te lo vas a tener que cortar.» Pienso que no les gusté a los del casting. ¡Adiós a los cincuenta euros! ¡Y todo por el pelo!

Os lo digo otra vez: me voy a crear un avatar. Y otra cosa: mi avatar va a tener colegas que sí le escriben. Vagos, más que vagos.

Julián

1 El problema de Julián

a Julián cuenta en su e-mail un problema que tiene ahora en Madrid. Explicad en pocas palabras cuál es el problema y en qué situaciones lo vive (*erlebt*).

b Mirad los siguientes dibujos y explicad qué cosas son diferentes al texto de la página 26.

2 ¿Qué quiere decir Julián?

Mirad otra vez el texto de la página 26. Decid sobre quién está hablando Julián en las siguientes frases y explicad por qué dice esas cosas.

1. ¡No lo soporto, de verdad! (l. 10 – 11)

2. …no me va a tomar el pelo (l. 16)

3. …niño de primera comunión (l. 17)

4. …me entiende (l. 18)

5. Pienso que no les gusté (l. 31)

6. Vagos, más que vagos. (l. 36)

3 Me voy a crear un avatar ...

Julián escribe en su e-mail que va a crear un avatar con una nueva identidad.

a Explicad qué es un avatar.

b Describid cómo va a ser el avatar de Julián y decid por qué.

4 ¿Qué pasa en la vida de Julián?

Elegid una de las escenas que Julián describe en su e-mail. Pensad qué pasó exactamente y qué dijeron las personas. Después preparad el diálogo con ayuda de palabras clave (= palabras importantes) y representadlo en clase.

5 Palabras de jóvenes

a Julián usa en su e-mail algunas formas coloquiales (*umgangssprachliche Formen*). Buscad en el texto «Todos me quieren tomar el pelo» de la página 26 cómo dice:

1. profesores
2. película
3. instituto
4. televisión

b Los amigos de Motril no le escriben a Julián, pero él sí ha recibido este e-mail de una amiga. Ella ha usado muchas formas coloquiales. Mirad el texto y pensad cómo es la forma completa de las palabras **en negrita**. Después leed el texto a vuestros compañeros y decid las palabras completas en lugar de las palabras acortadas.

Palabras acortadas

Las palabras acortadas son típicas de la forma de hablar de los jóvenes. En general son palabras a las que les falta una o varias sílabas, pero puede haber otros cambios. Estas palabras son normalmente sustantivos, pero hay también adjetivos: «diver» de divertido, y hasta locuciones como «porfa» de por favor. Estas formas son espontáneas y no hay reglas. Muchas de estas palabras han sustituido (*ersetzt*) en la lengua estándar (*Standardsprache*) la palabra completa, por ejemplo «cine» y no cinematógrafo.

1 Hola, Julián:

¿Qué tal en Madrid? ¿Estás contento con tus **profes**? ¿Y con el **cole**?
Por aquí está todo bien. Bueno, mi hermano, el **peque**, tuvo un accidente este **finde** cuando iba de excursión en **bici** con sus **compas**. ¡Qué susto![1] Imagínate, vino incluso[2] la **poli** a casa,
5 pero, **tranqui**, no fue nada importante.
La peña está bien. Últimamente no hacemos nada especial, ni cine, ni **tele**, ni **na**. Estamos todo el día en la **biblio** porque tenemos examen de **Mates** la semana que viene. ¡El último antes de las Navidades! Por cierto, ¿qué vas a hacer estas **vacas**? Tienes que venir a Motril. Esto ya no es tan **diver** y estamos muy **depres** sin ti.
10 Escribe pronto, **porfa**, y dime que vas a venir a Motril.
Adjunto te envío una foto de tus fans.

Un saludo,
Isa

[1] **un susto** ein Schreck – [2] **incluso** sogar

6 ... y entonces me decidí (§ 5)

Mirad este cómic de Gaturro y explicad por qué usa Gaturro el pretérito imperfecto
y el pretérito indefinido.

7 La broma del abuelo (§ 5)

a Copiad las siguientes frases en vuestros cuadernos y marcad con ⌇⌇⌇➤ la acción durativa
(*andauernde Handlung*) y con ⚡ la nueva acción (*neu einsetzende Handlung*). Cuidado: no en
todas las frases hay una acción durativa y otra nueva.

Ejemplo:

⚡

salir del instituto   **llover** mucho

1. **Llegar** (yo) a casa / mi abuelo **leer** el periódico y mi madre **hacer** la cena
2. **Poner** (yo) la mesa / mi madre **traer** la comida a la sala
3. **Sonar** mi móvil / **cenar** (nosotros)
4. **Hablar** (yo) por teléfono / mi madre y mi abuelo **seguir** cenando
5. Mi abuelo **salir** de la sala / mi madre y yo **quitar** la mesa
6. **Ver** (yo) la tele / mi abuelo **entrar** con unas tijeras
7. **Comprender** (yo) / él **querer** cortarme el pelo
8. Él **estar** muy contento / yo lo **mirar** enfadado
9. Mi madre **reír** muchísimo / **ver** mi cara / **ponerse** seria

b Con ayuda de las palabras de la casilla unid las frases del ejercicio 7a y poned los verbos
en la forma correcta de pretérito imperfecto o de pretérito indefinido.

Ejemplo: Cuando salí del instituto, llovía mucho.

• cuando	• pero
• enseguida	• porque
• entonces	• que
• mientras	• de repente

---

¹ **el dueño** Herrchen (*Besitzer eines Haustiers*) – ² **un gato**
eine Katze – ³ **independiente** selbstständig, unabhängig

8 La madre habla con el abuelo (§ 5)

La madre de Julián comprende que el problema entre Julián y el abuelo empieza a ser serio.
Por eso decide hablar con su padre.
Completad en parejas el diálogo entre la madre y el abuelo de Julián con las formas correctas
del pasado. Cuidado con las formas irregulares.

La madre

Pero, papá, ¿por qué le (hacer) eso ayer a Julián?

A mí me **gustaba** como **llevaba** el pelo cuando **llegasteis** a Madrid.

Bueno, a él también le (gustar) así, pero (cambiar) de opinión cuando (ver) que los otros chicos también lo (llevar) largo. ¿Y qué?

No me gusta. Cuando yo **era** joven, los chicos **llevaban** el pelo corto y las chicas lo **llevaban** largo.

No es verdad. Cuando yo (ser) niña, (tener) el pelo largo y, cuando (empezar) en el instituto, (estar) de moda el pelo muy corto y entonces me (cambiar – yo) el peinado[1]. Y a ti te (gustar) mucho.

Pero no es sólo el pelo. Cuando **llegasteis**, Julián **era** distinto, no **discutía**, **hablaba** más conmigo, **íbamos** juntos al fútbol …

Ya veo cuál es el problema. Papa, cuando Julián y yo (venir) a Madrid, él no (conocer) a nadie. Ya sabes que al principio (estar) muy triste y (necesitar) a un amigo, y te (tener) a ti. Pero entonces (conocer) a otros chicos de su edad y, papá, él tiene que estar con ellos.

¿Pero tú los conoces? Ayer los **vi** cuando **jugaban** al fútbol en el parque, y no me **gustó** como **hablaban** ni la ropa que **llevaban**, ni…

Papá, son buenos chicos, créeme. Tú sé bueno[2] con Julián y él va a ser como (ser) antes. ¿Sí?

El abuelo

Pero, papá, ¿por qué le **hiciste** eso ayer a Julián?

A mí me (gustar) como (llevar – él) el pelo cuando (llegar – vosotros) a Madrid.

Bueno, a él también le **gustaba** así, pero **cambió** de opinión cuando **vio** que los otros chicos también lo **llevaban** largo. ¿Y qué?

No me gusta. Cuando yo (ser) joven, los chicos (llevar) el pelo corto y las chicas lo (llevar) largo.

No es verdad. Cuando yo **era** niña, **tenía** el pelo largo y, cuando **empecé** en el instituto, **estaba** de moda el pelo muy corto y entonces me **cambié** el peinado[2]. Y a ti te **gustaba** mucho.

Pero no es sólo el pelo. Cuando (llegar – vosotros), Julián (ser) distinto, no (discutir), (hablar) más conmigo, (ir – nosotros) juntos al fútbol …

Ya veo cuál es el problema. Papa, cuando Julián y yo **vinimos** a Madrid, él no **conocía** a nadie. Ya sabes que al principio **estaba** muy triste y **necesitaba** a un amigo, y te **tenía** a ti. Pero entonces **conoció** a otros chicos de su edad y, papá, él tiene que estar con ellos.

¿Pero tú los conoces? Ayer los (ver) cuando (jugar – yo) al fútbol en el parque, y no me (gustar) como (ellos) (hablar), ni la ropa que (llevar), ni…

Papá, son buenos chicos, créeme. Tú sé bueno[2] con Julián y él va a ser como **era** antes. ¿Sí?

9 La madre de Julián busca una solución

Después de la conversación con su padre, la madre de Julián habla también con su hijo. Escuchad el texto del cedé y contestad las siguientes preguntas.

1. ¿Por qué el abuelo está «raro» según la madre de Julián?
2. ¿Qué le propone la madre a Julián?
3. ¿Cómo reacciona Julián?

[1] **un peinado** eine Frisur – [2] **sé bueno con** sei nett zu

10 Una mañana en el Parque del Retiro (§ 6)

a Julián y su abuelo han ido al Parque del Retiro y el abuelo le explica a Julián qué están viendo.
Leed lo que el abuelo le está diciendo.

A

B

C

El Retiro era el **antiguo** parque de los reyes[1]. Por eso hay aquí monumentos muy **antiguos**.

El Retiro es un parque **grande**. No lo podemos ver todo en un **solo** día. Tenemos que venir más veces.

Al parque viene mucha gente a hacer deporte o a descansar, como ese chico **solo** que está durmiendo.

D

E

F

Cerca del Retiro no viven precisamente familias **pobres**.

Éste es un monumento a una princesa alemana. La **pobre** princesa nunca fue feliz en Madrid.

Hay muchas actividades, como teatro o gente que toca un instrumento. Muchos son **grandes** músicos[2].

b Algunos adjetivos cambian el significado cuando están delante o detrás de un sustantivo.
Explicad con vuestras palabras qué significan los adjetivos del ejercicio 10a que están **en negrita**.
Después traducid los adjetivos al alemán y ponedlos en una tabla.

Ejemplo: El Retiro era el **antiguo** parque de los reyes.
→ El Retiro era en **otro tiempo / hace muchos años** el parque de los reyes.

	delante del sustantivo	detrás del sustantivo
antiguo gran / grande …		

c ¿Qué más cosas hay para ver o hacer en el Parque del Retiro?
Tenéis información en Internet. Mirad 536830-0001

Online-Links

Die Internet-Adressen findet ihr, indem ihr die bei der Aufgabe genannte Nummer unter www.klett/online in das Feld "Online-Link" eingebt.

---

[1] **un rey** ein König – [2] **un músico** ein Musiker

11 Lo que quiere el abuelo

a Para expresar deseos, los españoles usan muchas veces el imperativo.
Para acordaros cómo se forma *(wie er gebildet wird)*, mirad las instrucciones
de los ejercicios *(die Arbeitsanweisungen)*: las del libro del alumno para el
plural y las del cuaderno de actividades o de la gramática para el singular.

b Durante la excursión al Parque del Retiro, el abuelo habla con Julián. Todavía no
está muy contento, pero intenta ser amable. Con ayuda de las siguientes ideas decid
lo que quiere el abuelo. Usad el imperativo y los pronombres de objeto *(me, te, …)*.
Cuidado con la posición de los pronombres y los acentos.

Ejemplo: Tu pelo me parece demasiado largo. (cortarse el pelo) → Córtatelo.

1. Sólo las chicas llevan pendientes. (quitarse los pendientes)
2. Tu madre tiene mucho trabajo en la panadería y en casa. (ayudar a la madre)
3. Ves demasiado la tele. (apagar la tele a veces)
4. Tu cuarto está muy desordenado. (ordenar el cuarto)
5. No sé si tus nuevos amigos son buenos chicos. Quiero conocerlos.
   (presentar los amigos al abuelo)
6. ¿Te gusta nuestra excursión al Retiro? A lo mejor tú conoces otros lugares interesantes.
   (enseñar los lugares al abuelo)
7. Para mí esta situación tampoco es fácil. (entender al abuelo)

c Elegid uno de los siguientes ejercicios:
1. Julián también quiere muchas cosas de su madre y su abuelo. Escribid por lo menos
   3–5 frases que les puede decir. Usad el plural del imperativo.
2. En su e-mail Julián se queja de sus amigos. ¿Qué desea de ellos? Escribid por lo menos
   3–5 frases que les puede escribir. Usad el plural del imperativo.

Ejemplo: ¡Entendedme!

12 Buenas noticias (§§ 5, 6)

Julián tiene buenas noticias para sus amigos de Motril. Completad su e-mail con las formas
correctas de pretérito imperfecto y de pretérito indefinido ▩, y de los adjetivos entre
paréntesis ▩. Poned, además, los adjetivos en el lugar correcto.

1   Hola, colegas:
Tengo una súper noticia. ¡Me han dado un pequeño papel para la película! Ayer **1** (estar) yo tan tranquilo en casa
cuando **2** (llegar) mi madre con una carta. Después de leer la carta, **3** (empezar – yo) a gritar[1] y mi **4** abuelo
5 (pobre), que **6** (dormir) en el sofá, **7** (caerse) con el susto[2]. No voy a tener un **8** papel **9** (grande), todo
lo contrario, muy pequeño. Pero estoy contentísimo y casi no lo puedo creer porque el casting **10** (ser) un desastre:
5   **11** (haber) un montón de chicos y chicas que **12** (querer) hacer el papel. A mi lado había una **13** chica **14** (solo)
que también **15** (esperar) para hacer la prueba. La **16** chica **17** (pobre) **18** (estar) tan nerviosa que **19**
(sentarse) en una mesa donde **20** (haber) unos cafés que **21** (caerse) en mi pantalón. Cuando yo **22** (entrar)
a hacer la prueba, **23** (tener) el pantalón completamente mojado. ¡Qué vergüenza[3]!
La prueba del casting **24** (ser) muy corta: **25** (decir) mi nombre, edad y **26** (leer) una **27** frase **28** (solo):
10   «¡La policía, la policía! Cierra la puerta, Cecilia.» Pero, como soy andaluz, no la **29** (pronunciar) como ellos
30 (querer). Y, además, el problema del pelo. En fin, no fue una **31** actuación[4] **32** (grande).
En una semana vienen al barrio a rodar unas escenas. En mi próximo correo os cuento qué tal me ha ido. Escribid
pronto. Estoy esperando.
Un saludo, Julián
15

[1] **gritar** schreien – [2] **un susto** ein Schreck – [3] **¡Qué vergüenza!**
Wie peinlich! – [4] **una actuación** ein Auftritt

13 Cosas que pasan (§§ 5, 6)

En el e-mail del ejercicio 12 Julián cuenta a sus amigos de Motril una desgracia *(ein Missgeschick)*
que le pasó en el casting.

a Aquí tenéis fotos de otras personas a las que también les pasó algo. Elegid una de las siguientes
fotos y escribid un texto en el que contáis la historia de lo que pasó. Usad los tiempos del pasado.
Las siguientes preguntas también pueden ayudaros:

¿Qué tiempo hacía?
¿Dónde estaban?
¿Qué hacían?
¿Cómo se sentían?
¿Qué pasó?
¿Y después?

A

B

C
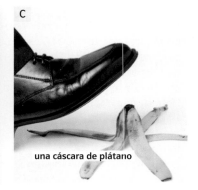

una cáscara de plátano

b ¡Ahora vosotros! Contad algo que os pasó.

14 Un día de cine (§§ 5, 6)

a Vosotros ya conocéis palabras para hablar de películas y teatro. Haced una lista con ellas.

b Imaginad cómo le fue a Julián durante el rodaje. Con ayuda de vuestra lista y de las
palabras de la casilla escribid lo que le pasó a Julián.

una cámara	eine Kamera
un decorado	eine Kulisse
un director / una directora	ein Regisseur, eine Regisseurin
un foco	ein Scheinwerfer
maquillar(se)	(sich) schminken
un micrófono	ein Mikrofon
dar órdenes	Anweisungen geben
rodar una escena	eine Szene drehen

Estrategia

Schneller verstehen worum es geht – Vorinformationen nutzen

Seht euch das Foto an und überlegt, was der Autofahrer gleich tun wird und warum ihr das wisst.

Und was hat das mit dem Spanischlernen zu tun? Nicht nur im Straßenverkehr hilft es uns, wenn wir erwarten können, was gleich passiert. Auch unbekannte Texte kann man besser verstehen, wenn man sich schon vor dem Lesen eine Vorstellung davon macht, worum es gehen wird.

1 Schaut euch die Illustrationen des zu bearbeitenden Textes genau an und beschreibt, was darauf zu sehen ist, z. B. wer die abgebildeten Personen sein könnten, wie und wo sie sind und was sie tun. Notiert in Stichpunkten alles, was euch dazu einfällt. Haltet auch Wörter fest, die zum gleichen Wortfeld gehören.
Bedenkt, dass
- ihr nicht alle Einzelheiten kennen müsst. Es ist auch schon hilfreich zu wissen, dass der Handlungsort eine Großstadt ist oder dass Jugendliche zu sehen sind, bei denen es sich vermutlich um eine Gruppe von Freunden handelt, wenn man den Ort oder die Personen nicht erkennt.
- Illustrationen manchmal auch indirekte Hinweise enthalten. So können z. B. altmodische Kleidung oder Schwarz-Weiß-Fotos auf eine historische Handlung hindeuten.

2 Lest den Titel und findet heraus, welche weiteren Informationen direkt oder indirekt genannt werden. Ergänzt eure Notizen.

3 a) Lesetexte: Seht euch den Text an (ohne ihn zu lesen). Überlegt, um welche Textsorte es sich handelt und was diese euch bereits über den Inhalt verrät. So findet ihr z. B. Erklärungen und Fakten in einem Lexikonartikel, in einem Leserbrief hingegen Meinungen oder auch Beschwerden.
b) Hörtexte: Achtet zunächst besonders auf den Tonfall der Sprecher (z. B. wütend, aufgeregt, fröhlich) und auf mögliche Hintergrundgeräusche.

4 Seht euch eure bisherigen Notizen noch einmal an und versucht daraus Schlüsse zu ziehen. Lasst dabei ruhig eure Fantasie spielen. Ergänzt eure Notizen um eure Vermutungen. Schreibt darüber hinaus (in Stichpunkten) auf, was ihr schon über das Thema, den Ort oder die Personen wisst.

5 Nun seid ihr gut auf den Text vorbereitet. Lest oder hört ihn nun und verfahrt dabei weiter, wie ihr es bereits gelernt habt.

• Creo que en este texto	voy a aprender algo sobre … el autor explica … la autora cuenta cómo …
• Me parece que este texto	trata de *(handelt von)* habla de … contiene *(enthält)* información sobre … nos presenta …
• Por el tipo de texto las fotos	puede ser un texto sobre …
• Además, pienso que va a ser un texto interesante, divertido, serio, …	

¡Ahora vosotros!

Buscad en una revista o un periódico un texto con una o varias fotos. Cortad las fotos y enseñadlas a un compañero o una compañera. Él / ella intenta saber de qué habla el texto. Después leed el texto juntos y comprobad si él / ella ha acertado *(überprüft, ob er / sie richtig geantwortet hat)*.

15 ¿Sabéis qué va a pasar?

a Escuchad los ruidos del cedé y decidid qué ruido va con qué título.

A Un viaje   B Un partido de fútbol   C En el campo
D En el cine   E Un día gris   F ¡Fin de semana!

b Escuchad el cedé otra vez e imaginaos que éstos son los ruidos de unos textos auditivos (*Hörtexte*). Apuntad para cada uno por lo menos un detalle que os revele (*verraten*) algo sobre el texto.

c Inventad una historia de pocas frases en la que aparezcan (*vorkommen*) por lo menos cuatro de los ruidos. Preparaos para leer vuestra historia en clase con los ruidos del cedé como fondo (*Hintergrund*).

16 Películas de España y Latinoamérica

En el casting Julián esperaba ver a actores famosos, pero sólo vio a uno en un cartel.

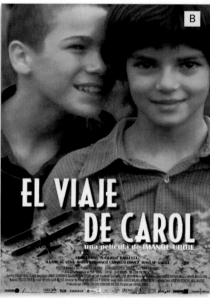

a Aquí veis publicidad de unas películas. Decid cuál puede ser el cartel que vio Julián. Justificad vuestra respuesta (*Begründet …*).

b Mirad los carteles otra vez. Con la información que sacáis de ellos imaginaos de qué trata (*handelt*) cada una de las películas.

c Escuchad los textos del cedé y decid qué texto habla de qué película.

d Escuchad los textos otra vez. Intentad comprender qué pasa en las películas. Explicad el contenido después a vuestros compañeros en alemán.

e Imaginaos que estáis delante de un cine donde ponen las películas de los carteles. Discutid en grupos y poneos de acuerdo en (*einigt euch darauf*) qué película queréis ir a ver.

> **Explicar información española en alemán**
>
> • No es necesario entender todas las palabras; intentad comprender las ideas importantes del texto.
> • Tomad nota (*macht Notizen*) si pensáis que no podéis recordar toda la información. Pero sólo escribid algunas palabras, no frases completas.
> • Pensad qué es interesante para vuestros compañeros o cuál es la información que necesitan.
> • Explicad la información con ayuda de vuestras notas, sin traducir el texto palabra por palabra.

⬚ ■ Mi vida virtual

✎ **a** Cread vosotros un avatar y describid vuestro «yo virtual»: cómo vais a ser (vuestro aspecto, carácter, familia, profesión), dónde vais a vivir, etc. Podéis, además, dibujarlo si queréis.

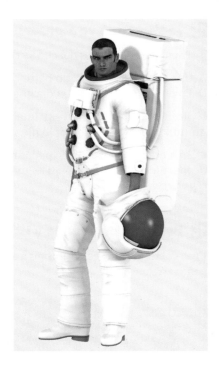

🗠 **b** Trabajad ahora en parejas. Hacedle preguntas a vuestro compañero sobre su vida virtual. ¿Creéis que vais a poder ser amigos en vuestro mundo virtual? ¿Por qué (no)?

■ Un debate

¿Qué pensáis?: ¿Por qué mucha gente tiene un avatar en Internet? ¿Qué os parece la idea de tener un segundo yo?

🗠 **a** Formad grupos. Un grupo defiende *(verteidigt)* la «vida virtual», el otro sostiene *(vertritt)* la idea de que la vida virtual es peligrosa *(gefährlich)*.
Buscad argumentos para defender la posición de vuestro grupo.
(Tenéis que buscar los argumentos que necesita el grupo y no las ideas que tenéis realmente.)
Después elegid a tres compañeros o compañeras para representar *(vertreten)* a vuestro grupo en el siguiente debate.

b Los representantes de los grupos discuten delante de la clase. Los demás escuchan, toman nota y al final deciden quiénes han defendido mejor sus ideas.

Ya sé en español ...

describir una situación
- A mucha gente le | encanta *(+ sust./inf.)* | porque ...
  | gusta *(+ sust./inf.)* |

- Actualmente | es | normal *(+ inf.)* | para *(+ inf.)*
- Últimamente | | necesario *(+ inf.)* | porque ...

- Veo | | necesitan *(+ sust./inf.)*
- Noto | que muchos jóvenes | se sienten *(+ adj.)*
- Me parece | | echan de menos *(+ sust./inf.)*

argumentar a favor de algo
- En | Internet | es (más) fácil | elegir
  | un juego virtual | uno/una | puede | buscar
- Con un «yo virtual» | | quiere | encontrar
  | | desea |
  | | prefiere |

argumentar en contra de algo
- La gente ni siquiera | piensa en *(+ sust./inf.)*
- Desgraciadamente mucha gente (no) | se entera de *(+ sust.)/de que* ...
  | nota que ...

- Cuando | estás mucho en Internet | es difícil *(+ inf.)*
  | juegas mucho | (no) puedes ...
  | | a lo mejor ya no ...
  | | tienes que tener cuidado de *(+ inf.)*

reaccionar a argumentos
- Es verdad que ..., pero ...
- Por un lado ..., por otro ...
- Eso puede ser, pero hay que pensar también en *(+ sust./inf.)*
- Aquí veo algunos/varios/dos/ ... problemas.
- Este me parece un argumento importante.
- Quiero | decir | sobre todo | una cosa
  | destacar *(hervorheben)* | | que ...
- Como acabas de decir ...

▪ Rabia

1   Rabia. Siento rabia.

Me dicen que es debido a la edad, a que soy adolescente y no
sé qué me pasa. Me dicen que ésta es la mejor parte de mi
vida, y que un día, pese a todo, la recordaré con mucho cariño.

5   Me dicen que lo malo de la adolescencia es que pasa muy
rápido, y que no te enteras de que ha pasado hasta que…,
pues eso, hasta que ha pasado y entonces la echas de menos.

Vale, pues qué bien. Quiero decir que me importa un
pimiento todo ese rollo. A mí me duele aquí y ahora.[…]

10   Estoy harta de mi adolescencia. Harta de sentirme mal y no
saber por qué. Harta de tener ganas de llorar, y de gritar, y
de amar y de muchas cosas más, sin saber de dónde vienen
o adónde van […].

Pero sé lo que me afecta. Sé que siento rabia. Eso es lo que sé,

15   lo que cuenta y lo único que me importa. Una rabia fuerte que
me ahoga, que me domina, que me hace estar así, con esa
cara, y esa pose, y esa angustia. Para ser la mejor parte de mi
vida, duele demasiado. Así que no puede serlo […].

¿Y qué pasa con lo que me gusta a mí? A MÍ. No a ellos. A MÍ. Qué pasa si yo quiero vivir,

20   escribir, cantar, viajar, amar, ser amada… Quiero el mundo, y lo quiero ahora. Nada de
esperar. «Hay que sufrir y trabajar para ganártelo», «Cada cosa a su tiempo», «Ahora te
toca callar y prepararte para el mañana, cuando seas mayor de edad ya harás lo que
quieras». […]

Y me siento sola, rabiosa, encendida. ¿Qué está pasando, eh? ¿QUÉ ESTÁ PASANDO?

25   Mierda de adolescencia, tú.

Jordi Sierra i Fabra: *Rabia. ¿Qué se siente en los últimos meses de la adolescencia?*
Madrid 2000, p. 9 – 11, (fragmentos ligeramente simplificados)

a   Decid si es un chico o una chica que habla en el texto y cuántos años tiene aproximadamente
(ungefähr). Justificad vuestra respuesta.

b   Explicad cómo se siente la persona del texto y por qué.

c   ¿Qué pensáis?: ¿quiénes son los «ellos» de los que habla la persona en el penúltimo
(vorletzten) párrafo?

d   Elegid una de las siguientes tareas:

1.   Imaginaos que conocéis a la persona del texto. Escribidle una carta para consolarla *(trösten)*
y ayudarla.

2.   ¿Os habéis sentido así alguna vez? Explicad cuándo, cómo y por qué. Decid también las
diferencias con los sentimientos de la persona, si las hay.

3.   Haced un dibujo o un collage. Intentad expresar en él los sentimientos de la persona del texto.
Preparaos también para explicar vuestro trabajo.

---

la rabia die Wut – 2 **debido a** wegen – 4 **pese a** trotz – **el cariño** die Zärtlichkeit, die Sehnsucht – 9 **doler (-ue-)**
weh tun – 11 **tener ganas de** Lust haben zu – **gritar** schreien – 12 **amar** lieben – 14 **afectar a alguien** pasar a
alguien – 16 **ahogar** ersticken – 17 **la angustia** die Beklemmung – 21 **sufrir** leiden – 22 **callar** no hablar – **ser
mayor de edad** tener más de 18 años – 25 **mierda de** *(col.)* Scheiß-

El barrio La Latina

A

B

C

D

E

F

G

H

1 Un barrio de Madrid

Mirad las fotos del barrio La Latina donde vive Julián. Nombrad *(Nennt)* tres
cosas diferentes y tres cosas iguales a vuestro barrio o vuestra ciudad.

2 La vida en el barrio

a Escuchad lo que cuentan las personas en el cedé sobre su vida en el barrio. ¿Qué hacen?
¿Qué es lo que les gusta o no les gusta a cada uno del barrio? Tomad notas.

b Con lo que sabéis sobre La Latina, decid si os gusta el barrio o no, qué os gusta en especial,
etc. Trabajad en grupos.

🔊 Conversación de vecinos

1 Bernardo tiene una farmacia en La Latina. Todos los días, antes de abrirla, va a la
churrería en la que trabaja Paco. Hoy también está Esther, una vecina del barrio.

Bernardo: ¡Buenos días a todos!

Esther: Buenos días.

5 **Paco:** Hola, Bernardo. ¿Qué tal?

Bernardo: Bien, bien. ¿Me pones un café y dos
churros? Oye, ¿es ésa la lotería de Navidad?

Paco: Sí, llegó ayer. ¿Quieres un décimo?

Bernardo: Claro. Dame uno con la terminación en

10 tres, que es mi número de la
suerte.

Paco: Este año seguro que toca. Ya
puedes ir pensando qué vas a
hacer con el dinero.

15 **Bernardo:** ¡Qué optimista eres! Yo
llevo jugando 10 años y nunca
he tenido suerte.

Esther: Bueno, pero ya sabes: «mala
suerte en el juego, buena en el

20 amor». ¿Verdad, Bernardo?

Paco: ¿Hay algo que yo no sé?

Esther: Ayer vi a Bernardo con una
chica muy guapa cuando
miraban cómo hacían la

25 película que están rodando
aquí. Y no era la primera vez.
¿Quién es?

Bernardo: ¡Qué curiosa eres, Esther!

Paco: A ver, Bernardo, cuéntanos
quién es.   30

Bernardo: Se llama Mirta y es la
chica con la que estoy saliendo.
Nos conocimos en las fiestas del
barrio. Ella es de Guatemala y
lleva viviendo poco tiempo   35
aquí.

Esther: La gente dice que ella ya
tiene una niña.

Bernardo: La gente habla
demasiado. La niña es de un   40
matrimonio joven para el que
ella trabaja. En Guatemala era
profesora, sin embargo, cuando llegó a España no
encontró trabajo en ninguna escuela y por eso
trabaja ahora con niños y ancianos a los que cuida.   45
Y para tu información: ayer no mirábamos cómo
hacían la película, participábamos. Bueno, Mirta.
Ella tuvo un pequeño papel, con diálogo incluso.
También estaba Julián, el hijo de Elvira.

50 **Paco:** ¿Qué Elvira?

Bernardo: Elvira, la hija de Manuel, la que trabajaba con él en la panadería hasta que se casó y se fue a vivir a Motril, y que ahora ha vuelto.

Paco: Ah, sí, sí. ¿Sabéis por qué se separó?

55 **Esther:** Pues no. Yo creo…

Bernardo: Dejad el tema, que ahí viene el hijo.

Julián entra en la churrería.

Julián: ¡Buenos días a todos!

Todos: Buenos días.

60 **Bernardo:** Oye, Julián, ayer te vi cuando hacías la película. A lo mejor te haces más famoso que Banderas.

Julián: Con esta película seguro que no. Es sólo un corto de los estudiantes de la Escuela de Cine.

65 **Esther:** Por algo hay que empezar.

Julián: Sí, sí, claro. Oye, Paco, me manda mi abuelo a buscar una docena de churros. Dice que te los paga él después.

Paco: Claro, no hay problema.

Esther: Oye, Julián, dale a tu madre las gracias por la información de Motril que me dio. Llamé ayer por teléfono y ya alquilé el piso para las Navidades. 70

Bernardo: ¡¿Te vas en Navidades a Andalucía?!

Esther: Sí, dos semanas. Yo voy siendo ya mayor y no soporto el frío de Madrid. Bueno, ya es tarde y tengo que ir a trabajar. ¿Cuánto es? 75

Bernardo: Espera, pago yo. Paco, cóbrame mi café y el de Esther.

Esther: ¡Qué no, hombre, qué no! Paco, cóbrame a mí, toma el dinero. 80

Bernardo: De eso nada. Venga, guarda el dinero. He dicho que hoy pago yo y punto.

Esther: Pero la próxima vez pago yo.

Julián: Oye, Esther. ¿Me puedes hacer un favor?

Esther: Claro que sí, hijo. ¿Qué puedo hacer por ti? 85

Julián: Quiero mandarle a un amigo de Motril una cosa. ¿Se la puedes llevar?

1 ¿Qué pasa en el texto?

a Mirad los siguientes títulos. Decidid cuáles describen partes del texto «Conversación de vecinos» de las páginas 40 y 41. Después ordenad los títulos según el texto.

1. Una chica de Argentina

2. La bienvenida en el bar

3. Esther y sus vacaciones en Motril

4. La vida de Mirta en España

5. La lotería de Navidad

6. El hijo de Bernardo

7. Una película no muy famosa

8. La vida de Elvira y Julián

 b Elegid los tres títulos más importantes y justificad vuestra decisión.

c Buscad más ideas importantes del texto y resumidlo con vuestras palabras.

Cómo hacer un resumen

Recordad: para escribir un resumen tenéis que usar el presente.

2 Entre líneas

Los hablantes de una lengua usan muchas veces dichos *(Redewendungen)* o frases muy cortas en las que hay mucha información. Mirad las siguientes frases del texto «Conversación de vecinos». Explicad con vuestras palabras qué quieren decir las personas con ellas.

1. ¡Qué optimista eres! (l. 15)

2. «Mala suerte en el juego, buena en el amor.» (l. 18 – 20)

3. ¡Qué curiosa eres, Esther! (l. 28)

4. La gente habla demasiado. (l. 39 – 40)

5. Dejad el tema, que ahí viene el hijo. (l. 56)

6. A lo mejor te haces más famoso que Banderas. (l. 61 – 62)

7. Por algo hay que empezar. (l. 65)

3 ¿Qué es el regalo de Julián?

Julián quiere mandarle a un amigo de Motril una cosa. Pero no dice qué es. ¿Qué pensáis? Discutidlo con vuestro compañero / vuestra compañera.

4 Costumbres diferentes (... *Gewohnheiten*)

a Buscad en el texto «Conversación de vecinos» de las páginas 40 y 41 las cosas que pasan o las que hacen las personas y que son diferentes a vuestro país. Haced una red de ideas.

España

b Comparad vuestra red con la de un compañero o una compañera y completadla si es necesario.

5 Seguid buscando el significado (§ 7)

a Mirad las líneas 13 – 15, 35 y 74 del texto «Conversación de vecinos» y los siguientes dibujos. Después explicad qué significan las construcciones con gerundio.

b Cambiad las siguientes frases por una construcción verbal con *ir* + *gerundio* o con *llevar* + *gerundio*.

1. Paco ya <u>trabaja</u> en la churrería desde <u>hace</u>[1] <u>muchos años</u>.
2. Elvira antes vivía en Motril, pero ya <u>hace 6 meses que vive</u> con su padre.
3. <u>Hace meses que Bernardo sale</u> con Mirta y creo que piensan casarse pronto.
4. Pobre chico ... <u>hace 20 minutos que espera</u> los churros y nada.
5. ¿Por qué no <u>empieza a hacer</u> los churros?
6. A las 11 de la noche el bar se <u>queda vacío poco a poco</u>.
7. Así Paco tiene tiempo de <u>empezar a limpiar el bar</u>.
8. El invierno <u>ya llega</u> y Esther no soporta el frío.
9. Esther <u>busca desde hace meses</u> un piso en Motril y gracias a la madre de Julián acaba de encontrarlo.

---

[1] **desde hace** seit

6 ¿Por qué viniste a España? (§§ 1–3, 5)

Mirta y dos chicas latinoamericanas están hablando sobre sus vidas. Completad el texto con los verbos en el tiempo correcto:

? un tiempo del pasado (pretérito perfecto, indefinido o imperfecto)
? el futuro

Luzmila: Mirta, y tú ¿por qué __1__ (venir) a España?
María del Mar: Pues, es que yo __2__ (trabajar) en Lima en una multinacional que __3__ (tener) que cerrar y me __4__ (quedar) sin trabajo. Y tú, ¿qué __5__ (hacer) en Guatemala?
Mirta: Yo __6__ (ser) profesora de escuela, pero también __7__ (quedarme) sin trabajo. __8__ (Buscar) durante casi un año y no __9__ (poder) encontrar trabajo, así que __10__ (despedirse) de mi familia y __11__ (tomar) un avión para España.
María del Mar: ¿Y ya __12__ (conocer) a gente en España?
Mirta: Nooo, pero __13__ (querer – yo) vivir en España. La vida aquí me __14__ (parecer) más fácil.
Luzmila: Lo __15__ (creer – yo) también. Pero no es así. No hay trabajo para todos.
Mirta: Y la verdad es que al principio la vida __16__ (ser) muy dura.
María del Mar: Sí. Yo __17__ (trabajar) un año en una casa. __18__ (Hacer) la comida, __19__ (limpiar), __20__ (planchar), __21__ (cuidar) a los niños y todas esas cosas que nunca __22__ (hacer) en Lima porque para eso __23__ (haber) una señora que __24__ (trabajar) en casa desde que yo __25__ (ser) niña.
Mirta: Lo importante es pensar en cómo __26__ (ser) el futuro porque el pasado, pasado está.
Luzmila: Yo __27__ (trabajar) mucho y __28__ (ganar) mucho dinero y entonces __29__ (volver) a mi país para estar con mis hijos.
Mirta: Yo __30__ (hacer) mi vida aquí. __31__ (casarse) y __32__ (quedarse) aquí.
María del Mar: Yo creo que Mirta ya __33__ (encontrar) al amor de su vida y creo que es un españolito…
Luzmila: ¿En serio? Pero, Mirta, no nos __34__ (contar) nada, pero seguro que nos lo __35__ (contar), ¿no?
Mirta: Bueno, amigas, __36__ (tomar) el autobús porque se va haciendo tarde…
Luzmila y María del Mar: ¿Entonces es en serio? ¿Y cuándo __37__ (ser) la boda?
Mirta: Adiós, adiós…

7 España, el país de los sueños

En España hay otros inmigrantes de Latinoamérica que, como Mirta y sus amigas, han venido para tener una vida mejor. Escuchad qué cuenta una de ellos en un programa de radio y contestad las preguntas.

1. ¿Cómo se llama y de qué país viene?
2. ¿Qué tipos de trabajo hizo después de su llegada a España?
3. ¿Por qué perdió su primer trabajo?
4. ¿Cómo encontró el trabajo siguiente?
5. ¿Qué piensa ahora ella de su vida en España? ¿Está contenta? ¿Por qué (no)?

8 El país de Mirta (§ 8)

Mirta visita por primera vez a los padres de Bernardo, que no saben mucho de ella ni de Guatemala. Éstas son algunas de las cosas que Mirta les cuenta. Unid las dos frases de cada número como en el ejemplo.

Ejemplo: Mis padres son profesores en una **escuela**. Yo también trabajaba **en esa escuela**.

→ Mis padres son profesores en una **escuela en la que** yo también trabajaba.

1. Tengo cinco hermanos. Tengo muy buenas relaciones con todos mis hermanos.
2. Mis dos hermanas mayores viven todavía en Guatemala. Yo hablo mucho con mis dos hermanas mayores.
3. Soy de la ciudad de Antigua. En Antigua hay muchas escuelas de idiomas para extranjeros.
4. Antigua tiene muchos edificios coloniales[1]. Por sus monumentos la UNESCO ha elegido la ciudad Patrimonio[2] de la Humanidad.
5. Desde mi ciudad podemos ver volcanes. Muchos turistas van a los volcanes para verlos de cerca.
6. Aquí tengo una foto de mi país. En la foto podéis ver el lago de Atitlán y dos de los volcanes.

9 El juego de los pronombres relativos (§ 8)

Tomad un papel y escribid una frase con al menos un sustantivo. Pasadlo a un compañero o una compañera. Éste / Ésta escribe otra frase con uno de los sustantivos y se lo da a una tercera persona. Ésta une las dos frases con un pronombre relativo. Juntos decidid si la frase es correcta. Después otra persona escribe la primera frase. Trabajad en grupos de tres.

Ejemplos:

A: Mi amigo me escribió un e-mail.

A: Mi amigo me escribió un e-mail.
B: Yo ya contesté el e-mail ayer.

A: Mi amigo me escribió un e-mail.
B: Yo ya contesté el e-mail ayer.
C: Mi amigo me escribió un e-mail que ya contesté ayer.

B: Mi padre trabaja en una farmacia.

B: Mi padre trabaja en una farmacia.
C: La farmacia está cerca.

B: Mi padre trabaja en una farmacia.
C: La farmacia está cerca.
A: La farmacia en la que trabaja mi padre está cerca.

---

[1] **colonial** aus der Kolonialzeit
[2] **el Patrimonio de la Humanidad** das Weltkulturerbe

🔊 10 ¿Qué hacer en Motril?

a Antes de ir de vacaciones, Esther quiere saber más de Motril y va a casa de Elvira y Julián. Escuchad lo que están diciendo. Decid de cuáles de los lugares y cosas que véis en las fotos están hablando.

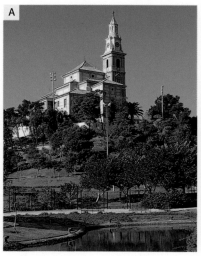
A

B

C

D

E

F

b Apuntad los consejos (*Ratschläge*) de Elvira y Julián.

los consejos de Elvira	los consejos de Julián

c Imaginaos que un amigo español / una amiga española quiere pasar sus vacaciones en Motril y no conoce la ciudad. Con ayuda de los resultados de los ejercicios 10a y b decidle qué puede hacer allí. También hay información en Internet. Para encontrar direcciones útiles, mirad 536830-0002 y la página 31.

- *imperativo*
- tener que hacer algo
- poder hacer algo
- visitar / ir a ver algo
- lo mejor de lo mejor es *(+ sust. / inf.)*

- sobre todo
- a lo mejor
- además
- naturalmente
- al final

Sich in unterschiedlichen Situationen auf Spanisch verständigen

Vielleicht kennt ihr diese Situation: Im Unterricht könnt ihr euch auf Spanisch ganz gut ausdrücken, mit einem einzelnen Gesprächspartner klappt's auch, aber plötzlich steht ihr in einer Gruppe von Spaniern oder Lateinamerikanern, und alles ist anders. Alle sprechen durcheinander und so schnell!! Dem Gesprächsverlauf zu folgen ist schon schwierig, selbst mitzureden, scheint fast unmöglich. Wie könnt ihr euch verhalten, um nicht abseits zu stehen?

– Wenn ihr etwas zum Gespräch beitragen möchtet, wartet nicht darauf, dass die anderen euch nach eurer Meinung fragen. Gebt Signale, dass ihr zu dem Thema auch etwas zu sagen habt. Das kann Zustimmung oder auch Missfallen sein (z. B. «Sí.», «Pienso lo mismo.», «Exactamente.», «No estoy de acuerdo.», «Pero yo creo que no, ¿sabes?»)

– Ihr könnt auch durch Rückfragen andeuten, dass ihr mit einer geäußerten Meinung nicht einverstanden seid, und einen Einstieg sucht, um selbst einen interessanten Beitrag zu dem Thema zu liefern. («¿No crees que hay otra solución?», «¿Pensáis todos así?»)

– Traut euch, die Umstehenden – höflich – zu unterbrechen, auch wenn es im schnellen Redefluss nicht die kleinste Pause zu geben scheint, in der man sich einschalten könnte. Wenn ihr die anderen beobachtet, werdet ihr merken, dass sie es genauso machen.

– Habt keine Angst, weil ihr nicht im gleichen Tempo sprechen könnt wie die Muttersprachler. Das erwartet niemand von euch. Rechnet aber auch nicht damit, dass alle euch immer bis zum Ende zuhören. Das hat nichts mit euren Sprachkenntnissen zu tun, sondern zeigt eher, dass ihr voll dazu gehört (vgl. der vorherige Punkt).

– Wenn ihr nur kurz unterbrechen wollt, ohne in das Gespräch einzugreifen – z. B. weil ihr auf einer Party wissen wollt, wo die Getränke stehen –, dann lenkt kurz die Aufmerksamkeit auf euch und stellt sofort die Frage. Die anderen werden euch antworten und wieder in ihr Gespräch zurückkehren.

– Manchmal wollt ihr vielleicht nicht in das Gespräch eingreifen (z. B. weil ihr nicht sicher seid, ob ihr die anderen richtig verstanden habt, oder weil ihr von dem Thema keine Ahnung habt), aber ihr möchtet den Gesprächsfaden auch nicht abreißen lassen. Dann ist es wichtig die anderen wissen zu lassen, dass ihr an deren Weiterreden interessiert seid. Schaut den Sprecher an und gebt durch nonverbale Gesten (z. B. ein Nicken, ein Lächeln) oder kurze Einwürfe («¿Sí?», «Interesante.», etc.) Zeichen, dass ihr noch aktiv zuhört. Scheut euch aber auch nicht, direkt nachzufragen, bzw. das Gesagte einfach nochmal zusammen zu fassen. Die Gesprächspartner können euch berichtigen, wenn ihr etwas falsch verstanden habt.

Nur Mut! Vor allem keine Angst vor Fehlern. Denn in erster Linie geht es bei einem Gespräch um den Inhalt. So wie euch bei Freunden und Bekannten, deren Muttersprache nicht Deutsch ist, der Akzent oder Fehler nicht negativ auffallen, werden eure spanischsprachigen Gesprächspartner sprachliche Fehler einfach überhören, wenn sie an eurem Beitrag interessiert sind.

11 ¿Qué han dicho?

a Haced una tabla en vuestro cuaderno con dos columnas y buscad frases para participar en la conversación o para mostrar *(zeigen)* que no habéis entendido. Trabajad en grupos.

para participar en la conversación	para mostrar que no hemos entendido
Claro. ¡Genial! …	¿Perdón? ¿Adónde? …

b Preparad una conversación entre un grupo de amigos españoles. Apuntad palabras o ideas y practicadla. Trabajad en grupos de 4 ó 5.

c Un compañero / una compañera de otro grupo hace de alemán o alemana que tiene problemas para entender. Representad la conversación en clase. El alemán / la alemana intenta participar y usa las expresiones del ejercicio 11a.

12 La gente habla demasiado

a Mirad este cómic. Explicad qué pasa y de qué puede estar hablando la gente.

b Sentaos en un círculo. Uno / una comienza y dice una frase a la persona que está a la derecha. Ésta la repite a la siguiente persona, etc. Comparad la frase que dice la última persona con la frase del comienzo.

13 Y en Madrid... ¿qué puedo hacer? (§§ 5, 7, 8)

En el instituto Julián está hablando con Carmen y Elena. Haced la conversación en grupos de tres.
No tenéis que traducir palabra por palabra.

Carmen fragt, wie es den beiden geht.

Elena sagt, dass es ihr gut geht, aber dass sie gestern Ärger mit ihren Eltern hatte, weil sie immer weniger lernt.

Julián sagt, dass ihm langsam alles besser gefällt, aber dass er Motril noch vermisst: dort traf er sich immer mit seinen Freunden am Strand, ging gerne ins Stadion, machte am Wochenende Ausflüge mit seinem Vater...

Elena erzählt, dass sie ebenfalls umgezogen ist, als sich ihre Eltern trennten. Sagt, dass es am Anfang schwer war und sie auch keine Freunde hatte, aber dass sich mit der Zeit alles verändert.

Julián fragt, was er so am Wochenende in Madrid machen kann.

Carmen sagt, dass er z.B. in den „Retiro" gehen kann, einen Park, in dem es alles gibt; dort kann er den ganzen Tag verbringen. Erzählt, dass sie seit Jahren fast jede Woche dorthin ging.

Elena stimmt zu und erzählt, dass sie letztes Wochenende mit ihren Eltern dort war und auf dem See Boot *(una barca)* gefahren ist. Bietet Julián an, mit ihm zu gehen.

Julián bedankt sich dafür und erzählt, dass er vor kurzem mit seinem Großvater dort war und dass er es toll fand.

Carmen sagt ihm, dass sie schon lange nicht mehr im Botanischen Garten *(el Jardin Botánico)* war, der sich im Paseo de Recoletos befindet, oder im Wachsfigurenmuseum *(el Museo de Cera)*, in dem sich berühmte Fußballspieler befinden und dass sie ihm diese gerne zeigt.

Elena sagt, dass sie seit mindestens 2 Jahren vorhat, in dieses Museum zu gehen und schlägt vor, dass alle drei zusammen am nächsten Freitag dorthin gehen.

Julián freut sich und sagt, dass es am besten ist, gleich nach der Schule zu gehen.

14 Un mensaje de Madrid

Julián ha pasado un fin de semana genial con Carmen y Elena en el Museo de Cera. Unos días después escribe a sus amigos de Motril para convencerlos *(überzeugen)* de venir. Con las siguientes ideas escribid el mensaje.

- antes no gustar Madrid, pero ahora...
- hace unos meses, con el abuelo, Parque del Retiro
- genial: ver ... *(mirad la página 31)*
- el fin de semana pasado, Carmen y Elena, Museo de Cera
- planes para la visita de los amigos: Museo de Cera, Retiro, ...
- venid, vagos, animarse: ver a Casillas de cerca

En el Museo de Cera en Madrid

El sorteo de lotería

Jugad todos a la lotería de Navidad.

Preparad vuestro sorteo de lotería. Repartid el trabajo en grupos.

- Haced los billetes de lotería, escribid un número en cada uno y repartidlos en clase.
- Haced bolas con los mismos números que están en los billetes.
- Traed pequeños premios o regalos.
- Poned las bolas en una bolsa y los regalos en otra bolsa.
- Escuchad en el cedé cómo cantan los Niños de San Ildefonso los números de la lotería para hacerlo igual.
- Ahora haced la lotería vosotros: Una persona toma una bola y canta o dice el número. Otra persona toma un regalo de la otra bolsa y lo canta o dice. El chico / la chica con este número en su billete recibe el regalo.

La lotería de Navidad	
el sorteo	die Ziehung
una bola	eine Kugel
un premio	ein Preis

Ya sé en español ...

organizar el trabajo
- ¿Quién(es) | hace(n) ...?
  - trae(n) ...?
  - participa(n) en ...?
  - lee(n) ...?
- ¿Cómo hacemos / preparamos ...?
- ¿Quién hace el papel de ...?

proponer algo
- Podemos ...
- ¿Qué os parece *(+ inf. / subst.)*?
- A ver, ¿os gusta ...?
- ¿Por qué no intentamos ...?

aceptar una propuesta
- Sí, lo hacemos | así.
  - como lo ha propuesto *(nombre)*.
- La idea | es buena / genial / no es mala.
  - me encanta.
  - me gusta.

rechazar *(ablehnen)* una propuesta
- Bueno, yo prefiero ...
- A mí me parece mejor ...
- Creo que | no funciona.
- Así
- Eso es bastante / demasiado complicado.
- De eso nada.

Aquí no hay playa

1 Podéis tener Retiro, Casa Campo y Ateneo,
podéis tener mil cines, mil teatros, mil museos,
podéis tener corralas, organillos y chulapas,

pero al llegar agosto, ¡vaya, vaya!,
5 aquí no hay playa.
¡Vaya, vaya!
No hay playa.
¡Vaya, vaya!

Podéis decir a gritos que es la capital de Europa,
10 podéis ganar la Liga, podéis ganar la Copa,
afirmaréis seguros que es la capital de España,

pero al llegar agosto, ¡vaya, vaya! …

Podéis tener hipódromo, Jarama y Complutense
y, al lado, la Moncloa donde siguen los de siempre,
15 podéis tener el mando del imperio en vuestras manos,
pero al llegar agosto y el verano…
Podéis tener la tele y los 40 Principales,
podéis tener las Cortes, organismos oficiales,
el Oso y el Madroño, Cibeles, Torre España,

20 pero al llegar agosto, ¡vaya, vaya! …

¡Escucha, Leguina!
Podéis tener Movida ¡hace tiempo!,
Movida promovida por el Ayuntamiento,
podéis rogar a Tierno o a Barranco o al que haya,

25 pero al llegar agosto, ¡vaya, vaya! …

Música y letra: Bernardo José Vázquez García
© Universal Music Publishing S. A./Universal Music Publishing GmbH, Berlin

El oso y el madroño

a Escuchad la canción e intentad comprender de qué ciudad española canta el grupo.

b Mirad las fotos de las páginas 52 y 53 y decid qué monumentos están también en el texto de la canción.

c ¿Qué más hay en esta ciudad? Apuntad los nombres de monumentos y sucesos *(Ereignisse)* o el tipo de cosas y actividades que encontráis en el texto. Después buscad información en el *Glosario cultural* de las páginas 130–136.

d Explicad en dos o tres frases la idea principal de la canción.

e Escribid un texto sobre una ciudad alemana con «Aquí no hay playa» como modelo.

La Plaza Cibeles

3 **una corrala** edificio con un patio común *(gemeinsam)* – **un organillo** eine Drehorgel, ein Leierkasten – **una chulapa** mujer con el vestido típico de esa ciudad – 9 **a gritos** lautstark – 10 **la Copa (del Rey)** spanischer Fußballpokal – 11 **afirmar** behaupten – 13 **un hipódromo** eine Pferderennbahn – 15 **el mando** die Herrschaft – 18 **las Cortes** el Parlamento español – 21/24 **Leguina, Tierno, Barranco** nombres de políticos importantes – 23 **promovido, -a** gefördert – **el Ayuntamiento** die Stadtverwaltung

¿POR QUÉ VENIR A MADRID?

1 Porque Madrid tiene mil años de historia, algunos de los mejores museos del mundo y una arquitectura fantástica. Es la ciudad de Raúl, de Casillas, del Santiago Bernabéu, es decir, del Real Madrid, un equipo de fútbol sin igual. Además,
5 hay muchísimas actividades y conciertos. Y lo mejor de todo, su gente es amabilísima. ¡Madrid os va a fascinar, chavales!

Un poco de historia

Madrid es la capital del país desde 1561. ¿Sabíais que Madrid era sólo un pequeño pueblo cuando Felipe II la eligió como
10 capital? La ciudad creció muy rápidamente, pues se convirtió en el centro político de «un imperio en el que nunca se ponía el sol». Hoy, con más de tres millones de habitantes, es la ciudad más grande de España.

Esto hay que verlo

El Triángulo del Arte: tres famosísimos museos están aquí: el 15 Museo Thyssen-Bornemisza, el Museo de Arte Moderno Reina Sofía y el Museo del Prado, uno de los mayores museos del mundo, donde hay cuadros de pintores famosísimos como Velázquez, El Greco y Goya. Es tan grande que los madrileños dicen que el cuadro que más buscan los turistas es uno en el 20 que está la palabra «salida». En ellos vais a descubrir que los museos no son nada aburridos.

La Gran Vía y la Calle de Alcalá: son las principales calles en el centro de la ciudad. La Gran Vía es famosa por su gran número de cines y en la Calle de Alcalá están unos de los 25 monumentos más conocidos de la capital, como la Fuente Cibeles y la Puerta de Alcalá.

3 **el Santiago Bernabéu** estadio de fútbol – 10 **convertirse en algo** etw. werden – 11 **ponerse** *aquí:* untergehen – 15 **un triángulo** ein Dreieck

Una curiosidad: esta calle se llena una vez al año de ovejas para recordar que éste era el antiguo camino por el que los rebaños cambiaban su lugar en verano e invierno.

El Madrid antiguo: es una de las zonas más interesantes de la ciudad. En sus calles vivieron grandes escritores del Siglo de Oro español, como Cervantes, que escribió el Quijote, o Lope de Vega, que era un famoso autor de teatro. La Plaza Mayor es el lugar más famoso, con sus bares y restaurantes. También está la Puerta del Sol, que todos vosotros conocéis del día de Nochevieja con las 12 campanadas y las uvas de la suerte.

El Rastro: está en los barrios del Madrid antiguo. Un mercado enorme al aire libre, con objetos antiguos y de segunda mano, y cosas que no hay en tiendas normales. Y lo mejor de lo mejor: los bocadillos de calamares de los bares que hay en esta zona. ¡Los mejores bocadillos que hay!

El Madrid moderno: Madrid no es sólo museos o edificios antiguos. Muchos de sus barrios son nuevos con edificios muy modernos, como la Puerta de Europa o Torre España, el edificio más alto de Madrid, o Torre Madrid.

La vida nocturna

Cuando Europa se va a la cama, Madrid se levanta. La ciudad nunca duerme: sus noches son tan largas y animadas como sus días. En barrios como La Latina o Moncloa hay siempre mucha gente joven, ya que están llenos de bares de tapas y restaurantes. Cuando las discotecas cierran, muchos van a las churrerías a desayunar el tradicional chocolate con churros.

> **¿A qué estáis esperando?**
> **¡Venid a Madrid y no vais**
> **a querer iros nunca más!**

28 **una oveja** ein Schaf – 30 **un rebaño** eine Herde – 32 **el Siglo de Oro** das goldene Zeitalter *(ver Glosario cultural, p. 133)* – 37 **la Nochevieja** el 31 de diciembre – **una campanada** ein Glockenschlag – 47 **nocturno,-a** nächtlich, Nacht-

1 Madrid, Madrid, Madrid

a Mirad las fotos de las páginas 52 y 53 y decid con qué párrafo del texto va cada foto.

b Buscad en el texto información sobre Madrid y resumidla en una tabla.

personas famosas	edificios y monumentos	otros lugares de interés

c En grupos repartíos los temas del ejercicio 1b. Después cada uno busca más información en el *Glosario cultural* de las páginas 130–136 y les resume a los otros del grupo la información que ha encontrado.

d Preparad 5 preguntas para cada tema. Después hacédselas a otro grupo. Controlad sus respuestas.

2 De Madrid al Cielo

En las páginas 52 y 53 y en las unidades 1–3 habéis aprendido muchas cosas sobre Madrid. Elegid uno de los siguientes ejercicios:

a Según un estudio internacional, Madrid es la décima ciudad del mundo donde la gente vive mejor. Está así detrás de ciudades como Múnich (*München*, que es la 1ª), pero delante de París (19ª) o Nueva York (que no está entre las 20 primeras ciudades).
Con lo que sabéis sobre Madrid decid por qué está en la lista, pero no es la primera.

b Los madrileños dicen la expresión «De Madrid al Cielo» (*Himmel*). Con lo que sabéis sobre Madrid decid lo que puede significar.

3 Información en Internet

a Elegid una de las siguientes fotos y buscad las respuestas a las siguientes preguntas con ayuda de la dirección de Internet. Trabajad en grupos.

Un palacio
1. ¿Cómo se llama este palacio?
2. ¿Qué otros palacios hay en Madrid? ¿Dónde están?
3. ¿Quién fue el primer rey que vivió aquí? ¿En qué año empezó a vivir aquí?
4. En este palacio hay cuadros muy famosos. Apuntad el nombre de tres pintores.
5. ¿Cómo se llaman los jardines de este palacio? ¿De qué época son?

Para más información, mirad 536830-0003

Un cuadro
1. ¿Cómo se llama el cuadro?
2. ¿Cuál es el nombre del pintor?
3. ¿En qué museo está?
4. ¿Cómo se llama la niña en el centro del cuadro? ¿Quién es?
5. ¿Cómo se llaman las demás personas del cuadro?

Para más información, mirad 536830-0004

b Con la información que habéis encontrado en Internet preparad un pequeño artículo para la revista del colegio.

4 Pasado – presente (§§ 1–3, 5, 9)

El pintor Velázquez, después de más de 300 años en un cuadro, ha decidido salir de él y dar una vuelta (*einen Spaziergang machen*) por la ciudad. Imaginad qué cosas le van a parecer diferentes al Madrid en el que vivía. Pensad en cosas como la ropa, los aparatos, los edificios…

A

B

C

5 Velázquez en el Retiro (§§ 1–3, 5, 9)

En su vuelta por Madrid, Velázquez pasó la tarde en el Parque del Retiro. Cuando volvió al cuadro, les contó a los demás todo lo que vio. Con ayuda del dibujo contad qué les dijo.

Entre Oriente y Occidente

Sierra Nevada

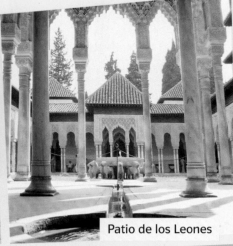

Patio de los Leones

Costa Tropica[l]

Generalife

Almuñécar

Salón de Embajadores

1 Paisajes y monumentos (*Landschaften ...*)

Mirad las fotos. Decid de qué país o región creéis que son y por qué.

Los continentes	El paisaje	Edificios y monumentos	Religiones y culturas
• África *(f.)*	• un desierto	• un castillo	• árabe
• América *(f.)*	• una isla	• un palacio	• cristiano, -a
• Asia *(f.)*	• una sierra	• una iglesia	• judío, -a
• Europa *(f.)*	• un valle	• una catedral	
• Oceanía *(f.)*		• una mezquita	

Guadix

Catedral

La Alhambra

Realejo

Albaicín

Palacio de Carlos V

2 De excursión

La clase de Kiko va a hacer una excursión y para prepararla, el profesor les enseña a los alumnos un vídeo sobre los lugares de las fotos.

a Escuchad el texto del cedé y comprobad si vuestras hipótesis del ejercicio 1 son ciertas *(überprüft, ob eure Vermutungen … zutreffen).*

b Completad la información del cedé con la información que podéis encontrar en el *Glosario cultural* (páginas 130–136).

🔊 El tesoro de Boabdil

1 En su excursión a Granada la clase del
instituto Ginés de los Ríos de Motril visitó
la Alhambra. Hicieron una visita guiada por
el palacio y después los alumnos tuvieron
5 media hora para ver el monumento ellos
solos.

Kiko y sus amigos David e Isabel
decidieron volver al Patio de los Leones
que les había parecido como de las Mil y
10 Una Noches. Al entrar en el patio, a Kiko
le llamaron la atención un hombre y una
mujer que estaban a su lado. Él era alto,
moreno, con barba y llevaba gafas de sol.
Ella parecía nerviosa y los dos miraban un
15 papel que a Kiko le pareció un plano de la
Alhambra. En un lugar del plano Kiko leyó:
«Tesoro árabe». El hombre de la barba vio que Kiko los observaba y entonces le gritó: «Chico, ¿qué
estás mirando? Déjanos en paz, anda.»

Isabel y David, que habían visto lo que había pasado, fueron hacia Kiko y éste les habló del plano
20 con el tesoro. Los tres se miraron y comprendieron que lo que aquellas dos personas buscaban era
sin duda el tesoro de Boabdil, el último rey árabe de Granada. Él luchó contra los Reyes Católicos y

perdió la guerra. Entonces tuvo que irse, pero según la leyenda,
antes de abandonar la Alhambra, había escondido en ella un
gran tesoro. Ahora parece que alguien lo había descubierto.
25 Kiko, David e Isabel decidieron saber lo que pasaba, aunque
podía ser peligroso.

El hombre y la mujer salieron del Patio de los Leones. Los
chicos quisieron ir detrás de ellos, pero en ese momento, al
salir del patio, se encontraron con el profesor que les contó
30 algo de una exposición. Los chicos no escuchaban al profesor,
sólo observaban lo que hacían el
hombre y la mujer. Cuando
pudieron seguirlos, éstos ya
habían desaparecido. Los
35 buscaron por otras salas y más
tarde, en el Jardín de Daraxa,
volvieron a ver a la pareja, que
ahora preguntaba por algo a un

empleado de la Alhambra, pero no pudieron oír lo que decían. Después
40 se pusieron a andar otra vez y los tres amigos los siguieron desde lejos.

Al llegar al palacio de Carlos V, los tres chicos se dieron cuenta de que
la pareja había desaparecido. Miraron a la izquierda y a la derecha, pero
ya no estaban. De repente el hombre y la mujer, que se habían escondido
detrás de una puerta, salieron y el hombre sujetó a Kiko y dijo: «Chavales,
45 ¿qué queréis de nosotros? ¿Por qué nos estáis siguiendo?». Kiko, que
estaba blanco de miedo, no podía hablar. «Dios mío, ¿qué me va a pasar
ahora?» pensó.

1 ¿Qué pasa en la Alhambra?

a Ordenad los dibujos según el texto.

A

B

C Tesoro árabe

D

E ¿ .... ?

F

b Contad de nuevo la historia con vuestras palabras. Usad el presente.

c ¿Cómo puede ser el final de la historia? Apuntad vuestras ideas. Guardad vuestros apuntes: los vais a necesitar en otro ejercicio.

2 Un nuevo tiempo verbal (§ 9)

a En el texto «El tesoro de Boabdil» hay formas de un nuevo tiempo. Apuntad cuáles son y explicad cuándo hay que usar este tiempo y también cómo se forma (*wie sie gebildet wird*).

b Elegid uno de los verbos del ejercicio 2a y completad en vuestro cuaderno las formas del verbo que faltan.

3 La Alhambra (§ 9)

a El profesor le está hablando a la clase de Kiko después de visitar la Alhambra. Completad el texto con las formas correctas del pretérito pluscuamperfecto.

Profesor: Bueno, chicos, ¿no os ha parecido la Alhambra preciosa?

David: Sí, profe, pero ya la conocíamos porque (ver – nosotros) un montón de fotos en clase. Nos las (traer) tú.

Profesor: ¿Cómo puedes decir eso? En foto no es lo mismo.

Isabel: Es verdad. Yo ya conocía la Alhambra porque (venir – yo) con mis padres. Y creo que es preciosa.

Profesor: Cuando los Reyes Católicos entraron en la Alhambra pensaron lo mismo, ya que nunca (ver – ellos) un palacio tan bonito.

Kiko: ¿Y por qué hicieron otro palacio?

Profesor: Ese palacio no lo hicieron ellos. Lo hizo su nieto, Carlos V, que (nacer – él) en Gantes, una ciudad que hoy está en Bélgica. Pero esto ya lo expliqué durante la exposición. ¿Dónde (quedarse – vosotros) ? Porque allí no os vi.

Kiko: Ehhh …

b Con ayuda de vuestros apuntes del ejercicio 1c preparad lo que dice Kiko. Después contadlo a vuestros compañeros y compañeras. Elegid vuestro final favorito. Trabajad en grupos de cuatro personas.

c Contad la historia favorita de cada grupo a toda la clase y elegid la mejor historia de la clase.

4 Año de 1492 (§ 9)

1492 fue el año en el que Boabdil perdió Granada. En aquel año pasaron otras cosas muy importantes. Mirad los dibujos y escribid con ayuda de las palabras de abajo qué pasó. Formad frases de relativo y usad el pretérito pluscuamperfecto.

Ejemplo: árabes • vivir • en casi toda España • 1492 • sólo • vivir • Granada
→ Los árabes, que habían vivido en casi toda España, en 1492 sólo vivían en Granada.

1. La Reconquista[1] • **empezar** • unos 700 años antes • **terminar** • con los Reyes Católicos
2. Los judíos • **vivir** • en España • muchos siglos[2] • **tener** que irse • 1492
3. Los Judíos • **llevar** • las llaves[3] de las casas • donde • **vivir**

4. Colón • **nacer** • en Italia • **buscar** • nuevo camino a la India
5. Colón • **llegar** • a España • **pedir** • dinero • Isabel la Católica • para hacer • viaje

6. Colón • **salir** • de España • 3 de agosto • **llegar** • América • 12 de octubre
7. Colón • **descubrir** • América • **pensar** • estar • en la India
8. Antonio de Nebrija • **escribir** • gramáticas del latín • **escribir** • la primera gramática castellana

b Buscad en el *Glosario cultural* de las páginas 130–136 información sobre Antonio de Nebrija, la Reconquista, Colón y los Reyes Católicos. Trabajad en grupos de cuatro. Cada uno busca información sobre uno de esos temas y después les cuenta a los demás lo que sabe.

[1] **la Reconquista** la lucha contra los árabes – [2] **un siglo** 100 años – [3] **una llave** ein Schlüssel

5 Alhambra

El libro *Alhambra* de la escritora alemana Kirsten Boie cuenta también una aventura que pasa en Granada. Leed el texto de la contraportada *(Klappentext)* y explicad a un amigo español de qué trata el libro *(wovon … handelt)*.

<table>
<tr><td>

1

5

10

15

</td><td>

Gerade war Boston noch in Granada auf dem arabischen Touristen-
markt, der Alcaicería. Dann ist auf einmal alles verändert: der Duft, die
Geräusche, die Menschen - auch die Stadt sieht plötzlich anders aus.
Durch ein Tor in der Zeit ist Boston in das Jahr 1492 geraten. Auf der
Alhambra haben die spanischen Könige die Herrschaft von den Mauren
übernommen, die Bekehrung Andersgläubiger zum Christentum ist das
Ziel Königin Isabellas.

Für Boston wird die Zeitreise schnell lebensgefährlich: Er gerät als
vermeintlicher Teufelsbündner in die grausamen Fänge der Inquisition.
Doch zwei neue Freunde, Tariq und Salomon, als Muslim und Jude selbst
von den neuen Herrschern bedroht, stehen ihm in dieser fast ausweglosen
Situation bei und helfen, den Schlüssel für seine Rückkehr in die
Gegenwart zu finden. Ob Boston dies allerdings gelingt, hängt am Ende
nicht nur davon ab, ob er das Tor in der Zeit wieder schließen kann,
sondern auch von der Entdeckung Amerikas.

Und wer weiß – vielleicht wäre ohne Boston die Weltgeschichte
ganz anders verlaufen?

</td></tr>
</table>

Kirsten Boie. *Alhambra*. Hamburg: Verlag Friedrich Oetinger, 2007.

> **Resumir información en otra lengua**
>
> Para saber cómo explicar información alemana en español, mirad la página 19.

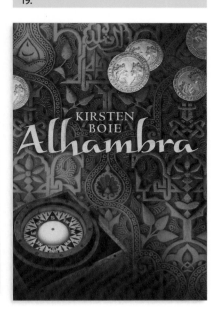

6 «Llora como mujer lo que no supiste defender como hombre» (§ 11)

Las frases explican la leyenda de la pérdida de Granada por el rey Boabdil. Unid las dos frases con el pronombre relativo *lo que*.

Ejemplo: Los Reyes Católicos querían mandar sobre Granada.
Eso lo consiguieron[1] en 1492. → Los Reyes Católicos querían conquistar Granada, lo que consiguieron en 1492.

1. Los Reyes Católicos conquistaron el reino[2] de Boabdil. Eso terminó la Reconquista.
2. Boabdil no tuvo ayuda de los otros árabes. Eso fue malo para él.
3. Los Reyes Católicos ganaron la guerra a Boabdil. Eso puso triste a Boabdil.
4. Boabdil no quiso seguir luchando. Su madre no entendió eso.
5. Al mirar desde una montaña, Boabdil empezó a llorar. Esto enfadó a su madre.

Entonces su madre le dijo la famosa frase: «Llora como mujer lo que no supiste defender[3] como hombre».

---

[1] **conseguir (-i-/-i-)** erreichen, gelingen – [2] **el reino** das Reich – [3] **defender (-ie-)** verteidigen

7 Las casas-cueva del Sacromonte (§ 10)

En el barrio del Sacromonte los chicos visitan las casas-cueva. La señora de una de esas casas les cuenta una leyenda.

a Leed las frases y ordenadlas para formar un diálogo.

> ¿Y qué pasó?

> No, ¿cómo es?

> Pues no, no los encontraron. Por la noche, cuando tuvieron frío, entraron en las cuevas[1] para dormir.

> ¿Conocéis la leyenda de las casas-cueva?

> Cuando sus esclavos[2] se enteraron, fueron a buscar estos tesoros y, cuando llegaron aquí, hicieron cuevas para buscar los tesoros.

> La leyenda dice que los árabes ricos escondieron grandes tesoros en este lugar cuando abandonaron Granada.

> Al final, como no sabían adónde ir, se quedaron a vivir en las cuevas... y hoy en día algunas son hoteles.

> ¿Y cómo terminó?

> ¿Los encontraron?

b Contad otra vez la leyenda, pero transformad las frases como en el ejemplo.

Ejemplo: Los árabes ricos escondieron grandes tesoros en este lugar cuando abandonaron Granada.
→ *Al abandonar Granada, los árabes ricos ...*

8 El juego de los relativos (§ 11)

a Completad las siguientes frases con una frase de relativo (*que, donde, lo que* ...).

1. Kiko, David y Elvira son tres amigos ...
2. Los tres amigos han visitado hoy Granada ...
3. Kiko ha visto a un hombre y a una mujer ...
4. Kiko escucha ...
5. Boabdil fue un rey árabe ...

Ejemplo: La Alhambra es un palacio árabe en el que hay unos jardines preciosos.

b Inventad ahora vosotros tres frases más como las del ejercicio 8a. Después escribid cada frase en tres papeles pequeños como en el ejemplo.

Ejemplo:

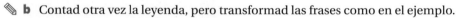

La Alhambra es un palacio árabe   en el que   hay unos jardines preciosos.

c Jugad en grupos de cuatro. Barajad *(Mischt)* los papeles del ejercicio 8b. Ponedlos en la mesa con la frase hacia abajo y cada persona toma cuatro de ellas. Empieza a jugar una persona y pone el comienzo de una frase. La siguiente persona tiene que seguir completando la frase correctamente o empezar otra. Si no puede, tiene que tomar otro papel del montón. Gana la persona que termina todos sus papeles.

[1] **una cueva** eine Höhle – [2] **un esclavo** ein Sklave

9 La herencia de los árabes

Los árabes tuvieron que irse de España, pero su cultura se quedó.

a Escuchad el texto del cedé y contestad las preguntas.

1. ¿Qué culturas convivieron *(lebten zusammen)* en España?
2. ¿Por qué fue positiva esa convivencia?
3. ¿Qué cosas de nuestra vida de todos los días hay gracias a los árabes?

b Relacionad en vuestro cuaderno estas palabras árabes con las españolas. Escribid también cómo son en alemán.

Un juego de ajedrez

Árabe		Español		Alemán
1. qitara	2. alkímya	A naranja	B barrio	
3. sukkar	4. barrī	C cifra	D guitarra	
5. laymūn	6. ṣífr	E alquilar	F azúcar	
7. nārang	8. alkirá	G limón	H alquimista	

10 ¡Me falta la cartera! (§ 9–11)

a Una turista alemana pierde su cartera durante su visita a la Alhambra. Ella no habla español.
Para ayudarla a hablar con un policía, haced de intérprete *(übernehmt die Rolle des Dolmetschers)*.

La turista alemana: Ich habe ein Problem: Ich habe meine Brieftasche *(una cartera)* verloren.
Tú: La señora dice que ha perdido su cartera.
El policía: ¿Cuándo se dio cuenta de que le faltaba la cartera?
Tú: ...
La turista alemana: Im Souvenirladen (= Laden der Geschenke). Ich bin hineingegangen, um Postkarten zu kaufen. Als ich meine Tasche *(un bolso)* aufmachte, hatte ich sie nicht mehr. Glauben Sie, dass ich sie (wieder)finden kann? Das, was darin war, ist wichtig.
Tú: ...
El policía: Va a ser difícil. Aquí hay mucha gente. Primero me tiene que contar lo que ha hecho hoy.
La turista alemana: Muss ich Ihnen alles aufzählen (= erzählen), was ich heute gemacht habe?
Tú: ...
El policía: Sólo dónde había estado antes de perderla. ¿En el palacio de Carlos V?
Tú: ...
La turista alemana: Nein, dort war ich schon vorher gewesen.

Tú: ...
El policía: ¿Me puede decir dónde había estado antes?
Tú: ...
La turista alemana: Nach der Besichtigung des Palasts von Karl V. war ich im Löwenhof und in der Ausstellung des arabischen Schatzes (gewesen), und dort passierte etwas sehr Seltsames.
Tú: ...
El policía: ¡Sígame contando lo que pasó!
Tú: ...
La turista alemana: Ja also, ein Mann sprach mit mir. Ich verstand nicht, was er mir sagte. Aber er redete immer weiter. Ich weiß nicht, es war sehr seltsam.
Tú: ...
El policía: ¿Me puede describir a ese hombre?
Tú: ...
La turista alemana: Natürlich: er war groß, hatte eine Brille und einen Bart und … Mein Gott! Es ist der Mann dort, der dort!
Tú: ...
El policía: Ya lo veo. Ahora voy a hablar con él.

b La turista alemana está señalando *(zeigt)* al profesor de Kiko. El policía va hacia él. Haced el diálogo entre el policía y el profesor de Kiko. Trabajad en parejas. Después representad el diálogo en clase.

Schneller und effizienter lesen

Immer wieder wird von euch verlangt, dass ihr euch über euer Schulbuch hinaus Informationen besorgt, z. B. für Präsentationen, Hausaufgaben oder als Vorbereitung für eine Reise. Dabei stoßt ihr oft auf lange Texte im Internet, in Broschüren oder in Reiseführern. Bei derartigen Aufgaben ist es in der Regel weder nötig noch möglich, alles zu lesen, was man zu dem Thema gefunden hat. Daher müsst ihr effiziente Lesetechniken entwickeln.

Macht euch als erstes bewusst, zu welchem Zweck ihr einen Text lest:
– eine erste Orientierung zum Thema
– Suche nach gezielten Informationen (die vielleicht in einem längeren Text an verschiedenen Stellen enthalten sind)
– jede Information aus einem Text

Hier sind die drei wichtigen Lesetechniken, die ihr benötigt.

1 Skimming = durch Überfliegen erste Leseeindrücke sammeln

Skimming (von englisch *to skim* = abschöpfen, flüchtig berühren) ist eine Methode des schnellen Lesens. Dabei bewegen sich die Augen rasch über die Zeilen, und man überliest alle „kleinen" Wörter (z. B. Präpositionen, Artikel oder auch Satzzeichen). Bei dieser Art des Lesens versucht man Schlüsselwörter und Sinnabschnitte zu entdecken und so das Hauptthema, die Stimmung oder die allgemeine Bedeutung eines Textes zu erkennen. Sie wird oft als Vorarbeit für eine detailliertere Suche nach spezifischen Informationen benutzt und daher meist für Sachtexte eingesetzt.

Die Lesegeschwindigkeit sollte mindestens zwei- oder dreimal so schnell sein wie beim normalen Lesen.

2 Scanning = eine bestimmte Information suchen

Das Ziel von Scanning (von englisch *to scan* = überfliegen, abtasten) ist es, ein spezifisches Detail in einem Text zu lokalisieren, z. B. einen Schlüsselgedanken, ein Wort, ein Datum oder einen Namen. So könnt ihr herausfinden, ob ihr in diesem Text wirklich die Antworten auf eure Fragen findet. Ähnlich wie beim Skimming bewegt ihr die Augen schnell über die Seite, denn ihr überspringt einen Großteil des Textes und konzentriert euch nur auf die Aspekte, die ihr erfahren möchtet. Dabei sucht ihr nach Anhaltspunkten wie z. B. Großbuchstaben (wenn ihr Namen sucht), Zahlen (für ein Datum), Zwischenüberschriften (für Hinweise auf das Thema des Abschnitts).

> Darauf kommt es beim überfliegenden Lesen an:
>
> – Augen schnell über die Seiten gleiten lassen, nicht Wort für Wort lesen
>
> – unbekannte Wörter nur nachschlagen, wenn sie wichtig scheinen (z. B. immer wieder vorkommen, hervorgehoben sind)
>
> – versuchen, Sinneinheiten zu erkennen
>
> – Schlüsselwörter suchen

3 Intensives Lesen = Wort für Wort lesen

Manchmal ist es auch nötig, einen Text genau zu lesen, weil man die Details braucht. Beim intensiven Lesen konzentriert ihr euch voll auf den (meist kürzeren) Text und passt eure Lesegeschwindigkeit dem Schwierigkeitsgrad des Textes an. Eine Phase des intensiven Lesens schließt sich oft an das Skimming oder Scanning an: Wenn ihr mit Hilfe des überfliegenden Lesens herausgefunden habt, in welchen Texten oder Textabschnitten wichtige Informationen stehen, lest ihr diese anschließend genau.

⎿ 11 Leer y jugar

a ¿Cuál de las tres técnicas de lectura *(Lesetechniken)* que habéis aprendido en la página 64 usáis para leer los siguientes tipos de texto?

1. un texto en clase de alemán
2. un horario de autobuses
3. el programa de cine en el periódico
4. una postal
5. la guía telefónica *(Telefonbuch)*
6. un periódico
7. una receta de paella
8. un texto en el libro de español, para encontrar las formas de un nuevo tiempo verbal

b Jugad con el texto «El señor del Cero» de la página 67.

1. Tenéis que encontrar la palabra «perro» en el texto (1 minuto).
2. Decid cuántas veces aparece la palabra «perlas» (1 minuto).
3. Buscad la frase «eso era un problema» y explicad qué significa (2 minutos).

⎿ 12 Andalucía

a Antes de leer el texto «Andalucía», decid que técnicas de lectura tenéis que usar para …

1. encontrar toda la información sobre Andalucía que hay en el texto.
2. saber cuántos turistas visitan al año esta comunidad autónoma.
3. comprobar que la cifra *(Zahl)* que habéis encontrado es la correcta.

1 **ANDALUCÍA** Andalucía es la segunda comunidad autónoma más grande de España y la primera en número de habitantes, con más de 8 millones. Andalucía está en el sur de España, entre el Océano Atlántico y el mar Mediterráneo. Su capital es Sevilla.

Andalucía es una comunidad llena de contrastes, tanto en el clima como en el paisaje, que va desde las zonas llanas
5 del Valle del Guadalquivir, a las zonas de montaña, como Sierra Morena o Sierra Nevada, donde están las montañas más altas de la Península Ibérica, como el Pico Mulhacén (3.478 m) y el Pico Veleta (3.392 m). También en Andalucía

se encuentra el único desierto de Europa, el desierto Tabernas, pero también uno de los ríos más importantes de la Península Ibérica, el Guadalquivir, con 670 km de largo.

Aunque durante muchos años la agricultura fue la actividad económica más importante, hoy es el turismo el
10 verdadero motor de su economía, con unos 30 millones de visitantes al año. Los atractivos más grandes de Andalucía son sus más de 800 km de costa, su clima, con unos 300 días de sol al año y con una temperatura media de 20°, y sobre todo su enorme patrimonio cultural e histórico.

b Leed el texto «Andalucía» y contestad las siguientes preguntas.

1. ¿Dónde está esta comunidad autónoma?
2. ¿Cuál es el río más importante de esta región?
3. ¿Cuántos turistas visitan cada año Andalucía?
4. ¿Cuáles son las tres razones *(Gründe)* por las que van los turistas a Andalucía?

▪ Las maravillas de España

En 2007 millones de personas eligieron las nuevas «7 maravillas del mundo» (*Weltwunder*). Entre ellas no hay ninguna de España, pero estos cinco monumentos estuvieron entre las propuestas.

La Sagrada Familia de Barcelona

La Alhambra de Granada

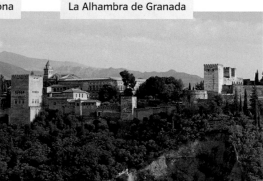

La Catedral de Santiago de Compostela

Haced vosotros un concurso (*Wettbewerb*) para elegir a la maravilla española de la clase.

- Repartid los monumentos de arriba entre cinco gupos.
- Buscad información sobre «vuestro» monumento y preparad una presentación para vuestros compañeros.
- Presentad vuestro monumento en clase.
- Después de escuchar todas las presentaciones, elegid la maravilla. Cada persona tiene un voto (*Stimme*), pero no puede elegir el monumento que su grupo ha presentado.

La Giralda de Sevilla

La Mezquita – Catedral de Córdoba

Ya sé en español . . .

nombrar lugares interesantes y edificios

- El edificio es
  - una iglesia
  - una catedral
  - una mezquita
  - un castillo
  - un palacio
  - un museo

dar información sobre una obra de arte o un edificio

- El edificio
  - es una obra de (*+ nombre*)
  - es del siglo (*Jahrhundert*) . . .
  - es del año . . .
  - es importante porque . . .

- (*Nombre*) mandó hacer este edificio.

- Lo más (*+ adjetivo*) del edificio es
  - su fachada
  - sus ventanas
  - su tejado
  - sus salas

describir fotos

- La foto muestra . . . (*zeigt . . .*)
- En la foto hay / está / vemos / encontramos . . .
- En primer / segundo plano (*Im Vordergrund*)
- Al fondo (*Im Hintergrund*)
- En el centro
- Al lado de . . .
- Delante / detrás de . . .
- Enfrente de . . .
- A la derecha / izquierda de . . .

El señor del Cero

En el año 966 los árabes reinan en España. Córdoba es la capital y la ciudad más grande de Europa. Allí vive José, un joven cristiano que en la escuela llama la atención porque es muy bueno con las matemáticas. Esto le va a traer problemas con el tiempo.

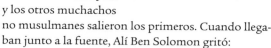

Córdoba: Escuela del Califa

Año 355 de la Hégira
(Primavera del 966 para los cristianos)

Los jóvenes están en clase, atentos. El profesor va entre los alumnos mientras dicta un problema.

—Tomad notas si lo necesitáis. Si uno tiene la solución, tiene que levantar la mano. Tiene un punto extra para la nota final. Naturalmente, sólo cuentan las soluciones exactas. Tenéis que recordar que sólo los mejores alumnos pueden concursar al premio del Califa.

Observó las caras atentas. Y allí, en la cuarta fila del centro, estaba José, aquel chico cristiano, alto y delgado, que parecía jugar con los números. ¡Iba a ser un buen matemático! Claro que José era cristiano y eso era un problema. También estaba Alí Ben Solomon, buen estudiante y muy ambicioso y su padre era una de las personas más ricas de la ciudad. El maestro empezó a dictar:

Un collar se rompió mientras jugaban dos enamorados,
y una hilera de perlas se escapó.
La sexta parte al suelo cayó,
la quinta parte en la cama quedó,
y un tercio la joven recogió.
La décima parte el enamorado encontró
y con seis perlas el cordón se quedó.
Vosotros, los que buscáis la sabiduría,
decidme cuántas perlas tenía
el collar de los enamorados.

Alí levantó la mano primero:
—Son treinta y cinco perlas, señor.
—No es la solución exacta.
José levantó la mano.

—Treinta perlas, señor.
—Exacto. Los demás tienen que terminar el problema en casa. Los muchachos saludaron al maestro y salieron de la sala. José y los otros muchachos no musulmanes salieron los primeros. Cuando llegaban junto a la fuente, Alí Ben Solomon gritó:
—¡Espera, Sidi Sifr!

José esperó, algo enfadado porque lo llamaba a gritos por el apodo que le habían puesto sus compañeros.
—¿Qué quieres?
—Escucha, asqueroso cristiano: si crees que voy a consentir que un cerdo como tú me quite el premio del Califa, estás en un error. Ni mi padre ni yo vamos a consentirlo.
—¿Y qué pinta tu padre en esto, Alí? –dijo uno de los chicos judíos–. Lo que tienes que hacer es calcular mejor y más deprisa.
—El premio del Califa es para buenos musulmanes, no para perros como vosotros.
Uno de los chicos musulmanes se acercó al grupo a tiempo de escuchar la última frase.
—El premio del Califa es para el mejor estudiante, la religión no tiene nada que ver en esto..., y el dinero de los padres, tampoco. ¿O me vas a decir a mí otra cosa?
La cara de Alí se puso más roja.
Alí esperó y cuando Mohamed estuvo lejos y no podía oírle, entonces, en un tono bajo y rabioso, dijo:
—¡Me es igual lo que dice Mohamed! No siempre va a estar para defenderte, perro! ¡Estás avisado, Sidi Sifr!

María Isabel Molina. *El señor del Cero*. Santillana (Alfaguara Juvenil), 2007 [1996], S. 9 – 16 (fragmento simplificado)

a Describid cómo son las dos personas principales del texto y cómo es su relación.

b Explicad cuál es el problema entre José y Alí y por qué amenaza (*droht*) Alí a José.

c Comparad la situación en Andalucía bajo los árabes y bajo los Reyes Católicos (*ver ej. 5*).

7 **levantar** hochheben – 8 **contar** zählen – 10 **concursar** an einem Wettbewerb teilnehmen – **un premio** ein Preis (Gewinn) – 16 **ambicioso, -a** ehrgeizig – 17 **un maestro** *aquí:* un profesor – 18 **un collar** eine Halskette – **romperse** zerreißen – 19 **una hilera** *aquí:* una parte – **escaparse** herausrutschen – 22 **recoger** auflesen – 24 **un cordón** ein Faden – 25 **la sabiduría** die Weisheit – 41 **una fuente** ein Brunnen – 44 **un apodo** ein Spitzname – 46 **asqueroso, -a** ekelhaft – 49 **consentir** (-ie-/-i-) zulassen – 47 **un cerdo** ein Schwein – 50 **¿Y qué pinta...?** Was hat ... damit zu tun? – 62 **rabioso, -a** wütend

Yo me intereso por ...

A

B

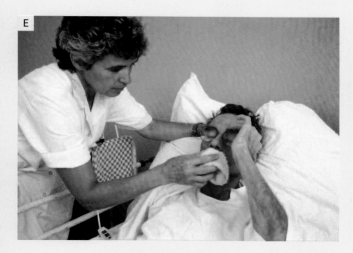

E

F

independiente	unabhängig, selbstständig
responsable	verantwortungsbewusst
útil	nützlich
constante	ausdauernd, zielstrebig
comprensivo, -a	verständnisvoll
ambicioso, -a	ehrgeizig
(no) tener éxito	erfolgreich / erfolglos sein
desconsiderado, -a	rücksichtslos
(no) tener paciencia	(un)geduldig **sein**
comunicativo, -a	mitteilsam, aufgeschlossen
generoso, -a	großzügig

1 Estilos de vida

a Apuntad qué ideas se os pasan por la cabeza al ver las fotos.

b Cada actividad necesita ciertas cualidades *(bestimmte Eigenschaften)*. Mirad la casilla de al lado y escribid para cada foto las palabras adecuadas. Añadid más palabras que conocéis para describir a las personas de las fotos y sus actividades.

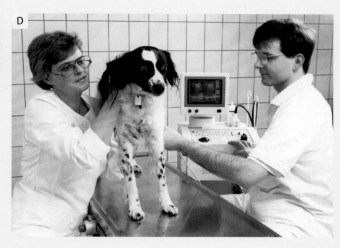

A	B	C
		constante

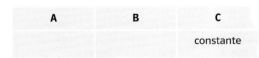

c Leed a vuestros compañeros y compañeras las palabras que habéis escrito en una de las columnas. Ellos intentan saber de qué foto habláis. Trabajad en grupos.

2 **¿Ya sabes qué quieres hacer en la vida?**

a Escuchad el diálogo del cedé y decid qué ideas tienen Kiko e Isa sobre su vida y futuro.

b Y vosotros, ¿qué queréis hacer en la vida? Discutid en grupos.

Ejemplos: La profesión de … me gusta porque …
Yo también quiero ser …
A mí me importa sobre todo *(+ inf.)* …

¿Cómo eres y adónde vas?

Elige en cada pregunta la respuesta más adecuada para describirte a ti mismo / misma, suma los puntos de tus respuestas y vas a descubrir más sobre tu persona.

1 Me encanta ...
A salir con mis amigos y bailar.
B jugar con otros al ordenador.
C leer.
D hablar con mi mejor amigo o amiga.

2 No me gusta ...
A) ir solo/a a una fiesta.
B) escuchar música muy alta.
C) tener que estar en casa todo el fin de semana.
D) estudiar.

3 Me encanta que mi chico / chica ...
A sepa escuchar.
B sea muy divertido/a y tenga un montón de amigos.
C me comprenda y me ayude.
D lleve ropa muy llamativa.

4 Odio que mi chico / chica ...
A cuente cosas sobre mí a sus amigos o amigas.
B me quiera cambiar.
C sólo piense en mi aspecto.
D sea poco tolerante.

5 Deseo que mis amigos ...
A me digan siempre la verdad y que pueda confiar en ellos.
B piensen mucho en mí.
C sean simpáticos y alegres.
D salgan mucho y podamos ir a muchas fiestas.

6 Me molesta que mis amigos ...
A sean tímidos.
B lleven ropa como alguien de cuarenta años.
C sólo piensen en las personas del otro sexo.
D fumen y beban alcohol.

7 Espero que mis padres me pregunten:
A ¿Quieres tener la casa para ti solo el día de tu cumpleaños?
B ¿Tienes ganas de que nos vayamos juntos de vacaciones?
C ¿Quieres que te ayude con los deberes?
D ¿Quieres que te suba la paga?

8 Odio que mis padres me digan:
A Quiero que vayamos a comprar ropa.
B Propongo que ayudemos todos en casa.
C Preferimos que pases menos horas en tu habitación.
D Espero que tú y tus amigos/as salgáis menos.

9 Dentro de cinco años quiero:
A terminar el instituto y que me ofrezcan un trabajo muy emocionante.
B tener un animal en casa.
C irme a vivir al extranjero y conocer a gente.
D ayudar en una ONG.

10 Y dentro de quince años deseo ...
A vivir en un lugar tranquilo y con playa.
B tener un montón de dinero.
C vivir con mi pareja y tener hijos.
D que mis amigos/as sigan siendo mis amigos/as.

Solución				de 10 a 20 puntos: comunicativo/a	de 21 puntos a 29 puntos: aventurero/a	de 30 a 40 puntos: responsable
A B C D				Eres una persona muy activa que necesita el contacto con la gente. Tus amigos están encantados contigo porque siempre sabes dónde hay ambiente y a tu lado nadie se aburre. Pero la vida no sólo es fiesta, y estar solo/a de vez en cuando no es tan malo como crees.	Eres una persona muy independiente que no quiere problemas. Te gusta viajar y ser libre, pero también hay que saber trabajar en equipo. Compartir aficiones con los amigos puede ser un buen comienzo.	Eres una persona muy tranquila y un gran amigo de tus amigos. Pero no a todos/as les gustan las conversaciones y los libros. Te recomendamos que salgas a veces y te diviertas con tus amigos/as. Se van a alegrar de hacer más cosas contigo.
1	1	2	4	3		
2	4	3	1	2		
3	3	1	4	2		
4	1	2	4	3		
5	4	3	2	1		
6	2	1	4	3		
7	1	4	3	2		
8	3	2	4	1		
9	1	3	2	4		
10	3	2	4	1		

1 ¿Cómo es el cuestionario? (... *der Fragebogen*)

a Describid en dos o tres frases el texto de la página 70. Decid dónde podéis encontrar un texto así y de qué temas habla.

b ¿Son estos temas interesantes para vosotros? ¿Falta algún tema importante?

2 El test dice que soy ...

a Haced el cuestionario de la página 70 y apuntad la letra correspondiente junto con el número de la pregunta. Leed la solución según vuestro número de puntos y decidid si sois así.

b Mirad los siguientes dibujos y decid cómo son, según el horóscopo, las chicas del signo (*Sternzeichen*) de Bea (= la chica rubia).

c Éstos son los últimos dibujos del cómic. Explicad la reacción de Bea.

> **Entender textos originales** ⌐
>
> Recordad que no es necesario entender todas las palabras. Aquí, por ejemplo, basta con saber si las características que describe el horóscopo son positivas o negativas.

3 ¿Cómo somos?

a Ordenad en una tabla las palabras para describir a personas (aspecto, carácter, ...) que habéis aprendido en esta lección. Completad con otras palabras o expresiones que conocéis.

b Escribid en un papel los nombres de cinco personas conocidas por todos. En otro papel escribid para cada persona cinco cosas que la caracterizan. Trabajad en grupos.

c Tomad el papel con las personas famosas de otro grupo y escribid también cinco características para estas personas. Comparad vuestra lista de características con la lista «original». Por cada característica igual tenéis un punto.

---

¹ **soler (-ue-) ser** normalerweise sein – ² **culto,-a** gebildet –
³ **el corazón** das Herz – ⁴ **encajar** annehmen, akzeptieren

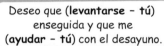

4 **Juego de los dados** (§ 12)

a Formad el presente de subjuntivo de los siguientes verbos. Después formad una frase con cada una de las formas.

Ejemplo: + → lloréis → Me alegro de que comprendáis.

1. hablar   2. comprender   3. llorar   4. vender   5. discutir   6. compartir

b Haced el mismo ejercicio con estos verbos.

1. hacer   2. pensar   3. tocar   4. entender   5. conocer   6. salir

5 **Todos quieren algo** (§§ 12, 13)

a Kiko acaba de despertarse y piensa cómo va a ser el día. Mirad los dibujos y completad las frases con la forma adecuada del presente de subjuntivo.

Ejemplo: Deseo que te levantes enseguida …

Deseo que (**levantarse – tú**) enseguida y que me (**ayudar – tú**) con el desayuno.

A

Espero que esa chica fantástica me (**mirar**) por fin.

B

Quiero que para mañana (**aprender – vosotros**) la lección.

C

Espero que (**ganar – nosotros**) hoy.

D

Julián desea que le (**escribir – yo**) pronto y le (**mandar – yo**) fotos de la excursión a Granada.

E

No me gusta que Julián (**vivir**) tan lejos. Espero que mis padres me (**dejar**) ir a Madrid pronto.

F

b Explicad qué quiere Kiko y qué quieren los otros de él. Usad las ideas del ejercicio 5a y el subjuntivo. Haced una tabla como en el ejemplo.

Ejemplo:

madre / desear / Kiko / levantarse / enseguida
La madre desea que Kiko la ayude con el desayuno.
…

…

madre / desear / Kiko / la / ayudar con el desayuno

La madre desea que Kiko se levante enseguida.

c Trabajad en parejas con las frases del ejercicio 5b .

d ¿Qué esperáis vosotros que pase hoy? ¿Qué desean otras personas de vosotros? Escribid por lo menos 5 frases.

6 ¿De qué se quejan los padres? (§§ 12, 13)

Los padres de los amigos de Kiko no están muy contentos con todo lo que hacen sus hijos.

a Formad frases con lo que cuenta David sobre los deseos sus padres. Usad la forma correcta del presente de subjuntivo.

Ejemplo: **Mis padres desean que ayude más en los trabajos de casa.**

• desear que	• no gustar que
• querer que	• molestar que
• pedir que	• esperar que

David tiene que ayudar más en los trabajos de casa, no jugar tanto con la Play Station, hacer su cama y ordenar su cuarto por lo menos el fin de semana. Salir con el perro al parque de vez en cuando. Sus amigos y él no pueden poner la música tan alta cuando están en su habitación y sus amigos no pueden estar todos los días en casa. Durante la semana no puede acostarse tan tarde.

b Los padres de Isa deciden hablar con ella para explicarle lo que tiene que cambiar. Formad frases con la forma correcta del presente de subjuntivo.

Ejemplo: **Isa, queremos que limpies tu cuarto …**

Isa tiene que limpiar su cuarto y apagar el móvil cuando está haciendo los deberes. Tiene que trabajar más y sacar mejores notas. No tiene que perder el autobús una vez por semana. Los domingos tiene que ir a visitar a los abuelos y cuidar a su hermano pequeño. No puede ponerse unas minifaldas tan cortas. Ella y su hermano no pueden discutir siempre por el mando[1] de la tele.

7 La opinión de los españoles (§§ 12, 13)

a Según una encuesta entre adultos en diferentes países es importante transmitir (vermitteln) los siguientes valores (Werte) a los jóvenes.

Explicad los gráficos con ayuda de las palabras de la casilla y los verbos querer, desear y esperar.

Ejemplo:
Un 84 % de los españoles quieren que los jóvenes tengan buenos modales, pero sólo un 61 % de los alemanes.

Cantidades y porcentajes

un xx por ciento de	xx %
la mitad de	1/2
un tercio de	1/3
un cuarto de	1/4
la mayoría de	die Mehrheit

Cantidades aproximadas (ungefähr)

casi		la mitad de
un poco	más de	un tercio de
	menos de	…
más o menos		

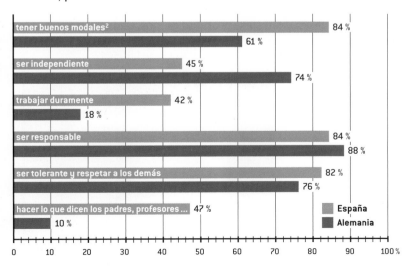

tener buenos modales[2] — 84 % / 61 %
ser independiente — 45 % / 74 %
trabajar duramente — 42 % / 18 %
ser responsable — 84 % / 88 %
ser tolerante y respetar a los demás — 82 % / 76 %
hacer lo que dicen los padres, profesores … — 47 % / 10 %

■ España
■ Alemania

0 10 20 30 40 50 60 70 80 90 100 %

Fuente: Encuesta Mundial de Valores, 1999 – 2000 (selección simplificada)

---

[1] **el mando** *hier:* die Fernbedienung
[2] **los modales** die Manieren

b Escuchad el texto del cedé sobre las aficiones de los jóvenes españoles y apuntad lo que les gusta hacer. Después escuchad el texto otra vez, apuntad los porcentajes de cada actividad y haced un gráfico con la estadística del ejercicio 7a como modelo.

c Comparad los resultados del ejercicio 7b con un compañero o una compañera. Explicadle la primera línea de vuestro gráfico y él / ella os dice si ha apuntado lo mismo. Después él / ella os explica la segunda línea, etc. Usad los verbos de la casilla de al lado y las cantidades del ejercicio 7a.

- gustar *(+ inf.)*
- encantar *(+ inf.)*
- querer *(+ inf.)*
- desear *(+ inf.)*

Ejemplo: —A casi todos los jóvenes españoles les gusta escuchar música.
　　　　　—Sí, (a un 98 % exactamente).

d Explicad lo que significa triunfar en la vida para los jóvenes españoles, según la siguiente estadística.

- pensar que *(+ ind.)*
- creer que *(+ ind.)*
- decir que *(+ ind.)*
- le / les parece que *(+ ind.)*

Actividad	%
ser famoso	2 %
ganar mucho dinero	3 %
ser útil a los demás	4 %
tener buenos amigos	6 %
no darse nunca por vencido[1]	7 %
tener éxito en el trabajo	7 %
ser independiente	16 %
tener un trabajo que gusta	22 %
tener la familia que desea	22 %

0　2　4　6　8　10　12　14　16　18　20　22 %

Fuente: *Bienestar y felicidad de la juventud española.* Madrid: Instituto de la Juventud, 2006.

Ejemplo: (Sólo) un dos por ciento de los jóvenes españoles piensa que «triunfar en la vida» significa ser famoso.
　　　　　o: Un dos por ciento ... cree que tienes que ser famoso para triunfar en la vida.

e Mirad las frases que habéis formado en los ejercicios 7a–d y explicad cuándo hay que usar el presente de indicativo, el presente de subjuntivo y el infinitivo.

8 Nuestra opinión (§§ 12, 13)

a Haced una estadística en clase. Repartid los temas de abajo en clase y formad grupos. Cada grupo trabaja con uno de los temas y prepara las posibles respuestas. Después copiad el formulario para toda la clase y hacedlo rellenar *(lasst es ausfüllen).* Usad las palabras de las casillas de los ejercicios 6, 7c y d. Trabajad en grupos.

Los temas:
1. ¿Qué desean los jóvenes de los padres?
2. ¿Qué pide vuestra clase a la dirección del instituto?
3. ¿Qué significa para vosotros «ser independiente»?
4. ¿Qué esperan los jóvenes de su futuro?
5. ¿Qué es la felicidad *(Glück)* para vosotros?

b Recoged *(Sammelt ein)* los formularios de vuestro grupo. Contad las respuestas a cada pregunta y haced la estadística. Después presentad los resultados en clase. Usad las expresiones de las casillas del ejercicio 7a.

[1] **darse por vencido** aufgeben

9 Una chica fantástica (§§ 12, 13)

Kiko llama a Julián porque tiene una noticia especial.

 a Escuchad la conversación y apuntad de qué hablan.

b Con ayuda de vuestros apuntes completad las siguientes frases sobre lo que piensan, sienten y esperan los chicos. Cuidado con el subjuntivo, indicativo o infinitivo.

> • desear / esperar / … que *(+ subj.)*
> • desear / esperar / … *(+ inf.)*
> • decir / pensar / creer … que *(+ ind.)*

1. Kiko cuenta
1. A Kiko le encanta
2. A la chica le gusta
3. Kiko odia
4. Julián y Kiko esperan
5. Kiko quiere
6. Julián piensa
7. Julián propone

c Unos días después Kiko encuentra a Isa. Ella ve que Kiko parece muy contento y quiere saber por qué.
Completad el siguiente diálogo con la forma correcta de los verbos *ser* o *estar*.

Isa

Hola, Kiko, ¿cómo **1** ?

Pues **estoy** muy contento, contentísimo. Me ha pasado algo genial: he conocido a una chica que **es** guay y he quedado el viernes con ella.

¿Tú **4** saliendo con una chica? **5** (yo) sorprendida, tú siempre has dicho que las personas que **6** enamoradas **7** locas.

Sí, sí, eso dice también David, pero **estoy** tan ilusionado. Eso **es** algo muy raro …

Bueno, pues cuenta, ¿cómo **10** (ella)? ¿La conozco? ¿ **11** en nuestro colegio?

Pues … para mí ella **es** muy especial. **Es** un poco mayor que nosotros, **es** guapa, **es** muy comunicativa y creo que **es** un poco seria, pero eso me gusta.

¡¡Uy!! Quiero conocerla. Yo **17** segura de que ella **18** una buenísima persona. Y sus amigos, ¿los conoces? ¿ **19** también tan fenomenales?

Bueno, sólo conozco a dos: su mejor amiga que también **es** muy simpática y otro amigo que **es** un poco aburrido.

Y ¿por qué no quedamos con la peña, que **22** un poco preocupada, y la conocemos?

¿¿Preocupada?? Pero, ¿por qué? ¡¡Esto **es** lo mejor que me ha pasado en la vida!!

Kiko

Hola, Kiko, ¿cómo **estás**?

Pues **2** muy contento, contentísimo. Me ha pasado algo genial: he conocido a una chica que **3** guay y he quedado el viernes con ella.

¿Tú **estás** saliendo con una chica? **Estoy** sorprendida, tú siempre has dicho que las personas que **están** enamoradas **están** locas.

Sí, sí, eso dice también David, pero **8** (yo) tan ilusionado. Eso **9** algo muy raro …

Bueno, pues cuenta, ¿cómo **es**? ¿La conozco? ¿**Está** en nuestro colegio?

Pues … para mí ella **12** muy especial. **13** un poco mayor que nosotros, **14** guapa, **15** muy comunicativa y creo que **16** un poco seria, pero eso me gusta.

¡¡Uy!! Quiero conocerla. Yo **estoy** segura de que ella **es** una buenísima persona. Y sus amigos, ¿los conoces? ¿**Son** también tan fenomenales?

Bueno, sólo conozco a dos: su mejor amiga que también **20** muy simpática y otro amigo que **21** un poco aburrido.

Y ¿por qué no quedamos con la peña, que **está** un poco preocupada, y la conocemos?

¿¿Preocupada?? Pero, ¿por qué? ¡¡Esto **23** lo mejor que me ha pasado en la vida!!

✎ **10** **Un amigo, una amiga** (§§ 12, 13)

a Mirad el siguiente cómic y decid qué características de los padres, la pareja, un hijo o un hermano tienen también un amigo o una amiga.

b Elegid una de las siguientes tareas:

1. Explicad qué deseáis y esperáis de un amigo o una amiga. Usad las expresiones de la casilla.

2. Escribid una historia para ilustrar cómo es un amigo o una amiga de verdad.

3. Haced un cómic con bocadillos *(Sprechblasen)* para ilustrar lo que es un amigo o una amiga.

- desear / esperar / … que *(+ subj.)*
- desear / esperar / … *(+ inf.)*
- pensar / creer / … que *(+ ind.)*
- tener que *(+ ind.)*

11 **¿Me ayudáis?**

💡 **a** En la sección «SOS» de la revista «Rebeldes» hay unas cartas en las que chicos y chicas piden ayuda. Aquí tenéis una de ellas, junto con la respuesta. Leedlas y buscad en la respuesta las diferentes posibilidades para dar consejos *(Ratschläge)*.

¿? Todos los viernes voy a jugar al fútbol con los compañeros del insti. Yo juego porque quiero estar con ellos, pero no me gusta el fútbol. Juego muy mal y nunca meto goles. No sé qué hacer. La alternativa es quedarme en casa haciendo los deberes. ¿Tenéis vosotros otra?
        Luis, Oviedo

¡! No vas a perder a tus amigos sólo porque no te gusta el fútbol. Te recomiendo que primero busques otras alternativas. ¿Qué otras cosas les interesan a tus compañeros? Tienes que hablar con ellos para saber qué les interesa. Propón algo diferente al fútbol. ¿Por qué no les preguntas, por ejemplo, si quieren ir al cine?

También los puedes invitar a casa a ver una película o a hacer otra cosa. Seguro que tú tienes más ideas. Además, ellos también van a querer hacer algo diferente de vez en cuando. Hay que intentarlo para saber si funciona. No tienes que tener miedo de proponer algo diferente. ¡Ánimo!

✎ **b** Inventad una carta con un problema, con la del ejercicio como modelo.

✎ **c** Mezclad *(Mischt)* todas las cartas de la clase y repartidlas otra vez. Escribid una respuesta como en el ejercicio 11a.

Planificar y estructurar un trabajo ⌐

Antes de escribir vuestros textos, leed la estrategia de la siguiente página.

Notizen für eine Präsentation oder eine schriftliche Arbeit anfertigen

Wenn ihr einen längeren Text oder eine Präsentation anfertigen müsst, kommt es natürlich in erster Linie auf den Inhalt und das Endergebnis an (vgl. hierzu *Línea amarilla 2*, S. 97 und S. 122). Ihr könnt euch aber auch die Ausarbeitung erleichtern, wenn ihr dabei sinnvoll vorgeht, z. B. so:

Ihr braucht dazu:
1 Stift
1 Marker oder Buntstift
ca. 20 kleine Zettel (besonders praktisch sind Merkzettel mit Kleberand)

1. Lluvia de ideas
Notiert stichpunktartig all eure Gedanken zum Thema auf die Merkzettel: pro Idee einen Zettel. Haltet euch nicht mit Formulierungen oder weitergehenden inhaltlichen Überlegungen auf, sonst könnten euch gute Ideen verloren gehen. Wenn eure Gedanken ins Stocken geraten sollten, kann es hilfreich sein, sich an den W-Fragen zu orientieren (Wer? Wann? Was? Warum? Wie?).

2. Vorauswahl
Sortiert eure Zettel nun mit Hilfe der folgenden Fragestellungen:
- Welche Ideen gehören nicht oder nur am Rande zum eigentlichen Thema? Legt diese Zettel beiseite.
- Welche Gedanken kommen in ähnlicher Weise mehrfach vor? Legt oder klebt diese Zettel aufeinander.
- Welche der Ideen lassen sich zu einer größeren Einheit zusammenfassen? Legt oder klebt diese Zettel in Reihen so untereinander, dass die Notizen alle sichtbar sind.

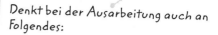

Denkt bei der Ausarbeitung auch an Folgendes:

– Einleitungssatz, der das Thema vorstellt
– Vom Allgemeinen ins Detail
– Jede Behauptung muss plausibel erläutert werden
– Wo können bei einer mündlichen Präsentation ggf. Medien eingesetzt werden? Welche?
– Wo können die Zuhörer eingebunden werden?
– Abschluss als Kurzzusammenfassung des Vortrags, der Ausarbeitung

3. Sortieren und Ordnen
Sucht einen Oberbegriff für jede Ideenreihe. Nehmt nun eine erste Strukturierung der einzelnen Reihen vor (z. B. chronologisch oder vom Allgemeinen zum Detail), indem ihr die Zettel entsprechend neu anordnet. Markiert mit einem Marker oder Buntstift die Stellen, die ihr inhaltlich noch klären oder ergänzen möchtet.

4. Strukturierung
Ordnet nun alle Ideen-Zettelreihen so an, wie es euch für die Präsentation oder schriftliche Ausarbeitung sinnvoll erscheint. Spielt eure Ausarbeitung im Kopf durch; so merkt ihr, ob ihr an der Reihenfolge noch etwas ändern müsst oder ob noch etwas fehlt.

⬧ 🔢 De patito feo a cisne (*Vom hässlichen Entlein zum Schwan*)

a Mirad las fotos de abajo y de la siguiente página y leed los textos. Después explicad en alemán lo que pasa.

b Describid a las personas de la fotonovela. ¿Cómo son? ¿Cómo se sienten en las situaciones? ¿Qué les gusta hacer y qué no, según el texto y las fotos?

- (no) querer
- odiar
- molestar *(+ sustantivo / infinitivo /*
- esperar *que + subjuntivo)*
- (no) gustar
- encantar
- tener miedo de

c Contad en pocas frases lo que pasa después. Decid, por ejemplo, cómo van a reaccionar los chicos y qué va a hacer Greta.

d Cambiar de ropa y de peinado (*Frisur*) parece cambiar la vida de Cinta en la foto-novela. ¿Es tan importante el aspecto en la vida de una persona? Discutid en grupos.

De patito feo a cisne

Cinta no sabe qué hacer. En el colegio se ríen de ella por su manera de vestir, sobre todo la delegada de su clase, Greta. Y encima, Joaquín no le hace ni caso. ¡Es tan guapo…! Esta noche se celebra una gran fiesta … ¿qué se va a poner?

Cinta Vive sola con su padre, porque hace poco perdió a su madre. En el insti la critican porque no tiene ropa fashion, así que no tiene muchos amigos…

Greta ¡Le encanta ser el centro de atención! Lo que más le gusta es reírse de la ropa de Cinta. ¡Increíble!

Joaquín Es un chico muy mono que va a la misma clase que las chicas. Está un poco harto de ver cómo Greta se mete con Cinta.

Scott ¡Un chico americano! ¡Guau! Es estilista, así que conoce todas las tendencias y es super-moderno. ¡También tiene un corazón enorme!

---

p. 78: **una delegada de clase** eine Klassensprecherin – **hacer caso a alguien** jdn. beachten – **un corazón** ein Herz
p. 79: **un centro de belleza** ein Schönheitssalon – **prestarle algo a alguien** jdm. etw. leihen – **convertir (-ie-/-i-)** verwandeln – **resaltar** hervorheben – **conseguir (-i-/-i-)** erreichen, fertig bringen – **un espejo** ein Spiegel – **estar a tope** hay mucha gente

Scott ha invitado a Cinta a por la tarde al centro de belleza donde trabaja. ¡Está dispuesto a cambiar el look de Cinta!

¡La cutre está aquí! ¿Qué pasa, tu abuela te presta la ropa?

¡Hola, guapa! ¡Ven, voy a convertirte en una princesa!

¿De verdad? ¿Estás seguro? Eso a mí no me pega.

¿Pero qué dices? Eres un bombón, sólo hay que resaltar tus puntos fuertes.

Ésta mola, ¿verdad?

No sé... ¿No es demasiado fashion?

Por ahí está Greta con su peña…

Scott recibe a Cinta supercontento.

Cinta no se lo puede créer.. Y ahora viene la sopresa…

Scott está decidido. Empieza la transformación…

Scott lo ha conseguido. ¡Qué estilo tiene ahora Cinta!

¿Qué tal te ves? ¡Esto te va a quedar genial, espera!

¡Vamos, cariño! ¡Yo te llevo!

Scott es un crack…

A Cinta le cuesta horrores separarse del espejo…

¡La fiesta está a tope!

¿Quién es esa?

¿Que quién es? ¡Nuestra Cinta!

¿Quééé?

Greta no se lo esperaba…

■ Nuestra fotonovela

Haced una fotonovela en grupos.

1. Buscad un tema para la fotonovela, por ejemplo:
   - una situación del texto de la página 70
   - el tema de la fotonovela de las páginas 78 y 79, pero con un chico como protagonista *(Hauptperson)*
   - el cómic de la página 71 , pero tenéis que cambiar algunos detalles
2. Imaginaos lo que pasa y apuntad vuestras ideas.
3. Pensad qué escenas vais a fotografiar, dónde lo vais a hacer y qué cosas necesitáis (ropa, objetos, ...).
4. Repartid el trabajo: el fotógrafo, los actores, ...
5. Haced las fotos y ponedlas en un papel. Dejad sitio para los textos.
6. Preparad los textos y diálogos. Después ponedlos con la foto correspondiente.

Ya sé en español . . .

preparar el lugar y los aparatos

¿Por qué no ponemos	*(objeto)*	en / detrás de /
Creo que es mejor poner		delante de / debajo de /
Hay que meter		encima de / entre … y …

Tenemos que quitar *(+ objeto)* de *(+ lugar)*.
Necesitamos más luz.
Dame la cámara de fotos *(Fotoapparat)*.
¿Quién mete las fotos en el ordenador?

describir la ropa de los actores

X	lleva	un traje	*(+ color)*
	tiene que ponerse	una falda	llamativo, -a
	necesita	una camisa	
		un pantalón	
		un vestido	
A X le falta		…	

empezar el trabajo
Vamos a probar.
Hacemos un ensayo.
Vamos a intentar primero …
Empezamos con …

organizar el trabajo, proponer algo, aceptar o rechazar una propuesta
ver p. 50

animar *(ermutigen)* a los actores
¡Ánimo!
Lo haces muy bien.
Me gusta mucho cómo lo haces.

preguntar cómo hacer algo
¿Me puedes explicar lo que tengo que hacer?

| ¿Queréis que | esté (+ adj.)? |
| | haga …? |

¿Necesito *(+ subst. / inf.)*?

describir la expresión de la cara / la mímica
Pon *(mach)* una cara (más) alegre / triste / animada / …

| Piensa que | estás enamorado, -a / cansado, -a / |
| Imagínate que | enfadado, -a / contento, -a / … |

dar órdenes a los actores
Id todos a *(+ lugar)*
Ponte a hacer …
Vuelve a hacer …
Haz … de nuevo / otra vez.
Ahora te toca a ti.
Acércate más a *(+ persona / lugar)*
Quiero que repitamos la escena.

describir fotos
ver p. 66

A Dios le pido

1
A Dios le pido

Que mis ojos se despierten con la luz de tu mirada, yo
a Dios le pido.
Que mi madre no se muera y que mi padre me recuerde,
5   a Dios le pido.
Que te quedes a mi lado y que más nunca te me vayas, mi vida,
a Dios le pido.
Que mi alma no descanse cuando de amarte se trate, mi cielo,
a Dios le pido.

10 Por los días que me quedan y las noches que aún no llegan, yo
a Dios le pido.
Por los hijos de mis hijos y los hijos de tus hijos
a Dios le pido.

Que mi pueblo no derrame tanta sangre y se levante mi gente,
15   a Dios le pido.
Que mi alma no descanse cuando de amarte se trate, mi cielo,
a Dios le pido.

Un segundo más de vida para darte y mi corazón entero entregarte,
un segundo más de vida para darte y a tu lado para siempre yo
20 quedarme, un segundo más de vida yo
a Dios le pido.

Que si me muero sea de amor
y si me enamoro sea de vos
y que de tu voz sea este corazón,
25 todos los días a Dios le pido.

Que si me muero sea de amor
y si me enamoro sea de vos
y que de tu voz sea este corazón,
todos los días a Dios le pido.
30 A Dios le pido.

Música y letra: Juan Esteban Aristizábal. © Peermusic Ltd.
Peermusic (Germany) GmbH, Hamburg.

a Apuntad en una tabla lo que el «yo» de la canción pide para él mismo y para otras personas.

b Resumid con vuestras propias palabras o en alemán lo que el «yo» de la canción espera de la vida.

c El «yo» habla a un «tú». Elegid uno de estos dos ejercicios:
Inventad
1. una conversación entre estas dos personas.
2. una respuesta del «tú».

2 **una mirada** ein Blick – 8 **el alma** (*f.*) die Seele – **descansar** (sich) ausruhen – **amar** lieben –
tratarse de sich handeln um – **el cielo** der Himmel, *hier als Kosename* – 10 **aún** immer
noch – 14 **derramar sangre** Blut vergießen – 18 **un segundo** eine Sekunde – **el corazón** das
Herz – **entero,-a** todo,-a – **entregar** dar – 25 **la voz** die Stimme

🔊 Andalucía, tierra de contrastes

DÍA 1: Desde el aeropuerto de Málaga hemos llegado rápidamente a Benalmádena y por fin estoy en mi habitación, en el piso doce del hotel. Benalmádena, como todo lo que he visto desde el autobús, está llena de edificios muy altos. «¿Por qué hemos venido aquí?» La verdad, yo prefería pasar mis vacaciones de otra forma, pero mis padres quieren que conozcamos la tierra donde nacieron mis abuelos.

DÍA 2: Ayer me acosté temprano para levantarme hoy a las seis y media para ir a Sevilla. El viaje ha sido muy interesante, y he visto pueblos blancos, olivos en el campo y también toros negros junto a la autopista. Sevilla, la ciudad de don Juan y Carmen, es fascinante y muchos edificios me han llamado la atención: su enorme catedral y la Giralda. Pero también los modernos puentes sobre el Guadalquivir. ¡Y yo que pensaba que en Sevilla era todo antiguo!

DÍA 3: Hoy hemos hecho una excursión a Doñana, un parque nacional con 40 km de playas sin hoteles ni apartamentos. Además, he visto montones de flamencos. ¡Ha sido genial! A la vuelta hemos pasado por Tarifa, uno de los mejores sitios de Europa para el surf. ¡Aquí tengo que volver!

DÍA 4: Hoy, día en la Costa d Sol. Mis hermanas van a la playa. En esta época del año agua está demasiado fría par bañarse, pero no les importa. ellas les encanta tomar el sol que las dejemos en paz. Mi p dre espera que vaya con él a Fuengirola: quiere ir en barco para ver delfines. Y mi madre quiere que vaya con ella a Marbella. A lo mejor ve a alg rico y famoso como Antonio Banderas. Pero yo quiero ir a parque de atracciones Tívoli.

A

B

C

D

Día 2: **un olivo** ein Olivenbaum – **un toro** ein Stier – **un puente** eine Brü
Día 3: **un flamenco** ein Flamingo – Día 3: **bañarse** schwimmen gehen

DÍA 5: Al salir de Benalmádena, mi padre nos ha hablado casi media hora de Lorca, el poeta que murió en 1936 en Granada y que antes había escrito mucho sobre su ciudad y Andalucía. Mis hermanos sabían varios poemas de memoria, pero eso a mí no me interesa mucho. En Granada, claro, hemos visitado la Alhambra y desde allí hemos visto Sierra Nevada, que estaba blanca por la nieve.

DÍA 6: Hoy hemos visitado el pueblo de mis abuelos. Durante el viaje he visto el «mar de plástico»: esos invernaderos donde se producen los tomates y pimientos para toda Europa. ¡Es para alucinar! Bueno, antes de comer hemos visitado el cortijo en el que habían trabajado mis abuelos antes de emigrar. Los cortijos son las casas andaluzas en el campo. Allí nos han explicado cómo hacen el aceite de oliva. Por la tarde hubo un espectáculo de caballos andaluces y, después, un espectáculo de baile flamenco. ¡Andalucía ofrece tantas cosas!

DÍA 7: ¡Qué rápido ha pasado la semana! Antes del viaje pensaba que Andalucía era un rollo, y ahora... ahora no me quiero ir. Hoy vamos a ir a un restaurante a comer por última vez pescado frito junto al mar. A las cinco, claro, sale el autobús hacia el aeropuerto Pablo Picasso. ¡Qué lástima!

Andalucía

Superficie: 87.000 km²
Habitantes: aprox. 8 mio.
Capital: Sevilla
Otras ciudades importantes:
Granada, Córdoba, Málaga, Cádiz, Jaén, Almería, Huelva
Principales sectores económicos:
agricultura (olivos, frutas y verduras, cereales), turismo

Día 6: **un invernadero** ein Gewächshaus – **se producen** es werden produziert – **el aceite de oliva** das Olivenöl – **el flamenco** der Flamenco *(span. Tanz)* – Día 7: **el pescado** Fisch(gericht) – Casilla: **la superficie** die (Ober)Fläche

1 El viaje a Andalucía

a Buscad en el mapa de al lado los lugares adonde ha ido el chico del texto de las páginas 82 y 83.

b Tomad nota de los lugares y, también, de lo que el chico ha hecho o visto allí.

Ejemplo: Día 1: Viaje en avión, aeropuerto de Málaga, Benalmádena…

c Con ayuda de vuestras notas explicad el viaje. Usad el presente de indicativo.

2 Andalucía me gusta (§§ 12, 13)

Decid qué le gusta al chico del texto de las páginas 82 y 83 y qué no. Explicad también qué quieren los otros de él. Las expresiones de las casillas os ayudan a formar frases. Escribidlas en presente y pensad si después de estos verbos tenéis que usar el indicativo, subjuntivo o infinitivo.

• querer	• proponer	• gustar	• creer	• pensar
• desear	• pedir	• recomendar	• darse cuenta de	• contar

3 El mar de plástico

a En el texto el chico habla del «mar de plástico». Mirad la foto A y describid lo que veis. Después explicad por qué le llaman así.

b Las fotos B y C son de la provincia de Almería con 20 años de diferencia. Describid los cambios que hay en ellas. ¿Qué pensáis que es lo blanco de la foto C? Pensad en lo que habéis visto en la foto A.

c Preparad una discusión sobre las ventajas y las desventajas (*Vor- und Nachteile*) de este cambio.
1. Repartíos los siguientes papeles:
– el dueño (*Besitzer*) de unos invernaderos
– el abuelo del chico del texto
– un trabajador extranjero que gana su dinero en los invernaderos
– un activista de un grupo ecológico (*ein Umweltschützer*)
2. Imaginad qué piensa cada uno de ellos y buscad argumentos para defender (*verteidigen*) sus ideas. Tomad notas.
3. Formad grupos de cuatro personas. Cada uno tiene que hacer un papel diferente. Explicad vuestras ideas y defendedlas.

A

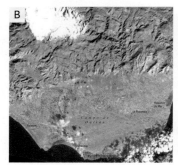

B

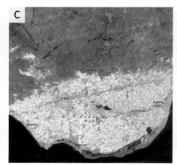

C

4 Federico García Lorca (§§ 1–3, 5, 9, 10)

En el texto de las páginas 82 y 83 el chico nos cuenta que su padre habla de Lorca, que es uno de los autores españoles más conocidos. Con ayuda de la siguiente información escribid su biografía. Usad las formas de pasado.

- *nacer* el 5 de junio de 1898 en Fuente Vaqueros, Granada
- 1914–1928 *estudiar* Derecho y Literatura en las universidades de Granada y de Madrid
- en la universidad *conocer* al pintor Salvador Dalí y al director de cine Luis Buñuel
- 1921 *publicar* sus primeras poesías en el libro «Libro de poemas»
- 1928 su obra de teatro «Mariana Pineda» *tener* mucho éxito
- *hacerse* en España muy famoso con su libro de poemas «Romancero Gitano»
- 1929 *viajar* a Nueva York. No *sentirse* bien en la ciudad. *Publicar* su libro «Poeta en Nueva York»
- 1930 *viajar* a Cuba
- 1931 *volver a* España
- 1933–1934 *escribir* sus obras de teatro más famosas: «Bodas de Sangre», «Yerma», «La casa de Bernarda Alba»
- 1936 *comenzar* la Guerra Civil española. *Morir* fusilado[1] en Viznar, cerca de Granada

---

[1] **fusilado,-a** erschossen

5 Un poco de poesía

a Con lo que habéis aprendido en esta lección y con la información que podéis encontrar en el *Glosario cultural* (páginas 130–136), explicad la siguiente estrofa de un poema de Lorca.

b Leed este otro poema en voz alta y de la forma más expresiva posible (*möglichst ausdrucksstark*).
Según vuestra opinión, ¿dónde está la fuerza del poema: en las palabras, en la historia o en la rima? Decid si os parece alegre o triste y justificad vuestas respuestas.

Baladilla de los tres ríos
El río Guadalquivir
va entre naranjos y olivos.
Los dos ríos de Granada
bajan de la nieve al trigo.
¡Ay, amor
que se fue y no vino!

1

5

Romance Sonámbulo
Verde que te quiero verde.
Verde viento. Verdes ramas.
El barco sobre la mar
y el caballo en la montaña.
Con la sombra en la cintura
ella sueña en su baranda,
verde carne, pelo verde,
con ojos de fría plata.
Verde que te quiero verde.
Bajo la luna gitana,
las cosas la están mirando
y ella no puede mirarlas.

10

15

20

---

1 **una baladilla** eine kleine Ballade – 5 **el trigo** der Weizen – 6 **el amor** die Liebe – 8 **un romance** *aquí:* un poema – **sonámbulo,-a** schlafwandlerisch – 10 **una rama** ein Zweig – 13 **una sombra** ein Schatten – **la cintura** die Taille – 14 **una baranda** *aquí:* ein Balkon – 16 **la plata** das Silber – 18 **la luna** der Mond – **gitano,-a** Zigeuner-

6 Unidad

Vidas diferentes

■ Chicos de Antigua

a Mirad las fotos. Una persona describe una de ellas y la clase adivina qué foto es. Después continúa la persona que la ha adivinado.

b Escuchad el texto del cedé y decid de qué personas de las fotos habla el reportero.

c Haced una tabla como la siguiente en vuestros cuadernos. Escuchad el cedé otra vez y apuntad toda la información sobre los chicos y chicas de las fotos.

nombre	familia	otra información

⚙ Nuestros Derechos

Nuestros Derechos

BRANDON MORÁN FLORES – GUATEMALA –
12/03/2008

Niño Obrero y la Casa Hogar, dos proyectos guatemaltecos para solucionar los grandes problemas sociales en nuestro país.

No es necesario que vayamos a la selva para ver los problemas sociales que tiene Guatemala. Un paseo por nuestras ciudades es suficiente para verlos. Tomemos como ejemplo la hermosa ciudad de Antigua. No muy lejos del centro se encuentra la Casa Hogar, una casita en la que viven unos quince muchachos y muchachas. Allí nos recibe Carlos Toledo, director de la asociación «Nuestros Derechos», que intenta darles esperanza y un futuro mejor a estos niños.

«A veces olvidamos que en nuestro país hay 10.000 niños de la calle y para mí la pobreza es la principal razón de este gran problema», empieza a decir Carlos. «Muchos indígenas vienen del campo, donde la vida es muy difícil, pero aquí en la ciudad tampoco es fácil que encuentren trabajo. Por eso los hijos tienen que ayudar a sus padres y ganar dinero: venden cositas a los turistas o limpian zapatos. Llevan una vida muy dura e intentan olvidar el hambre o la violencia familiar con un poco de solvente en un

La Casa Hogar en Antigua, Guatemala

trapo», explica. «Es necesario que solucionemos este problema.»

Allí, en la Casa Hogar, conocemos a Karla, una joven indígena de 15 años que ya es mamá. Para ella es una suerte poder vivir aquí. A otras, por falta de ayuda, les ha ido peor, como a Sandra. Un día su bebé de pocos meses desapareció. «Cada año salen unos 1500 bebés de Guatemala», cuenta Carlos. «Es una lástima que sea así, pero en el Primer Mundo muchos padres sin hijos pagan hasta 30.000 dólares por un bebé». O también vemos una foto de dos jóvenes. «Son Jonathan Guerrero y Carlos Mo Vac. Vivían en la Casa Hogar, pero un día no volvieron. Los habían asesinado cuando volvían del trabajo», explica Carlos. «No creo que nadie vaya a la cárcel por este delito. Estos niños no le interesan a nadie y son ilegales en su propio país. La mayoría no tiene papeles y algunos ni siquiera conocen su verdadero nombre.»

Pero no todo es gris. Después Carlos habla de todo lo que ha conseguido en estos últimos años. Sus dos proyectos son la escuela Niño Obrero, donde estos niños pueden ir a clase, y la Casa Hogar. Allí los chicos están lejos de la calle, de las drogas y de la violencia de las pandillas. Los mayores ayudan a los más jóvenes con sus problemas y, además, aquí pueden aprender un oficio.

«Estos proyectos existen gracias al dinero que nos da la gente, mucha de ella del extranjero. Además, muchos jóvenes vienen para trabajar como voluntarios y me parece estupendo que sea así», explica Carlos y nos presenta a Adrián, un joven de 18 años de una familia con más suerte de Antigua. «Es lógico que nos ayudemos los unos a los otros. No es justo que unos vivan tan bien y otros tengan todos los problemas», comenta el joven voluntario.

Cuando nos despedimos, recordé la siguiente frase: «Poder encontrar la alegría en la alegría de los otros: ése es el secreto de la felicidad.» No digo que la vida de Carlos esté libre de problemas y dificultades, pero sí me parece una persona feliz. Más información en www.nuestrosderechos.org

1 Reacciones al texto de Brandon Morán

Leed el texto «Nuestros Derechos» y elegid una expresión adecuada para cada párrafo.

¡Qué lástima!   ¡Qué importante!   ¡Qué terrible!   ¡Qué interesante!   ¡Qué guay!   ¡Qué divertido!

¡Qué aburrido!   ¡Qué triste!   ¡Qué rollo!   ¡Qué difícil!   ¡Qué duro!   ¡Qué suerte!

2 Ordenando ideas

a Cada alumno o alumna trabaja con un párrafo del texto y busca la información más importante de éste.

b Los que habéis trabajado con el mismo párrafo, haced un grupo para comparar la información que tenéis.

c Ahora haced nuevos grupos. En cada grupo tiene que haber un experto de cada párrafo del texto. Haced, como en el ejemplo, un esquema con toda la información del texto. Completad vuestro esquema con otra información importante para vosotros.

3 Un juego de palabras

En el siguiente tablero de juego (*Spielplan*) hay 14 palabras del texto «Nuestros Derechos». Tenéis que formular frases según el contenido del texto. Jugad en parejas. Necesitáis una moneda *(Münze)*: un lado es avanzar **una** casilla y el otro avanzar **dos**. Empieza uno de vosotros, y el otro le hace una pregunta con la palabra de la casilla. Si sabe la respuesta, puede seguir jugando. Si no la sabe o no es correcta, tiene que volver a la casilla anterior y mueve su ficha *(bewegt ihre Spielfigur)* la otra persona.

Ejemplo: **Selva** → —¿Sólo en la **selva** hay pobres?
                      —No, también hay gente pobre en las ciudades.

4 Riqueza y pobreza

a Imaginaos un título para cada una de las fotos.

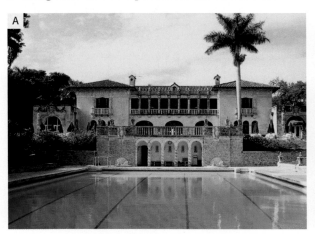

b Buscad palabras sobre los temas de las fotos en el texto «Nuestros Derechos» de la página 88 y haced una lista de palabras para cada uno de los temas. Si sabéis alguna más, escribidla también.

c Leed cómo describen algunos niños de Latinoamérica «riqueza» y «pobreza». Después describid qué es para vosotros riqueza y qué es pobreza con ayuda de vuestra lista de palabras del ejercicio 4b.

Jorge, 10 años, Bolivia

«Para mí, la riqueza es una farmacia, porque dentro de una farmacia hay muchas cosas para la salud[1].»

Alicia, 13 años, El Salvador

Para mí, la pobreza, es la contaminación[2] de los ríos y también el hecho de que no haya agua potable[3] en las casas.

Bruno, 11 años, Guatemala (quechí, lengua maya)

«Eb' li b'ihom ha'aneb' li wankatqeb' xb'eleb'aal ch'iich', wankeb' xtumin ut wankeb'xk'anjelob'aal ch'iich'. Ab'an arin moko wan ta a'an.»

«Los ricos son las personas que tienen coches, dinero y máquinas, pero aquí no los hay.»

Nerry, 7 años, El Salvador

«La riqueza es tener un amigo.»

Idiomas de Guatemala

En Guatemala, además del español, hay otras 22 lenguas indígenas.

Ramos, 13 años, El Salvador

«Para mí la pobreza es cuando las personas viven en casas, apretadas como sardinas y que no tienen nada para comer, mientras otros sí tienen.»

«Miradas de niñez», © Enfants du Monde. Grand Saconnec; www.edm.ch

d Elegid a uno de los chicos o chicas de las fotos de las páginas 86 y 87 sobre los que no tenemos información. Imaginaos cómo puede ser su vida y cómo va a ser su futuro. Con ayuda de las palabras del ejercicio 4b escribid un pequeño texto sobre esa persona.

[1] **la salud** die Gesundheit – [2] **la contaminación** die Umweltverschmutzung – [3] **el agua** *(f.)* **potable** das Trinkwasser

5 Por ellos y para ellos (§17)

Completad las siguientes frases con *por* o *para*.

1. Vemos la pobreza cuando caminamos ▢ las calles de las ciudades.
2. Como no hay trabajo en el campo, la gente se va ▢ la ciudad.
3. La situación en las ciudades también es mala ▢ falta de trabajo.
4. Muchos niños duermen en las calles ▢ las noches.
5. Hay gente que vende sus bebés ▢ 30 000 dólares.
6. Muchos jóvenes quieren ir a Guatemala ▢ ayudar.
7. Los voluntarios no trabajan ▢ dinero.
8. Es importante que haya ayuda ▢ los niños.

6 Creer o no creer (§ 15)

Verbos como *creer*, *pensar* y otros con un significado parecido *(ähnlich)* pueden llevar indicativo o subjuntivo.

a Mirad las siguientes frases y formulad una regla para usar indicativo o subjuntivo.

- Brandon <u>cree que</u> los niños **tienen** muchos problemas, pero <u>no cree que</u> estos problemas **tengan** una solución fácil.

- Él <u>piensa que</u> los niños **están** contentos en la Casa Hogar, pero <u>no piensa que</u> **puedan** vivir allí siempre.

b Con lo que habéis aprendido en el texto «Nuestros Derechos» de la página 88, dad vuestra opinión sobre las siguientes frases con ayuda de las expresiones de la casilla. Cuidado con el presente de indicativo y el de subjuntivo.

1. Europa no tiene problemas como Guatemala y no hay pobres.
2. Antigua es una ciudad bonita y allí vive sólo gente rica.
3. En Guatemala hay muchos pobres, pero todos viven en la selva.
4. La vida en el campo es difícil, pero en la ciudad es fácil.
5. En el campo no hay trabajo, pero en la ciudad encuentran mucho.
5. Los niños muchas veces no pueden ir a la escuela, por eso en Guatemala nadie sabe leer ni escribir.
6. Hay muchos problemas y la solución es un poco de dinero.

Ejemplo: Yo también creo que Europa no tiene problemas como Guatemala, pero no es verdad que en Europa no haya pobres.

- (no) creo que …
- (no) me parece que …
- (no) es verdad que …
- (no) pienso que …
- (no) me puedo imaginar que…

7 Los Derechos del Niño (§14)

a Buscad todas las frases del texto «Nuestros Derechos» de la página 88 donde aparece el presente de subjuntivo y ponedlas en vuestro cuaderno en una tabla, como en el ejemplo de abajo.

frases del texto	expresión
«No es necesario que vayamos a la selva para ver los problemas.» (l. 7)	«es necesario que»

b Entre los Derechos del Niño que la ONU (Organización de las Naciones Unidas) ha reconocido están los siguientes. Leedlos y con ayuda de la expresiones del ejercico 7a comentad las siguientes frases.

Derechos del Niño

Derecho a ir a la escuela y a aprender a leer y a escribir.

Derecho a tener una familia y a estar con los padres.

Derecho a poder ir al médico si están enfermos.

Derecho a no trabajar antes de una edad mínima adecuada.

Derecho a no hacer trabajos malos para su salud[1].

Derecho a tener un nombre y una nacionalidad.

Derecho a comer cada día y vivir en una casa adecuada.

Derecho a decir lo que piensa, siente y sueña.

Derecho a ser distinto por su raza, religión, sexo, etc.

En lo que todos los niños y niñas somos iguales...

...es que tenemos los mismos derechos

www.rayuela.org

Ejemplo: Es necesario que todos los niños vayan a la escuela y ...

c Comparad estos derechos con la situación de los jóvenes del texto «Nuestros Derechos». Discutid en clase qué derechos les faltan a los jóvenes del texto.

d Formad frases con las ideas de la tabla de abajo. Pensad si tenéis que usar el presente de indicativo o el de subjuntivo.

Creo que		*tener* los mismos derechos
No creo que		*poder* elegir a los amigos
Me parece que		*ser* para todos los que todavía no
Pienso que		tienen 18 años
Me parece estupendo que		*escuchar* la opinión de los hijos
Quiero que	los niños y niñas	*vivir* en peores situaciones que los niños
Espero que	los Derechos del Niño	*tener* sus propias ideas
Es difícil que	los padres	no *tener* nombre ni nacionalidad
Es lógico que	las niñas	*ofrecer* información clara para los jóvenes
No es justo que	los gobiernos[2]	*conocer* sus derechos
Es verdad que		*cuidar* a sus hijos
Es una lástima que		no *querer* reconocer[3] los Derechos del Niño
Es necesario que		*ir* a la escuela
Es importante que		

[1] **la salud** die Gesundheit – [2] **un gobierno** eine Regierung – [3] **reconocer (-zco) algo** etw. anerkennen

8 Un e-mail de Juan (§§ 13–15)

Aquí tenéis un e-mail de Juan, un chico de Madrid que le escribe a Anna, una amiga alemana que está trabajando en Guatemala como voluntaria. Completad el texto con las formas adecuadas de presente de indicativo o subjuntivo.

Hola, Anna:

Espero que `(estar-tú)` bien y que te `(gustar)` Guatemala. He leído un artículo en Internet y me parece interesantísimo que `(haber)` cosas tan diferentes ahí. Por las fotos creo que `(haber)` muchos niños pobres, ¿verdad? No me parece que la vida ahí `(ser)` fácil. Me alegro de que personas como tú `(desear)` ayudar a esa gente. Por cierto, quiero que me `(mandar-tú)` la dirección de e-mail de la organización donde estás. Espero que yo también `(poder)` trabajar ahí. Claro que mis padres... No creo que me `(dejar)` ir. Ellos tienen miedo de que me `(poder)` pasar algo. Es importante que tú me `(contar)` cómo es todo. Bueno, Anna, sólo te pido que no me `(olvidar)`, que me `(escribir)` y me `(enviar)` fotos. A lo mejor `(poder-nosotros)` chatear algún día. Claro que con la diferencia de horarios no va a ser fácil que nos `(encontrar)` en un chat, pero a lo mejor `(tener)` suerte.
¡Hasta pronto!
Juan

9 Mi primer contacto con el país (§§ 1–3, 5, 9, 10)

Anna le contesta a Juan. Escribid qué le cuenta Anna en su e-mail.
Usad los tiempos de pasado y las ideas de abajo.

A
- *llegar* hace dos semanas / Antigua / casa de familia
- el viaje / *ser* largo
- la familia / *estar* / felices / con mis regalos
- la familia / a mí / parecer / muy simpática
- a mí / *gustar* ver los edificios de la ciudad

B
- un día / *ir* con amigos / mercado indígena de Chichicastenango
- *haber* / muchos turistas
- indios / *vender* / sus productos
- *haber* / mucha fruta y verdura / yo nunca / *ver*
- no todos los indios *hablar* / ni *entender* / español
- yo *comprar* ropa indígena / regalo / mis padres

C
- el viernes pasado / yo *salir* y *caminar* / calles de la ciudad
- yo *ver* mucha gente pobre
- a mí / *gustar* / gente / simpática
- esta semana yo / *empezar* a trabajar como voluntaria
- *ver* / muchos problemas
- estos primeros días / no *ser* / fácil para mí

Wortbedeutungen ableiten

Ihr wisst bereits, dass ihr mehr spanische Wörter verstehen könnt als ihr gelernt habt, u.a. wenn ihr ein spanisches Wort aus der gleichen Wortfamilie kennt. Mit Hilfe der folgenden Wortbildungsregeln könnt ihr die Bedeutung einzelner Wörter noch genauer erschließen.

> Querido Félix:
> Te enviamos estas felicitaciones para el día de tu cumpleaños. Te deseamos que seas siempre tan feliz como ahora y te felicitamos porque sabes ver la felicidad en todo lo que pasa.
> Tus abuelos

1. Wortbildung durch Präfixe (Vorsilben)

Präfixe werden Substantiven, Adjektiven und Verben vorangestellt. Dadurch ändert sich die Bedeutung, nicht aber die Wortart. Einige häufig verwendete Vorsilben sind:

a _in-_ mit der Bedeutung „nicht / un-"
- feliz – infeliz
- justo – injusto
- útil – inútil

_In-_ wird lautlich angeglichen, wenn es Wörtern vorangestellt wird, die mit p/b, r oder l beginnen:
- perfecto – imperfecto
- paciencia – impaciencia
- regular – irregular
- legal – ilegal

b _des-_ mit der Bedeutung „nicht / un-"
- ordenado – desordenado
- conocido – desconocido
- contento – descontento

c _super-_ in der Bedeutung von „super, über"
- supermercado
- superbién
- superdivertido

Beachtet auch folgendes

- Nicht jede dieser Silben ist immer eine Vorsilbe, z.B. _im-_ in _importante_ oder _des-_ in _desastre_.
- Ähnliche Wortbildungsmuster gibt es auch im Deutschen, z.B. geduldig – ungeduldig. Aber nicht immer entspricht einem spanischen Wort mit Präfix auch im Deutschen eine Vorsilbe; vgl. z.B. _esperar_ (hoffen) – _desesperar_ (verzweifeln).
- Nicht immer wird das Suffix einfach an das Grundwort angehängt.

2. Wortbildung durch Suffixe (Nachsilben)

Suffixe dienen dazu, aus einem vorhandenen Wort ein neues Wort, meist einer anderen Wortart, abzuleiten.

a Substantive aus Adjektiven oder Verben:
siehe Tabelle unten

b Substantiv aus einem anderen Substantiv
-ería:
- pan – panadería
- papel – papelería

(Gegenstand – Ort, an dem er verkauft oder hergestellt wird)
-ero, -a:
- libro – librero / librera

(Gegenstand oder Aktivität – Person, die damit zu tun hat)

c Substantiv / Adjektiv aus Verb
-dor / -dora:
- vender – vendedor / vendedora

(Aktivität – Person, die sie ausübt)

d Verkleinerungssuffixe (Diminutive), die häufig auch Koseformen sind oder positive Gefühle ausdrücken:
-ito, -a:
- casa – casita
- Juan – Juanito
- gordo, -a – gordito, -a
- poco, -a – poquito, -a

¡Ahora vosotros!

1. Leed el texto de la postal de arriba e intentad deducir _(ableiten)_ lo que significan las palabras _felicidad, felicitar_ y _felicitaciones_.

2. Traducid los ejemplos de las reglas de al lado al alemán.

3. Decid qué significan las siguientes palabras de la familia de _ganar_
   a) la ganancia
   b) el ganador / la ganadora.

4. Buscad en un diccionario palabras de la misma familia para cada una de las siguientes palabras. Apuntad también su traducción. Comparad vuestros resultados con un compañero o una compañera y completadlos.
   a) perfecto, -a   c) terminar
   b) necesario, -a   d) igual

-idad		-eza		-cia		-ción	
posible	posibilidad	pobre	pobreza	importante	importancia	perfecto, -a	perfección
activo, -a	actividad	triste	tristeza	diferente	diferencia	explicar	explicación

10 Una niña indígena

a Mirad la foto e imaginaos cómo es la niña:
1. ¿Cuántos años tiene?
2. ¿De dónde es?
3. ¿Cómo es su vida? ¿Qué hace en su tiempo libre?
4. ¿Cómo se imagina ella su futuro?

b Escuchad lo que cuenta la niña y tomad notas de la información más importante.

c Comparad vuestras notas con las de vuestro compañero o compañera y completad las vuestras.

d Comparad vuestras ideas del ejercicio 10a con la información del cedé y explicad las diferencias más importantes.

11 Niños de la calle

a Niños sin casa y sin futuro no son sólo un problema del Tercer Mundo. Leed el siguiente texto de la asociación de ayuda a jóvenes de Berlín *Straßenkinder e. V.* Con la información que tenéis, escribidle una carta a un chico guatemalteco para contarle que no sólo en su país hay problemas.

Die Not der Straßenkinder

Eines der größten gesellschaftlichen Probleme der Zukunft werden Kinder und Jugendliche ohne soziale Bindung sein: **Verlorene Kinder.**

Besonders Berlin, als Drehpunkt zwischen Ost und West, ist ein sozialer Brennpunkt; so gibt es inzwischen je nach Jahreszeit 3000–5000 Straßenkinder. Es ist nicht erkennbar, dass sich dies in absehbarer Zeit wesentlich ändern wird. Laut einer Studie des „Berliner Tagesspiegel" sind etwa ein Drittel davon buchstäblich obdachlos. 26,7 % wohnen noch zu Hause, 23,3 % haben eine eigene Wohnung, 15 % leben bei Freunden, wo die Verhältnisse jedoch oft sehr ärmlich sind. Die Straßenkinder am Alexanderplatz leben eine tendenziell linke „Jugendkultur" aus. 8,3 % der Befragten waren unter 14 Jahre alt, 52,6 % 14 bis 18 Jahre, der Rest älter. Sie „hängen am Alex ab", treffen sich mit Freunden, schnorren und konsumieren Drogen. Schwerkriminellen steht man auf dem Alexanderplatz selten gegenüber. Die Delikte in ihren Sündenregistern lauten vorwiegend

„Schwarzfahren", Ladendiebstahl und Widerstand gegen Staatsgewalt. Besonders auffällig ist die große Anzahl der Hunde, die sich Straßenkinder halten. Der Hund ist Freund, Beschützer und Begleiter, der mit ihnen durch dick und dünn geht. Da in vielen Notunterkünften Hunde verboten sind, liegt hier auch wieder ein Problem: viele Straßenkinder meiden aus diesem Grund soziale Einrichtungen.

Wir glauben, dass sich die Probleme der Jugendlichen und der Straßenkinder nicht allein durch die Sozialämter und durch vereinzelte materielle Hilfe lösen lassen. Es bedarf vielmehr investierte Zeit und echt gemeinte Liebe, um den Kids zu helfen. Straßenkinder kommen nicht unbedingt aus finanziell schwachen Familien, aber sie kommen fast immer aus einem defekten sozialen Umfeld. Wir glauben, dass jedes Straßenkind so wertvoll ist, dass man es und die Probleme ernst nehmen muss, sich Zeit nehmen sollte, in Gesprächen wirklich aufmerksam zuhören, und versuchen sollte, eine Beziehung aufzubauen. Es hilft einem Jugendlichen nicht, wenn man ihm nur oberflächliche Hilfe leistet.

© Straßenkinder. e. V., Berlin

b Imaginad que habláis con uno de los chicos de la calle del texto del ejercicio 11a. En parejas preparad una entrevista *(Interview)* con él para una revista en español. Después representadla en clase.

12 Una vida desigual

a Mirad la siguiente caricatura y describid lo que veis.

b Explicad qué quiere expresar el dibujo. Trabajad en parejas.

c Discutid en grupos cómo se puede cambiar *(wie man ändern kann)* la situación que describe la caricatura.

13 Ayuda para siempre (§§ 13–15, 17)

a Sara y Alfredo son dos voluntarios que trabajan en un proyecto en Guatemala. Completad el diálogo con la forma correcta de los verbos y la preposición adecuada. Trabajad en parejas.

Sara

No me parece nada justo que la gente **(tener)** que pagar lo que las organizaciones de ayuda les **(traer)**.

¿Qué es lo que **pasa**?

Ayer **(por / para)** la tarde **(venir)** una mujer a buscar gafas **(por / para)** su hija. Y **(tener – ella)** que dar dinero. ¿Qué te parece?

Sí, ya sé que hay que pagar **por** las gafas. Pero es normal. **Para** mí es justo que **paguen**. No es bueno que las **regalemos**. No es necesario que **paguen** mucho, pero algo, sí.

Pero la situación **(estar)** cada vez peor. A su niña le **(estar – nosotros)** enseñando a leer y escribir, pero no **(regalar – nosotros)** nadita.

¿Qué más quieres que le **regalemos**? Ya le **regalamos** la educación.

Pues a mí no me parece que **(ser)** justo. Además, gastamos[1] el dinero en cursos **(por / para)** enseñar a leer y a escribir, y ellos no tienen **(por / para)** comer. Es más normal que les **(dar – nosotros)** el dinero. ¿No te parece?

Yo no creo que **sea** una buena idea. Gastan el dinero y ¿qué **hacen** entonces? Así no solucionas el problema.

¿Te parece mejor que **(tener – ellos)** hambre? Los problemas son **(por / para)** falta de dinero, creo yo.

Claro que sí. Algunas personas viven de la ayuda y no hacen nada **para** mejorar[2].

Por eso es necesario que los **(ayudar – nosotros)**.

Sí, pero es necesario que ellos **aprendan** a ser independientes, y así es más fácil que en el futuro no **necesiten** nuestra ayuda. Si sólo les damos dinero, ellos tampoco **hacen** nada para mejorar su situación

Así parece que **(ser)** muy fácil, pero no sé…

Yo no pienso que **sea** muy fácil. Al contrario, creo que **es** mucho más difícil. Pero pienso que **es** la mejor solución.

b Leed otra vez el diálogo y explicad qué piensan los dos voluntarios. Discutid entre vosotros qué idea es mejor y por qué.

Alfredo

No me parece nada justo que la gente **tenga** que pagar lo que las organizaciones de ayuda les **traen**.

¿Qué es lo que **(pasar)**?

Ayer **por** la tarde **vino** una mujer a buscar gafas **para** su hija. Y **tuvo** que dar dinero. ¿Qué te parece?

Sí, ya sé que hay que pagar **(por / para)** las gafas. **(Por / Para)** mí es justo que **(pagar – ellos)**. No es bueno que las **(regalar – nosotros)**. No es necesario que **(pagar – ellos)** mucho, pero algo, sí.

Pero la situación **está** cada vez peor. A su niña le **estamos** enseñando a leer y escribir, pero no le **regalamos** nadita.

¿Qué más quieres que le **(regalar – nosotros)**? Ya le **(regalar – nosotros)** la educación.

Pues a mí no me parece que **sea** justo. Además, gastamos[1] el dinero en cursos **para** enseñar a leer y a escribir, y no tienen **para** comer. Es más normal que les **demos** el dinero. ¿No te parece?

Yo no creo que **(ser)** una buena idea. Gastan el dinero y ¿qué **(hacer – ellos)** entonces? Así no solucionas el problema.

¿Te parece mejor que **tengan** hambre? Los problemas son **por** falta de dinero, creo yo.

Claro que sí. Algunas personas viven de la ayuda y no hacen nada **(por / para)** mejorar[2].

Por eso es necesario que los **ayudemos**.

Sí, pero es necesario que ellos **(aprender)** a ser independientes, y así es más fácil que en el futuro no **(necesitar)** nuestra ayuda. Si sólo les damos dinero, ellos tampoco **(hacer)** nada para mejorar su situación.

Así parece que **es** muy fácil, pero no sé…

Yo no pienso que **(ser)** muy fácil. Al contrario. Creo que **(ser)** mucho más difícil. Pero pienso que **(ser)** la mejor solución.

---

[1] **gastar** ausgeben – [2] **mejorar** sich verbessern

Todos podemos ayudar

Elegid un proyecto que conocéis. Puede ser un proyecto de ayuda social, de protección de animales o del medio ambiente (*Tier- oder Umweltschutz*). Puede ser de vuestra ciudad o región, o estar en otro país. También podéis tomar uno de los de abajo.

a Buscad información sobre el proyecto que habéis elegido (Internet, folletos, revistas, …).

b Haced una lista de ideas de porqué habéis elegido ese proyecto.

c Haced otra lista de ideas de cómo podéis ayudar.

d Preparad un cartel para vuestro proyecto con fotos, un eslogan y un logo.

e Enseñad los carteles y presentad vuestro proyecto en clase. Trabajad en grupos.

C Plataforma del Voluntariado de la Región de Murcia

Hay muchas personas que te están esperando...

¡Sé voluntario!

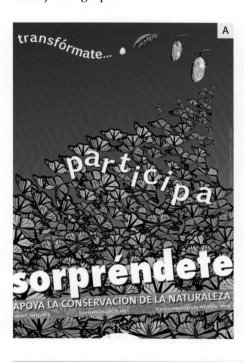

A transfórmate...
participa
sorpréndete
APOYA LA CONSERVACIÓN DE LA NATURALEZA
wwf.org.mx · toromonarca.net · consumosustentable.org

B CELEBRANDO EL DÍA DE LA TIERRA
DOMINGO 20 ABRIL 2008
12:00 h. Plaza Jacinto Benavente
hasta Plaza Museo Reina Sofía

FRENTE AL CAMBIO CLIMÁTICO MENOS CO_2

D Creamos sonrisas

Ya sé en español ...

dar una opinión
- Creo que
- Pienso que
- Me parece que   *+ indicativo*
- Es verdad que

- No creo que
- No pienso que
- No me parece que   *+ subjuntivo*
- No es verdad que

expresar deseos y expectactivas
- Quiero que
- Prefiero que   *+ subjuntivo*
- Deseo que

expresar necesidad *(Notwendigkeit)*
- Es justo que
- Es importante que   *+ subjuntivo*
- Es necesario que

expresar posibilidad
- Es posible que
- Puede ser que   *+ subjuntivo*

valorar *(bewerten)* **positivamente:**
- Es estupendo que
- Está bien que
- Me alegro de que   *+ subjuntivo*
- Me encanta que

valorar *(bewerten)* **algo negativamente:**
- Es una lástima que
- Me molesta que   *+ subjuntivo*
- Está mal que
- Odio que

◼ Ramiro

El narrador del texto es un niño de la calle en Bogotá, Colombia. No tiene padres y ni siquiera un nombre. Sus amigos lo llaman «el Chico». Aquí nos habla de su amigo Ramiro, que también vive en la calle.

Ramiro quería aprender a leer. A leer y a escribir, lógicamente. Parece que una cosa va siempre con la otra. Desde muy niño Ramiro siempre miraba los letreros, las carteleras de los cines y las revistas de los quioscos con la misma expresión con la que contemplaba los escaparates de las pastelerías, y lo humillaba enormemente tener que preguntarle a alguien cómo se llamaba una película, o qué querían decir aquellas letras.

Para él las letras eran como una cosa mágica que podía llevarlo a mundos muy distintos, y siempre decía que si ninguno de nosotros que vivíamos en las alcantarillas sabíamos leer, mientras que la mayoría de los que estaban fuera sí sabían, estaba claro que eso de conocer las letras tenía que servir de mucho.

Yo le respondía que si me tocaban veinte mil pesos a la lotería, poco necesitaría saber leer para vivir fuera de allí, pero casi por las mismas fechas en que decidí que con una pistola en el bolsillo no tenía ninguna necesidad de volver a las cloacas, Ramiro pareció llegar a la conclusión de que, por el contrario, el único camino era aprender.

¡Pobre Ramiro!

Se presentó una mañana en una escuela, y lo primero que le dijeron fue que para inscribirse tenía que llegar con sus padres o «tutores». Nos volvimos locos intentando saber qué era eso de «tutores» hasta que nos aclararon que un «tutor» es quien se responsabiliza de un niño o algo parecido.

Naturalmente, Ramiro no tenía tutores y mucho menos, padres.

Luego fue a otro sitio, y le pidieron una partida de nacimiento o cualquier otro papel para demostrar que estaba vivo.

Lo intentó en cuatro o cinco sitios hasta que al final una señorita de «Santa Inés» lo aceptó en su clase, aunque era de risa porque todos los alumnos de aquel curso eran unos chiquitirrines y la verdad es que le daba vergüenza sentarse allí a cantar aquello de «La "B" con la "A", "BA". La "B" con la "E", "BE".»

Alberto Vázquez Figueroa. *Sicario*. Espluges de Llobregat, 1991 (fragmento simplificado).

a Contad con qué sueña Ramiro y por qué.

b El Chico ha decidido salir también de las cloacas, pero ha elegido un camino distinto al de Ramiro. ¿Cuál?

c Entre los Derechos del Niño está el derecho a tener un nombre y una nacionalidad. A Ramiro le falta ese derecho. Explicad qué problemas tiene por eso. Pensad en qué otras situaciones va a tener problemas este chico. Discutidlo en clase.

d Imaginaos que sois Ramiro o el Chico y que han pasado 10 años. ¿Cómo ha sido vuestra vida en estos años? Apuntad vuestras ideas. En parejas (un «Ramiro» y un «Chico») preparad un diálogo. Pensad que no os habéis visto en todo este tiempo.

---

un **narrador** ein Erzähler – 4 **un letrero** *aquí:* ein cartel – 6 **un escaparate** ein Schaufenster – **una pastelería** eine Konditorei – 7 **humillar a alguien** jdn. beschämen – 13 **una alcantarilla** ein Abwasserkanal – 16 **necesitaría** ich hätte nötig – 18 **un bolsillo** eine Hosentasche – 19 **una conclusión** Schlußfolgerung – 21 **inscribirse** sich anmelden – 22 **un tutor** ein Vormund – 24 **parecido, -a** ähnlich – 26 **una partida de nacimiento** eine Geburtsurkunde – **cualquier** irgendein – 27 **demostrar (-ue-)** beweisen – **vivo,-a** lebendig – 29 **de risa** lächerlich – 30 **chiquitirrines** niños pequeños – **darle vergüenza a alguien** jdm. peinlich sein

Fiestas y tradiciones

A

E

E

F

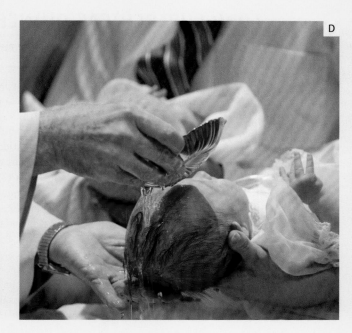

▉ Cómo celebramos una fiesta

a Decid qué fiestas podéis ver en las fotos y describid cómo las celebran.

b Contad en clase cuál es un buen motivo *(Anlass)* para hacer una fiesta.

c Explicad cómo os imagináis la fiesta perfecta, a quién invitáis y qué tenéis que hacer para prepararla: comida, música, actividades, …

el bautizo	die Taufe	el novio	der Bräutigam
la Primera Comunión	die Erstkommunion	la novia	die Braut
una boda	eine Hochzeit	los novios	das Brautpaar
un cumpleaños	ein Geburtstag	un banquete	ein Festessen
una fiesta de graduación	eine Abitur-, Examensfeier	un baile	ein Tanz, ein Ball
una misa	eine Messe	la decoración	die Dekoration
un padrino	ein (Tauf)pate; ein Trauzeuge	una vela	eine Kerze
una madrina	eine (Tauf)patin; eine Trauzeugin	una tarjeta de invitación	eine Einladungskarte

◎ Una fiesta diferente

FORO SUPERCHICAS QUINCE

INICIO | CATEGORIAS | CONTACTO | AYUDA | BUSCAR

Patri: Hola a todos. Hoy quiero que sepan cómo fue mi gran día. Ya saben que llevaba más de medio año preparándola y ayer por fin llegó: mi fiesta de quince años.

Fue genial. Vino toda la familia y también muchísimos amigos míos del colegio y del club de tenis. Yo llevaba un vestido muy lindo como pueden ver en las fotos. Primero fuimos a misa y después empezó la fiesta a las ocho y media. Todo estuvo superbién. Después de la cena bailé un vals con mi papá y luego estuve con mis amigos y bailamos reggaeton y salsa. Y también hice el juego de las velas. ¿Lo conocen? La quinceañera elige a las quince personas más importantes de su vida para que enciendan una vela y digan un deseo. Fue muy emocionante y me divertí muchísimo. Por desgracia la fiesta ya pasó. ¿Y cómo fue la suya? ¿Me lo cuentan?

RicardoLH: A mi hermana y a mí nos ha gustado mucho lo que cuentas porque ha sido nuevo para nosotros. ¿Las fiestas como la tuya son típicas de Guatemala? ¿Por qué las celebráis así? ¿Son sólo para las chicas? Aquí, en España, una prima nuestra, al cumplir los dieciocho, dio también una fiesta muy grande. Bueno, para eso nosotros tenemos que esperar todavía dos años.

Fresa14: No, RicardoLH, es terrible, pero todas las latinoamericanas celebran esta fiesta. No hay nada tan ridículo y kitsch como las fiestas de quinceañeras. Todo es más rosa que mi nombre, con muchachas que parecen muñecas y muchachos aburridos que sólo quieren irse a la disco. Este año voy a cumplir 15 años y, por supuesto, voy a celebrar una fiesta de cumpleaños normal. Patri, dime, ¿cuánto se gastaron tus papás? ¿Diez mil, quince mil dólares? ¿El dinero era suyo o están ahora con deudas? ¿Y todo para qué? Para que quinceañeras como tú durante una noche piensen que son princesas. ¿Por qué no usan tus papás el dinero para algo mejor, como pagarte un viaje o una carrera en el futuro? Bueno, imagino que no vas a ir a la universidad. Allí los libros no son de color rosa.

ElenaRuy: Me encanta que nos cuentes de tu fiesta de quince años. En California también la celebramos. Yo nunca voy a olvidar la mía, aunque han pasado 10 años ya, porque en ella conocí a mi marido.

Y tú, Fresa14, no eres una fresa, ¡eres un limón! Para que te enteres, sólo dices tonterías que nadie quiere leer. Déjanos disfrutar a las demás. Y no escribo más sobre ti para que no pienses que a alguien le importa tu opinión.

1 Un foro de Internet

a Resumid en dos frases el contenido del texto «Una fiesta diferente».

b Mirad los siguientes dibujos y decid qué personas del texto «Una fiesta diferente» son. Justificad vuestra respuesta.

2 Información de los «chateros»

a Haced una tabla como la de abajo en vuestro cuaderno y completadla con la información del texto «Una fiesta diferente».

	Patri	RicardoLH	Fresa14	ElenaRuy
nacionalidad				
información personal				
opinión sobre la fiesta				
otra información				

b Con la información de la tabla contad cómo os imagináis a esas personas, por ejemplo su carácter, su forma de ver la vida, etc.

3 Entre líneas

Explicad lo que quieren decir las siguientes frases del texto «Una fiesta diferente» de la página 102.

1. «Todo es más rosa que mi nombre» (l. 20)
2. «… muchachas que parecen muñecas …» (l. 20)

3. «Allí los libros no son de color rosa.» (l. 28)
4. «… no eres una fresa, ¡eres un limón!» (l. 32)

4 Fiesta de palabras

a Buscad en el texto «Una fiesta diferente» las palabras que tienen relación con el tema fiesta y ordenadlas según hacemos una fiesta.

| antes de la fiesta | → | durante la fiesta | → | al final / después de la fiesta |

b Completad vuestra red de vocabulario con las palabras sobre el tema «fiestas» que ya conocéis. Guardad esta red de vocabulario. La vais a necesitar después.

5 Los míos y los tuyos (§ 19)

a Los amigos de Patri han comprado unos regalos. Antes de la fiesta los envuelven *(packen sie ein)* y quieren escribir su nombre en las tarjetas. Por eso uno de ellos pregunta de quién es cada regalo.
Sustituid *(Ersetzt)* las palabras subrayadas en el diálogo por los pronombres posesivos *(mío, -a, tuyo, -a, suyo, -a…)* correctos.

Ejemplo: **Guadalupe:** ¿De quién es este póster?
        Luis: Es mi póster → Es *(el) mío.*

1. **Guadalupe:** ¿Quién ha comprado estas gafas de sol?
Marta: Yo, son mis gafas.
2. **Guadalupe:** ¿Quién ha traído estos libros?
Jacinta y Oswaldo: Nosotros, son nuestros libros.
3. **Guadalupe:** ¿De quién es este cedé de Juanes?
Mario: Es mi cedé. Lo he traído yo.
4. **Guadalupe:** Antón, Pilar, ¿habéis comprado vosotros esta camiseta
        azul o la han traído Carlos y Ana?
Antón y Pilar: No es nuestra camiseta. Creo que es de Carlos y Ana. Nuestra camiseta es roja.
5. **Guadalupe:** Javier, seguro que tú regalas este DVD del concierto de Maná. Como te gusta tanto…
Javier: Sí, claro, es mi DVD.
6. **Guadalupe:** Bueno, ¿y de quién es este regalo roto que está en el suelo?
Mario: Es tu regalo, Guadalupe.
Guadalupe: ¡¡Noooo, mi regalo!!

b Poned todos vosotros uno o dos objetos encima de una mesa. Después un alumno toma uno de los objetos de la mesa y pregunta, como en el ejemplo, de quién son las cosas:

Ejemplo: —Sven, ¿este libro es (el) tuyo?
        —No, ese libro no es (el) mío.
        —¿Es el libro de Marco?
        —Sí, es (el) suyo.

6 Un regalo para ti (§ 18)

a Las siguientes personas han traído unos regalos y explican por qué han elegido ese regalo.
Formad frases con *para que*.

A

- llamar (a nosotras) siempre
- estar tú y tu familia siempre en contacto
- mandar tus amigos (a ti) muchos mensajes

B

- recordar tus mejores momentos
- ver (nosotros) los lugares adonde viajas
- en el futuro poder ver tus hijos cómo eras de joven

C

- ser tu colección[1] de novelas más grande
- leer a tu autor favorito
- no aburrirse
- aprender muchas cosas

D

- ver otro país
- practicar otro idioma
- tener (tu hermano) un compañero de viaje
- conocer (vosotros) otras culturas

b Decid qué creéis que ha regalado cada persona.

c Pensad ahora en unos regalos para tres personas de la clase y decid para qué se lo regaláis.

Ejemplo: Yo le regalo una pluma a Jens para que haga sus deberes.

7 Una fiesta, diferentes ideas (§ 18)

Lucía y Maribel tienen catorce años y piensan en su fiesta de quince años, pero tienen ideas
diferentes. Formad frases con *para que (+ subjuntivo)* o *para (+ infinitivo)*. A veces hay más
de una solución.

1. Mis padres quieren una fiesta muy grande
2. Todos mis tíos me van a dar dinero
3. Deseo una tarta de cinco pisos
4. Voy a llevar un vestido precioso
5. Mi padre va a practicar el vals
6. Voy a sacar muchas fotos
7. La fiesta va a ser en un restaurante enorme

para
para que

bailar conmigo
ir todos mis amigos
recordarla siempre
poder comer todos
sentirme especial
caber cien invitados
hacer una fiesta estupenda

1. Quiero una fiesta pequeña
2. Mis padres me dan dinero
3. No quiero nada especial
4. La fiesta va a ser en casa
5. Mis tíos me van a regalar algo
6. No necesito una gran fiesta
7. Yo no quiero un vestido

para que

para

poder hacer un viaje fantástico
venir sólo mis amigos de verdad
poder estudiar en la universidad
ponérmelo un solo día
mis padres no gastar mucho dinero
ser una fiesta muy normal
sentirme como una princesa

---

[1] **una colección** eine Sammlung

8 Las quince velas (§§ 13–15, 18)

a En las fiestas de quince años es tradición que las 15 personas más importantes en la vida de la quinceañera enciendan una vela y digan un deseo. Con ayuda de las palabras de abajo formulad lo que le están deseando a Patri. Poned los verbos en presente de subjuntivo.

- Deseo que
- Quiero que
- Espero que
- Es importante para mí que
- Me parece estupendo que
- Enciendo esta vela para que

- tú y tus amigos *estar* siempre juntos
- *cumplir* muchos, muchísimos más años
- un chico fenomenal *enamorarse* de ti
- *ver* (nosotros / a ti) siempre contenta
- no *haber* problemas en tu vida
- *encontrar* un trabajo muy bonito
- *conocer* gente simpática
- *poder* ir a la universidad

b Pensad otros siete deseos para completar la lista de los 15 deseos. Haced frases como en el ejercicio 8a

9 Un viaje de regalo (§§ 13–15, 18)

A Patri los abuelos le han regalado un viaje. Su madre no quiere que vaya y Patri se ha enfadado con ella. Su madre habla con el padre. Haced en parejas el diálogo entre los dos.

Mutter	Vater
Sie begrüßt ihren Mann und sagt, sie muss mit ihm reden.	
	Er fragt, was los ist.
Sie will, dass Patri nicht in die USA fährt, sondern in Guatemala bleibt.	
	Er reagiert mit Verwunderung. Er findet, dass die Reise eine tolle Idee ist. Die Großeltern haben ihr diese Reise geschenkt, damit sie Englisch lernt.
Sie weiß das. Aber sie meint, dass Patri noch sehr jung ist. Sie findet es besser, wenn sie zwei Jahre wartet.	
	Er sagt, dass sie doch eine Gastfamilie *(familia de intercambio)* hat, die ihr sicher bei allem helfen wird.
Sie freut sich darüber, dass Patri in die USA fährt, aber sie hat auch Angst, dass ihr etwas passiert.	
	Er beruhigt sie und sagt, dass Patri nicht allein sein wird. Außerdem sagt sie ja immer, dass sie möchte, dass Patri glücklich ist. Er hofft, dass die beiden deswegen nicht streiten.
Sie hofft das auch. Sie sagt, sie möchte, dass Patri versteht, dass sie sehr nervös ist. Sie fragt ihren Mann, ob er ihr helfen kann, mit Patri zu sprechen und ihr das zu erklären.	
	Er wird das natürlich tun, aber für ihn ist Patris Reise kein Problem. Aber vielleicht kann Patri die Reise ein Jahr verschieben.
Sie sagt, sie müssen das aber zu dritt besprechen. Sie sind doch eine Familie.	
	Er sagt, er ist einverstanden, damit sie zufrieden ist.

10 El significado de la fiesta (§§ 13–15, 18)

Elena Ruy le explica a Ricardo la importancia de la fiesta de 15 años. Leed lo que le dice y poned los verbos en la forma correcta. Pensad si es necesario el presente de indicativo o el presente de subjuntivo.

Querido RicardoLH: Me alegro de que tú `(interesarse)` por esta fiesta de quince años. Es una lástima que en España no `(haber)` esta fiesta porque creo que `(ser)` una fiesta fenomenal y me parece fantástico que las chicas `(poder)` celebrarla con toda la gente que quieren. Es una fiesta muy antigua. Ya la celebraban los indígenas antes de la llegada de los europeos. Esta fiesta significa que las chicas ya no `(ser)` niñas y que ahora `(ser)` parte del mundo de los adultos. Los padres desean que ese día su hija `(ser)` muy feliz y que se lo `(pasar)` muy bien. Hacen una fiesta enorme para que `(venir)` los parientes y `(poder)` estar a su lado todos sus amigos. La fiesta también tiene una parte mala, pues muchas familias gastan más dinero del que tienen para hacer la fiesta: le compran a su hija un vestido especial para que ella `(sentirse)` lindísima y alquilan salas de fiesta para que la gente `(comer)` cosas ricas y `(bailar)` toda la noche. Al final sólo tienen deudas. Hoy en día algunas chicas ya no creen que `(ser)` importante hacer una gran fiesta y no quieren que sus padres `(gastar)` en eso el dinero. Sin embargo, es normal que los padres le `(comprar)` un buen regalo. Y es que, con fiesta o sin fiesta, el día del 15 cumpleaños es una día muy especial en Latinoamérica.

11 Una fiesta para no olvidar (§§ 1–3, 5, 9, 10)

Elena Ruy recuerda su fiesta de 15 años, que, aunque no fue perfecta, no la va a olvidar nunca. Mirad los siguientes dibujos y contad cómo fue su fiesta.

12 **Otros tiempos, otras costumbres (. . . _Bräuche_)**

Escuchad el texto del cedé y contestad las siguientes preguntas:

1. ¿Por qué discuten Leonor y su madre?
2. ¿Qué opinión tienen madre e hija de las costumbres tradicionales?
3. ¿Quién creéis que tiene razón?

13 Yo no soy tú

a Mirad el dibujo y, sin leer el texto, explicad lo que veis en él y decid qué creéis que está pasando.

b Leed el texto que va con el dibujo y explicad cuál es el problema entre la madre y la hija.

c Comparad la actitud (_Einstellung_) de la niña del dibujo con la del texto auditivo (_Hörtext_) del ejercicio 12.

> Si tú hiciste la comunión vestida de progre[1], es tu problema, porque yo pienso hacerla como Dios manda.

14 Mis fiestas

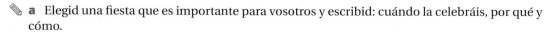 **a** Elegid una fiesta que es importante para vosotros y escribid: cuándo la celebráis, por qué y cómo.

b Elegid uno de los siguientes ejercicios:

1. Imaginaos que vosotros también estáis en el chat del texto de la página 102. Contestad a Patri y contadle con ayuda de los apuntes del ejercicio 14a qué fiesta es importante para vosotros. Si usáis información en alemán, pensad cómo lo vais a decir en español. La red de vocabulario del ejercicio 4 os puede ayudar.

2. Preparad vosotros una discusión sobre una de las fiestas del ejercicio 14a. Escribid un pequeño texto para dar vuestra opinión sobre esa fiesta como en el texto «Una fiesta diferente» de la página 102. Después poned vuestras opiniones juntas en un cartel como en un chat o en un foro de Internet.

---

[1] **progre** gegen die Konventionen, rebellisch

Lernen an Stationen

Das Lernen an Stationen ist eine Form des individuellen Arbeitens, bei dem ihr autonom euer Wissen überprüfen und erweitern könnt. Im Unterschied zu anderen Übungen, die ihr selbstständig erledigt, gibt es hier nicht nur eine Aufgabe, sondern viele verschiedene. Einige davon sind verpflichtend, andere frei wählbar. Ihr selbst bestimmt also im Unterricht für eine gewisse Zeit euer Arbeitstempo, die Reihenfolge der Aufgaben und zumindest teilweise auch die Inhalte. Dies bedeutet aber auch, dass es in hohem Maße von euch selbst abhängt, ob ihr die Zeit effizient nutzt.

Arbeitsmaterial

• ein sog. „Laufzettel". Auf diesem sind alle Aufgaben aufgeführt und die Pflicht- von den Wahlstationen unterschieden; er enthält häufig auch weitere Angaben, z. B. zum Thema, dem Schwierigkeitsgrad, ob ihr alleine oder zu mehreren arbeiten sollt, ob es ein Lösungsblatt gibt usw.

• die eigentlichen Aufgaben an den einzelnen „Stationen", von denen diese Arbeitsform ihren Namen hat. Meist sind das verschiedene Tische. Dort findet ihr ggf. auch das Material, das ihr zur Bearbeitung braucht (z. B. Wörterbuch oder Recorder).

• die Lösungen der Aufgaben an einer separaten Stelle, meist vorne am Lehrerpult

• manchmal eine zusätzliche Informationsstation mit weiteren Hilfsmitteln, z. B. Nachschlagewerken oder Wörterbüchern

Hinweise für die Arbeit

1 Seht euch den Laufzettel an und verschafft euch einen Überblick über das gesamte Aufgabengebiet: Wie viele Pflichtstationen gibt es? Welche Stationen interessieren euch darüber hinaus? Teilt euch die zur Verfügung stehende Zeit so ein, dass ihr mindestens alle Pflichtstationen schafft.

2 Sucht euch die Station aus, mit der ihr beginnen wollt. Bearbeitet zuerst die Pflichtstationen und wenn danach noch Zeit übrig ist, die eine oder andere Wahlstation. Beachtet jedoch, ob eine Station Ergebnisse einer anderen voraussetzt. (Wenn dies der Fall ist, ist das auf dem Laufzettel vermerkt.)

3 Lest die Aufgabe genau durch, bevor ihr zu arbeiten beginnt. Achtet auch darauf, ob es an einer Station mehrere Aufgaben gibt und ob alle Teilaufgaben gelöst werden müssen.

4 Wenn ihr mit der Aufgabe fertig seid, seht auf dem Laufzettel nach, ob es eine Lösung dafür gibt. Vergleicht diese dann genau mit eurer eigenen Arbeit und verbessert Fehler sorgfältig. Wenn ihr mit eurem Ergebnis nicht zufrieden seid, macht die Aufgabe noch einmal, oder versucht es mit einer weiteren Aufgabe zum gleichen Thema (sofern vorhanden).

5 Hakt die erledigte Aufgabe auf eurem Laufzettel ab, bevor ihr die nächste Station auswählt.

6 Sprecht euch mit anderen ab, wenn ihr Partner für eine Partner- oder Gruppenarbeit braucht oder wenn zu viele gleichzeitig an einer Station arbeiten wollen.

7 Ziel des Stationenlernens ist das selbstständige Arbeiten. Wenn ihr mit einer Aufgabe nicht zurecht kommt, nutzt daher zunächst die Hilfsmittel der „Informationsstation". Erst wenn dies nicht weiterführt, wendet euch an Mitschüler, die an der Station schon gearbeitet haben, oder an eure Lehrerin bzw. euren Lehrer.

■ Latinoamérica y sus fiestas

Preparad en clase una presentación de las siguientes fiestas latinoamericanas:

Día de Muertos (México)

Carnaval de Blancos y
Negros (Colombia)

El Inti Raymi (Perú)

a Decidid cómo vais a presentar la información (en forma de póster, folleto, en el ordenador). Repartíos el trabajo en grupos. En cada grupo

– buscad información sobre vuestra fiesta:
  ¿Dónde la celebran? ¿Cómo? ¿Cuándo? ¿Hay algo especial?
– buscad fotos o haced dibujos.
– escribid pequeños textos para explicar la fiesta y poned las ilustraciones.

b Presentad vuestra fiesta a los otros grupos. Los demás toman notas y pueden hacer preguntas.

Barriletes gigantes de Santiago
Sacatepéquez (Guatemala)

Ya sé en español . . .

presentar un tema
• Vamos a hablar de . . .
• Os vamos a explicar . . .
• El tema de nuestra presentación es . . .
• En los próximos minutos os vamos a hablar de . . .
• Para empezar queremos . . .
• La fiesta nos parece importante porque . . .

pasar de un tema a otro
• Ahora vamos a hablar de . . .
• También queremos contaros . . .
• Además, también es importante . . .
• Ahora pasamos a . . .

terminar
• Queremos terminar . . .
• Y para terminar . . .
• Como acabamos de ver . . .
• Eso es todo. ¿Tenéis preguntas?

describir la fiesta
• Con esta fiesta celebran . . .
• La fiesta recuerda . . .
• En la fiesta | hay . . .
  | podéis ver
  | encontráis
• Típico de la fiesta es . . .
• La fiesta es *(+ adjetivo)* . . . porque . . .

• Lo más *(+ adjetivo)* de la fiesta es | su música
  | su ropa
  | su historia
  | su comida

■ Tarjetas de invitación

En las tarjetas de invitación para las fiestas de 15 años es
normal que las quinceañeras escriban unas palabras
bonitas para sus invitados, para expresar lo importante
que es ese día para ellas.

> Fácil es soñar todos los días,
> difícil es que nuestros sueños
> se hagan realidad. La vida es
> más hermosa si podemos
> cumplir lo que soñamos.
> Porque ustedes son parte de
> mi vida, porque simplemente
> los quiero. Los invito a
> compartir la noche de mis 15
> años. Los espero en ...., el
> día .... a las .... hs.

> Quince años … ilusiones,
> ilusiones y muchos sueños,
> sueños todavía sin
> realizar.
> Quince años … ya los tengo,
> y mis sueños quiero lograr.
> Te espero para celebrar mis
> 15 años, el día .... a las
> .... en ....

> En la noche de mis quince años
> quiero que estés a mi lado para
> que lo pasemos genial. ¿Quieres
> saber cuándo? ¿Quieres saber
> dónde? Para eso te doy esta
> tarjeta, porque quiero que
> compartas ese día conmigo.
> Es el día ...... a las ...... en ......

> Guardo en mi corazón miles de
> recuerdos, viejos y nuevos.
> Fueron muchas las cosas que
> compartí con ustedes. Por ello es
> muy importante que sigan
> formando parte de mi vida.
> Para la fiesta de mis 15 años los
> espero el día ...... a las ......
> en ....

> En mi corazón había un sueño…
> soñaba que era una princesa que
> vivía en un cuento de hadas,
> donde mis sueños se hacían
> realidad. Esta noche es para mí
> como ese sueño hermoso y
> mágico. Por eso, en este día,
> deseo que estén las personas
> que yo también quiero. Te
> espero el .... a las ....
> hs en .... para que me
> ayudes a que mi sueño se haga
> realidad.

a Decid qué deseos tienen las chicas para su fiesta de quince años.

b Imaginad que vais a hacer una fiesta y que queréis sorprender a unos amigos españoles
con unas tarjetas originales. Escribidles unas frases como las de arriba para invitarlos y
para decirles lo importante que es para vosotros que estén a vuestro lado.

---

hacerse realidad in Erfüllung gehen – **cumplir** erfüllen – **querer** lieben – **hs** horas – **realizar**
verwirklichen – **lograr** erreichen – **un corazón** ein Herz – **un cuento de hadas** ein Märchen

8 Viaje a Guatemala

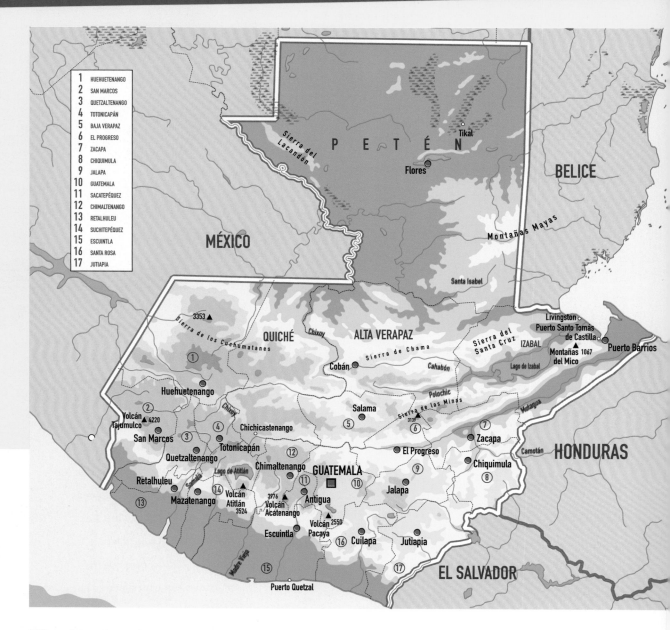

1	HUEHUETENANGO
2	SAN MARCOS
3	QUETZALTENANGO
4	TOTONICAPÁN
5	BAJA VERAPAZ
6	EL PROGRESO
7	ZACAPA
8	CHIQUIMULA
9	JALAPA
10	GUATEMALA
11	SACATEPÉQUEZ
12	CHIMALTENANGO
13	RETALHULEU
14	SUCHITEPÉQUEZ
15	ESCUINTLA
16	SANTA ROSA
17	JUTIAPA

1 Guatemala – alma de la tierra

Imaginaos que vais a hacer un viaje a Guatemala con vuestros padres. Para prepararlo habéis
buscado en Internet y habéis encontrado un vídeo del Instituto Guatemalteco de Turismo.

a Mirad el vídeo del cedé y apuntad (en español o alemán) lo que habéis entendido. (Para
ayudaros: en el texto hay bastantes palabras que no habéis aprendido, pero no es necesario
conocerlas para entender la idea del texto.)

b Resumid en alemán qué podéis ver y hacer en el país.

Paisaje y clima

un altiplano	eine Hochebene
un volcán	ein Vulkan
un bosque	ein Wald
un puerto	ein Hafen
elevado, -a	hoch, hochgelegen
cálido, -a	warm, heiß
templado, -a	gemäßigt

Otras palabras para describir un país

(estar) rodeado, -a de	umgeben (sein) von
(estar) situado, -a	gelegen (sein)
una reserva (natural)	ein Naturschutzgebiet
la belleza	die Schönheit
el alma (f.)	die Seele
la artesanía	das Kunsthandwerk
un estilo	ein Stil, ein Baustil
colonial	Kolonial-, aus der Kolonialzeit

Población

una etnia	eine Ethnie, eine Volksgruppe
un ladino, una ladina	(in Guatemala) ein Mestize / eine Mestizin (Mischling aus Weißen und Indígenas)
un / una maya	ein/e Angehörige/r des Maya-Volkes
un / una garífuna	Mischling aus Schwarzen und Indígenas
(el) xinca	Indígena-Sprache, die nicht von den Mayas abstammt
los ancestros	die Vorfahren

2 Consejos a turistas

Antes de ir a Guatemala, queréis informaros sobre lo que hay que hacer y no hay que hacer en el país. En Internet habéis encontrado un folleto del Instituto Guatemalteco de Turismo y consejos de un grupo de españoles que ya ha hecho un viaje por Guatemala.

a Leed los siguientes textos y apuntad en una tabla lo que hay que hacer y lo que no hay que hacer al viajar a Guatemala. Si hay palabras que no entendéis, mirad en las páginas 150–151.

sí	no
hacer una fotocopia de documentos importantes	llevar a la vista cosas de valor

Guatemala
alma de la tierra

www.visitguatemala.com

Consejos a los turistas al visitar Guatemala

- Haz una fotocopia de tu pasaporte y otros documentos importantes y guarda los originales en un lugar seguro.
- No lleves a la vista cosas de valor (por ejemplo la cámara de fotos).
- No pongas todo el dinero en el mismo lugar y no lleves billetes grandes. A veces es difícil que la gente te dé cambio, especialmente en los mercados y en las tiendas pequeñas.
- Viaja de día y sólo por carreteras principales.
- Infórmate sobre las zonas a visitar en pueblos y ciudades.
- Viaja en grupo y no te separes del guía durante la visita a las playas, ruinas mayas y reservas naturales.
- No olvides traer ropa adecuada a la estación del año o zona a visitar.
- No des información sobre tus planes o excursiones a personas que no conoces.
- No visites los volcanes sin un guía. Puede ser peligroso, pues muchos de ellos están activos.

INGUAT

Instituto Guatemalteco de Turismo

INGUAT (Instituto Guatemalteco de Turismo): *Recomendaciones a los turistas al visitar Guatemala.* (fragmentos simplificados)

Blog para turistas aventureros

Ya hemos vuelto de nuestras vacaciones en Guatemala y estamos encantados. Si vosotros también queréis ir, aquí os damos unos consejos para unas vacaciones perfectas:

5
- No hagáis el viaje sin organizar primero una ruta, pues en Guatemala hay muchas cosas que ver.
- Comprad una buena guía de viajes y no vayáis a los sitios sin información. Es bueno saber qué os vais a encontrar allí.
10
- Si os interesa la historia, tenéis que ir al Parque Tikal para ver las ruinas mayas. Vais a necesitar al menos dos días para ver todo. Las ruinas están en la selva, así que no olvidéis la crema antimosquitos. Tampoco os perdáis las ciudades coloniales, especialmente
15 Antigua. Es preciosa.
- Si tenéis tiempo, id al lago Atitlán. No dejéis la cámara de fotos en el hotel, pues el paisaje es fenomenal.
- Cerca de Antigua hay varios volcanes. Nosotros subimos al Pacaya, que está activo. Si
20 también hacéis esa excursión, no llevéis mochilas muy grandes, pues el camino no es fácil, y algunas personas tienen problemas con la altitud. Si os sentís mal, bebed mucha agua (de botella), pero no la bebáis nunca del grifo. Podéis pillar alguna
25 enfermedad.

Pero no penséis que aquello es un paraíso. También tiene cosas malas y el país es un poco peligroso. Pero no os preocupéis. Si tenéis un poco de cuidado, no os va a pasar nada. En Internet hay páginas con mucha
30 información y muchos consejos para que los turistas no tengan ninguna sorpresa.

[INICIO]   [CONTACTO]   [AYUDA]   [IMPRIMIR]   [BUSCAR]

b En los dos textos hay formas del imperativo negativo (= imperativo con «no»). Buscadlas y apuntadlas junto con el infinitivo del verbo. Después formulad una regla para su formación. (Para ayudaros: comparad las formas con otras formas del mismo verbo que ya conocéis.)

c Mirad las frases de arriba otra vez y buscad las frases condicionales (= con «si»). Explicad cuál es el tiempo verbal en la frase condicional y cuál puede ser el tiempo y modo en la frase principal.

3 Jaguares y quetzales (§ 20)

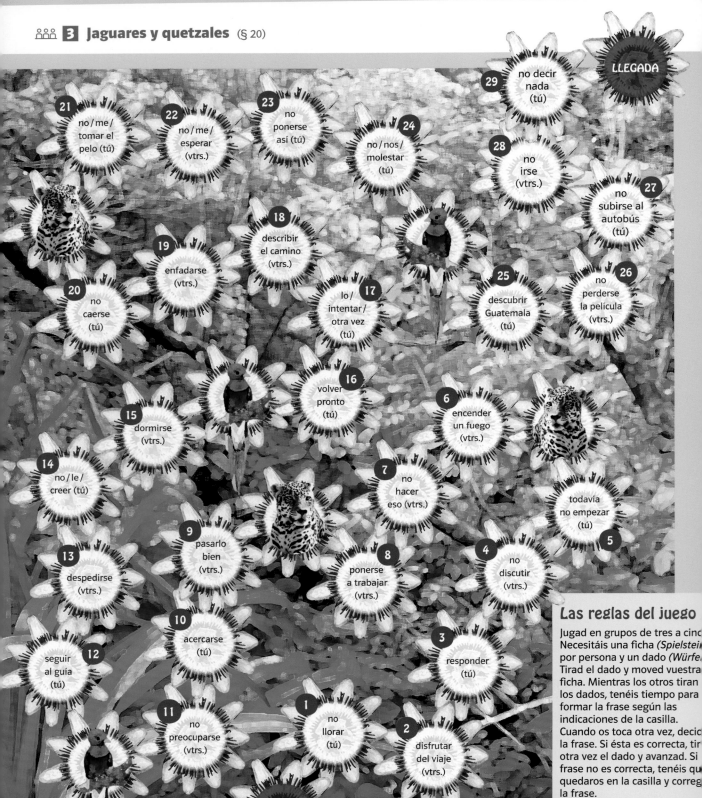

LLEGADA

29 no decir nada (tú)

21 no / me / tomar el pelo (tú)

22 no / me / esperar (vtrs.)

23 no ponerse así (tú)

24 no / nos / molestar (tú)

28 no irse (vtrs.)

27 no subirse al autobús (tú)

18 describir el camino (vtrs.)

19 enfadarse (vtrs.)

25 descubrir Guatemala (tú)

26 no perderse la película (vtrs.)

20 no caerse (tú)

17 lo / intentar / otra vez (tú)

16 volver pronto (tú)

6 encender un fuego (vtrs.)

15 dormirse (vtrs.)

14 no / le / creer (tú)

7 no hacer eso (vtrs.)

todavía no empezar (tú)

9 pasarlo bien (vtrs.)

8 ponerse a trabajar (vtrs.)

4 no discutir (vtrs.)

5

13 despedirse (vtrs.)

10 acercarse (tú)

3 responder (tú)

seguir al guía (tú)

12

1 no llorar (tú)

11 no preocuparse (vtrs.)

2 disfrutar del viaje (vtrs.)

SALIDA

Las reglas del juego

Jugad en grupos de tres a cinc
Necesitáis una ficha (Spielstein
por persona y un dado (Würfe.
Tirad el dado y moved vuestra
ficha. Mientras los otros tiran
los dados, tenéis tiempo para
formar la frase según las
indicaciones de la casilla.
Cuando os toca otra vez, decíc
la frase. Si ésta es correcta, tir
otra vez el dado y avanzad. Si
frase no es correcta, tenéis qu
quedaros en la casilla y correg
la frase.
Si llegáis a una casilla con un
quetzal, podéis avanzar tres
casillas. Si llegáis a una casilla
con un jaguar, tenéis que ir tre
casillas atrás.

✎ 4 Ciudad de Guatemala, una típica ciudad latinoamericana (§§ 1–3, 5, 9, 10)

Durante vuestro viaje por Guatemala llegáis a la capital, Ciudad de Guatemala, y la visitáis.
Por la noche escribís un e-mail o una postal a un amigo español y le contáis vuestras primeras impresiones de la ciudad. Usad la información de las fotos y de los textos – titulares de periódicos *(Schlagzeilen)* y opinión de gente que vive en la ciudad. Para las palabras que no conocéis, mirad en la página 151.

A

El domingo me gusta ir a la plaza, cerca de la catedral y del Palacio Nacional, a comer helado, escuchar música o sentarme en un banco y observar a la gente. No muy lejos hay también bares y restaurantes muy buenos.

B

EL GOBIERNO QUIERE LUCHAR CONTRA LA VIOLENCIA Y LA CRIMINALIDAD EN LAS CALLES

C

Miles de personas sin agua potable
La falta de agua causa enfermedades y muertes en las zonas de miseria

D

Aeropuerto: más grande y moderno
Según el ministro el aeropuerto de Ciudad de Guatemala es ahora el mejor de Centroamérica

Ciudad de Guatemala la capital más contaminada de Centroamérica
La contaminación, el tráfico y el ruido son los grandes problemas de la ciudad

E

F

En Ciudad de Guatemala hay un montón de museos que muestran la riqueza cultural del país, como el de Arqueología y Etnología, el de Arte Moderno, el de Ciencias Naturales, el Museo del Niño o el Museo Ixchel del traje indígena. También existe el Mercado de Artesanías, que sobre todo le gusta a los turistas.

5 Los guatemaltecos

a Con ayuda de las estadísticas de esta página y la siguiente contestad las preguntas. Trabajad en parejas. La persona A hace la primera pregunta. B contesta con ayuda de la estadística indicada. A controla la respuesta. Después pregunta B, etc. Todas las soluciones están al final de la siguiente página.

1. **Alumno A:** ¿Cuántos habitantes tiene Guatemala aproximadamente?
   Alumno B → *Mira la estadística 1.*

2. **Alumno B:** ¿Cuántos de ellos tienen menos de 20 años (aproximadamente)? Calcula también el porcentaje (aproximado) de la población total.
   Alumno A → *Mira la estadística 1.*

3. **Alumno A:** ¿Qué porcentaje de los guatemaltecos son indígenas?
   Alumno B → *Mira la estadística 2.*

4. **Alumno B:** ¿Qué porcentaje de los guatemaltecos son pobres?
   Alumno A → *Mira la estadística 3.*

Habitantes según grupos de edad | 1

Grupos de edad	Número de personas
0 – 9	3.990.104
10 – 19	3.153.530
20 – 29	2.256.466
30 – 39	1.458.876
40 – 49	956.340
50 – 59	705.542
60 – 69	454.978
70 – 79	279.100
80 y más	89.835
Total	13.344.771

Fuente: Instituto Nacional de Estadística de Guatemala, 2007.

Etnias | 2

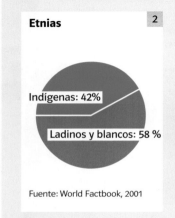

Indígenas: 42%

Ladinos y blancos: 58 %

Fuente: World Factbook, 2001

Distribución de la pobreza a nivel nacional | 3

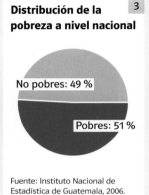

No pobres: 49 %

Pobres: 51 %

Fuente: Instituto Nacional de Estadística de Guatemala, 2006.

5. **Alumno A:** ¿En qué grupo étnico hay más pobres, entre los indígenas o los no indígenas?
   Alumno B → *Mira la estadística 4.*

6. **Alumno B:** ¿En qué sector económico trabaja más gente pobre?
   Alumno A → *Mira la estadística 5.*

Distribución de la pobreza por etnias | 4

- Indígenas
- No indígenas

Pobres: 56 %, 44 %
No pobres: 19 %, 81 %

Fuente: Instituto Nacional de Estadística de Guatemala, 2006.

Pobreza por actividad económica | 5

- Pobres
- No pobres

Agricultura: 74 %, 25 %
Industria: 44 %, 56 %
Comercio y servicios: 25 %, 75 %

Fuente: Instituto Nacional de Estadística de Guatemala, 2006.

la distribución die Verteilung – **económico, -a** wirtschaftlich – **el comercio** der Handel – **los servicios** die Dienstleistungen, der Dienstleistungssektor

7. **Alumno A:** ¿Qué porcentaje de las propiedades agrícolas son muy pequeñas? ¿Qué porcentaje de la superficie del país tienen?
Alumno B → *Mira la estadística 6.*

8. **Alumno B:** ¿Qué porcentaje de las propiedades agrícolas son grandes o bastante grandes? ¿Qué porcentaje de la superficie del país tienen?
Alumno A → *Mira la estadística 6.*

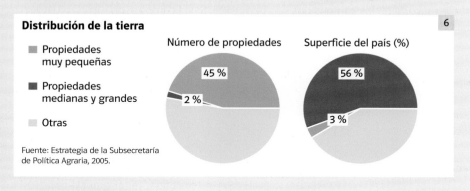

Distribución de la tierra — 6

■ Propiedades muy pequeñas
■ Propiedades medianas y grandes
☐ Otras

Número de propiedades: 45 %, 2 %

Superficie del país (%): 56 %, 3 %

Fuente: Estrategia de la Subsecretaría de Política Agraria, 2005.

b Mirad el siguiente gráfico sobre la población de Alemania. Después haced un gráfico similar para la población de Guatemala con los datos de la estadística.

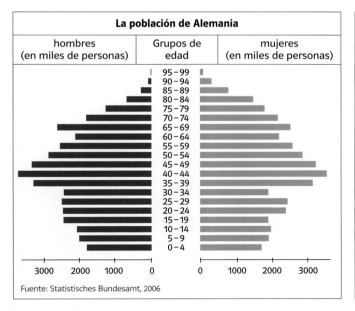

La población de Alemania		
hombres (en miles de personas)	Grupos de edad	mujeres (en miles de personas)

Fuente: Statistisches Bundesamt, 2006

La población de Guatemala		
hombres (en miles de personas)	Grupos de edad	mujeres (en miles de personas)
1066	0–4	1027
961	5–9	936
853	10–14	842
727	15–19	732
600	20–24	634
482	25–29	540
369	30–34	444
289	35–39	357
237	40–44	287
200	45–49	232
178	50–54	198
158	55–59	171
124	60–64	132
97	65–69	102
78	70–74	85
55	75–79	62
40	80 y más	50

Fuente: Instituto Nacional de Estadística de Guatemala, 2007

c Describid la diferencia entre los dos países. ¿Qué problemas puede tener el uno o el otro país con una estructura de la población así? Discutid con vuestro compañero / vuestra compañera y apuntad vuestras ideas.

Soluciones

A: 1. Guatemala tiene unos 13 millones de habitantes.
3. Un 42 por ciento de los guatemaltecos son indígenas.
5. Hay muchos más pobres entre los indígenas: [un 56 por ciento de los pobres y sólo un 19 % de los no pobres.]
7. Un 45 % de las propiedades son muy pequeñas. Tienen sólo un 3 % de la superficie del país.

B: 2. Unos 7 millones de guatemaltecos tienen menos de 20 años.
4. Más de la mitad (un 51 por ciento) de los guatemaltecos son pobres. Es más de la mitad.
6. En la agricultura: casi un 75 % de los que trabajan en la agricultura son pobres y sólo un cuarto no.
8. Un 2 % de las propiedades son grandes o bastante grandes. Tienen un 56 % / más de la mitad de la superficie del país.

---

una propiedad (agrícola) ein (landwirtschaftlicher) Betrieb – **la superficie** die (Ober-)Fläche

6 El círculo vicioso de la pobreza (*Der Teufelskreis ...*) (§ 21)

La agricultura es un factor importante en la economía de Guatemala. Casi tres cuartos de las exportaciones son productos agrícolas como café, azúcar o frutas. Aproximadamente la mitad de la población trabaja en este sector, pero muchos de los campesinos son pobres. Y esta pobreza es un círculo vicioso.

Con ayuda de las siguientes ideas formad frases condicionales para explicar este círculo vicioso.

Empezad así: Los campos de la mayoría de los campesinos son pequeños. Si los campos son pequeños, la cosecha es poca. Si la cosecha es poca, ...

campos pequeños

no poder comprar tierras

cosecha[1]: poca

quedarse en el campo y (aunque trabajan duramente) ganar poco

los campesinos[2] / vender poco

tener poco dinero

no encontrar un buen trabajo

no tener formación[3]

sus hijos / tener que ayudar en el campo o en casa

no poder ir a la escuela

[1] **la cosecha** die Ernte – [2] **un campesino** ein Kleinbauer – [3] **la formación** die Ausbildung

7 Un jornalero cuenta (*Ein Tagelöhner ...*) (§§ 13 – 15)

Un grupo de jornaleros quiere organizar una manifestación (*Demonstration*).

a Leed el siguiente texto y haced una lista de los problemas que tienen los jornaleros que trabajan en la plantación de café.

«El trabajo en una plantación de café[1] es duro. Trabajamos mucho, a veces 12 horas. El trabajo, además, es peligroso: usan pesticidas[2] y, sin embargo, tenemos que entrar en las plantaciones poco después. Ni siquiera tenemos guantes[3] para proteger nuestras manos de los pesticidas. Muchos de mis compañeros caen enfermos.
El sueldo[4] es muy malo. Los productores dicen que el precio del café ha bajado[5], que las multinacionales de Estados Unidos y Europa pagan muy poco y que por eso no nos pueden pagar más, ni siquiera el sueldo mínimo[6]. Mi mujer y mis cinco hijos también trabajan en la plantación. Pero lo que ganamos no es suficiente para vivir. No pedimos mucho, sólo poder vivir dignamente[7] de nuestros sueldos, acostarnos sin tener hambre, mandar a los chicos a la escuela y cosas así.»

b Con ayuda del texto y vuestros resultados del ejercicio 7a formulad frases sobre lo que piden a los productores.

Ejemplo: Queremos que nos paguen un sueldo justo.
Pedimos un sueldo justo.

- querer (*+ subst. / inf. / subj.*)
- pedir (*+ subst. / inf. / subj.*)
- necesitar (*+ subst. / inf. / subj.*)
- (no) es justo que (*+ subj.*)
- es necesario que (*+ subj.*)

[1] **una plantación de café** eine Kaffeeplantage –
[2] **un pesticida** ein Schädlingsbekämpfungsmittel –
[3] **un guante** ein Handschuh – [4] **el sueldo** der Lohn –
[5] **bajar** *hier:* fallen – [6] **el sueldo mínimo** der Mindestlohn – [7] **dignamente** *hier:* in Würde

8 Comercio justo – ¿la solución al problema? (§§ 13–15)

a En vuestro viaje a Guatemala visitáis una cooperativa *(Genossenschaft)* que vende su café también a Alemania y acaba de recibir el siguiente folleto con publicidad para su producto. Explicad a la gente lo que cuenta este folleto.

Para ayudaros: encontráis palabras útiles en los ejercicios 6 y 7.

> **Trabajar con información en otro idioma** ⌐⌐
>
> Encontráis consejos para este tipo de ejercicio en las páginas 19 y 22.

FEDECOCAGUA
Federación de Cooperativas Agrícolas de Productores de Café de Guatemala

GEPA®
THE FAIR TRADE COMPANY

1 FEDECOCAGUA ist ein Verband von zurzeit 148 Kooperativen, die in Guatemala Kaffee anbauen. Er vertritt rund 30.000
5 Menschen, die hauptsächlich den Maya angehören. Im kommerziellen Handel mussten sie ihren Kaffee weit unter den Produktionskosten verkaufen, so dass sogar große Kaffeeplantagen schließen mussten, weil sich der Kaffeeanbau nicht mehr rentierte. Jetzt vermarkten sie ihren Kaffee selbst
10 und erzielen Preise über den Fairen Handel, der ihnen ein menschenwürdiges Leben ermöglicht.

Dank des Mehrpreises, den die GEPA den Kleinbauern zahlt, kann die Kooperative etwas Geld zurück legen, mit dem dann neue, wichtige Anschaffungen gemacht werden – im letzten
15 Jahr zum Beispiel ein eigener Lastwagen, damit die 45 Kilo schweren Säcke mit dem geernteten Kaffee nicht eine Stunde lang bis zu der Verarbeitungsanlage getragen werden müssen. „Weil wir alles teilen, haben alle viel. Nur gemeinsam können wir solche Geräte anschaffen." erklärt Letitia, die Präsidentin der
20 Kooperative.

„Dank des Fairen Handels kann ich meinen Kindern besseres Essen kaufen. Ich kann sogar etwas von dem Geld, das wir für den Kaffee bekommen, sparen und für Zeiten zurück legen, in denen wir kein Geld verdienen", sagt die vierfache Mutter
25 Arminda Fernández López.

Der FEDECOCAGUA-Kaffee wächst im Hochland und ist von hervorragender Qualität. Der Verband kümmert sich nicht nur um Absatzmärkte und Marketing, sondern führt auch Kurse durch, z. B. um die Bauern zu beraten, wie man Ertrag und
30 Qualität des Kaffees steigern kann. Dies geschieht in den indianischen Sprachen, da die Bauern meist kein Spanisch sprechen. Bei den Kursen achtet FEDECOCAGUA darauf, dass sowohl Männer als auch Frauen daran teilnehmen, damit die Frauen an diesem Wissen direkt teilhaben können.

35 Die Kooperative hat viel vor in den nächsten Jahren: Die Schule soll ausgebaut werden und sie wollen unbedingt einen Fußballplatz anlegen, „damit die Kinder sinnvoll beschäftigt sind", wie Letitia erklärt. Vor
40 allem aber wollen sie investieren. So haben sie u. a. daran gedacht, Kühe zu züchten. „Um all das, was wir vorhaben, umsetzen zu
45 können, brauchen wir noch viel mehr Mitglieder. Es ist ein gutes Gefühl, dass die Farm auch unsere Kinder ernähren wird", sagt Letitia.

Fuente: GEPA – The Fair Trade Company, 2006 (fragmentos simplificados)

b ¿Creéis que el comercio justo puede ser la solución al problema? ¿Cuáles son las ventajas y desventajas *(Vor- und Nachteile)*? Formad frases con las expresiones de la casilla. Cuidado con el modo de los verbos (subjuntivo e indicativo).

- (No) creo / pienso que …
- (No) me gusta que …
- (No) me parece justo / importante / fácil / … / que …

9 Chicos de plástico

a Escuchad la canción y

1. apuntad cinco palabras que entendéis.

2. elegid entre estas fotos los objetos que, según lo que habéis entendido, tienen los jóvenes de la canción.

A

B

C

D

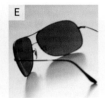
E

F

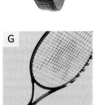
G

H

3. Elegid, además, tres adjetivos de la siguiente lista que os parecen describir adecuadamente a los jóvenes.

aburrido • serio • ridículo • rico • feliz • guapo • ambicioso • responsable • vago • amable • ambicioso • tolerante • generoso

b Leed el texto de la canción y comprobad vuestras respuestas.

1   Con un saco de Versace
    y un Cartier en la muñeca,
    con un Mercedes del año,
    regalos de papi y mami.
5   Con Boucheron en el cuello
    y unos Carrera en los ojos,
    con un jeans de Valentino
    él es un promo ambulante.
    Bastó para conquistarte
10   la pura tapicería.
    Bastó para disfrazarte
    la pura bisutería.

    A ver si cuando estén solos
    y ya no esté papi y mami
15   a la hora de estar desnudos
    los salva el señor Versace.

    Chicos de plástico (2 X)
    Cada oveja busca su pareja
    y se construyen su propia reja.
20   Chicos de plástico (2 X)
    Su amargura la pintan de alegría
    y viven una pesadilla.

    No es que esté malo estar bien
    si es que tú te lo has ganado.
25   Lo malo es ir presumiendo
    lo que tu papi te ha dado.
    Cuidado que entre la seda
    también cabe un papanatas.
    Cuidado que el caviar
30   también le gusta a las ratas.

    Chicos de plástico…

Música y letra: Ricardo Arjona, © Arjona Musical; Sony / ATV Music Publishing (Germany) GmbH, Berlin (fragmento)

c ¿Por qué llama el autor «chicos de plástico» a jóvenes como los de la canción? ¿Qué quiere decir con esta expresión?

d Elegid uno de los siguientes ejercicios:

1. El cantante Ricardo Arjona es de Guatemala y los «chicos de plástico» que describe en su canción viven en este país. Comparad sus vidas con la de uno de los jóvenes del texto «Nuestros derechos» de la página 88 o con los hijos del jornalero del ejercicio 7.

2. ¿Estáis de acuerdo con la canción que es malo ir presumiendo (l. 25)? Explicad vuestra opinión.

3. Discutid las últimas cuatro líneas de la canción.

1 **un saco** eine (Anzug-)Jacke – 2 **una muñeca** ein Handgelenk – 5 **el cuello** der Hals – 8 **un promo ambulante** ein wandelndes Werbeplakat – 9 **conquistar** erobern – 10 / 12 **la tapicería / la bisutería** *hier:* schöner Schein – 11 **disfrazarse** sich verkleiden – 15 **desnudo, -a** sin ropa – 16 **salvar** retten – 18 **cada oveja busca su pareja** Gleich und Gleich gesellt sich gern – 19 **construir** bauen, errichten – **una reja** ein Gitter, ein Zaun – 21 **la amargura** die Verbitterung, die Traurigkeit – 22 **una pesadilla** ein Alptraum – 25 **presumir** prahlen, protzen – 27 **la seda** die Seide – 28 **un papanatas** ein Dummkopf

10 Latinoamérica en el supermercado

Mirad las siguientes fotos de productos que importa Alemania.

a ¿Qué pensáis?: ¿Cuáles de los productos vienen en parte de países latinoamericanos?
Apuntad vuestras suposiciones *(Vermutungen)*.

A el café

B camisetas

C el chocolate

D aguacates *(m.)*

E flores *(f.)*

F piñas *(f.)*

G la carne de vaca

H gambas *(f.)*

I el cardamomo

b Comprobad vuestros resultados: mirad en casa, por ejemplo la información en las
latas de conservas *(Konservendosen)* y los adhesivos *(Aufkleber)* de productos frescos,
o id a un supermercado y leed la información junto a los productos. Completad vuestros
apuntes del ejercicio 10a. Si en vuestra búsqueda encontráis más productos latinoamericanos, apuntadlos también.

⚊ **11** Así es Guatemala

Acabáis de aprender mucho sobre Guatemala. Resumid la información de la siguiente forma:

a Presentad a vuestros compañeros los resultados de los ejercicios opcionales que habéis hecho en esta unidad. Trabajad en grupos: buscad a los compañeros y las compañeras que han hecho el mismo ejercicio que vosotros, poneos de acuerdo *(einigt euch)* sobre la información más importante del ejercicio y preparad una presentación de unos 2 ó 3 minutos.

b Haced una red de ideas e información sobre Guatemala.

c Preparad un juego sobre Guatemala. Usad no sólo lo que acabáis de aprender en esta unidad, pensad también en lo que habéis aprendido en las unidades anteriores *(den vorhergehenden Lektionen)*.

1. Escribid tres preguntas sobre cada uno de los siguientes temas:
   – la geografía del país
   – cosas que hay que ver o hacer
   – la población
   – problemas del país
   Usad tarjetas de diferentes colores para cada tema. Escribid también las soluciones.

2. Decidid la forma que va a tener vuestro juego: juego de mesa *(Brettspiel)*, juego con respuestas múltiples, …

3. Explicad las reglas del juego.

4. Dad vuestro juego a otro grupo y jugad con su juego.

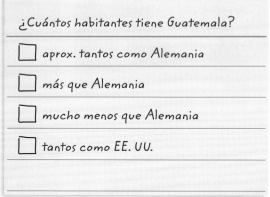

¿Cuántos habitantes tiene Guatemala?

☐ aprox. tantos como Alemania

☐ más que Alemania

☐ mucho menos que Alemania

☐ tantos como EE. UU.

Hacer un juego

tirar los dados	würfeln
mover la ficha	den Spielstein bewegen
avanzar dos / tres / … casillas	zwei / drei / … Felder vorrücken
ir … casillas atrás	… Felder zurückgehen
volver a la casilla anterior	auf das Ausgangsfeld zurückgehen
pasar un turno	eine Runde aussetzen
tomar una tarjeta del montón	eine Karte vom Stapel nehmen
la salida	der Start
la llegada	das Ziel

Ya sé en español . . .

- hablar sobre un tema: *ver p. 110*
- hablar sobre un país, su paisaje, sus monumentos, etc.: *ver p. 56, 66 y 113*
- organizar el trabajo: *ver p. 50*
- discutir y valorar: *ver p. 50 y 98*

12 Popol Vuh

El Popol Vuh es una leyenda maya que cuenta cómo los dioses Gucumatz y Huracán
crearon la tierra y los hombres.

A

B

C

D

retirarse	sich zurückziehen	el barro	der Schlamm, der Lehm
surgir	auftauchen	la madera	das Holz
el venado	der Hirsch, das Wild	un diluvio	eine Flut
una pata	ein Fuß, eine Pfote	destruir algo	etw. zerstören
un pájaro	ein Vogel	un mono	ein Affe
multiplicarse	sich vermehren	una mazorca	ein Maiskolben
un castigo	eine Strafe	nublar algo	etw. trüben

a Mirad el vídeo o escuchad el texto del cedé e intentad comprender lo que pasa. No os paréis en
palabras que no conocéis: las ilustraciones os ayudan a entender todo lo importante. En la casilla
encontráis, además, algunas palabras útiles.

b Contestad las siguientes preguntas con vuestras palabras:
1. ¿Cómo nació el mundo según el Popol Vuh?
2. ¿Cuántas veces intentaron los dioses hacer a los hombres?
   ¿Qué no les gustó de sus primeros intentos?
3. ¿Con qué hacen los dioses a los hombres según esta leyenda?

c Explicad lo que os gusta en esta película.

d Preparad la presentación de la leyenda maya con ayuda del vídeo sin tono.

e ¿Conocéis otro mito sobre la creación del mundo y de los hombres? Explicad en clase qué cosas
son iguales o diferentes a la leyenda maya.

⊚ Los mayas: una cultura perdida en la selva

Golfo de México

Mayapún — Chichen Itzá — Uxmal — Tulum — **MAYAS** — Piedras Negras — Palenque — Tikal — **BELICE** — **MÉXICO** — Bonampak — **GUATEMALA** — Copán — **HONDURAS** — OCÉANO PACÍFICO — EL SALVADOR

1 La selva guatemalteca esconde uno de los misterios más grandes del continente americano: la cultura maya. Ciudades abandonadas con gigantescas pirámides, templos y palacios que alguna vez fueron centro de 5 una cultura muy desarrollada.

Los mayas son una cultura muy antigua que apareció hace 3000 años. Vivían en Centroamérica, en un territorio más grande que Alemania y Austria juntas. Tenían ciudades grandes, algunas de ellas con 50.000 habitantes. En esa 10 época ciudades europeas como París y Londres no tenían tantos habitantes y Madrid era sólo un pequeño pueblo. Las ciudades mayas, además, tenían edificios impresionantes que han desaparecido entre los árboles y plantas de la selva. Descubrirlos es un trabajo muy difícil, pero los arqueólogos no se desaniman. 15

La cultura maya es hasta hoy prácticamente desconocida, sólo sabemos algunas cosas: los mayas comían maíz, chile y calabaza. También se casaban muy jóvenes: las chicas cuando tenían 14 y los chicos a partir de los 18. Tenían muchos dioses y realizaban sacrificios humanos para no 20

5 **desarrollado, -a** entwickelt – 6 **aparecer (-zco)** erscheinen – 8 **Austria** Österreich – 12 **impresionante** beeindruckend – 13 **un árbol** ein Baum – **una planta** eine Pflanze – 15 **desanimarse** den Mut verlieren – 18 **una calabaza** ein Kürbis – 20 **un sacrificio humano** ein Menschenopfer – 23 **una piedrita** ein Steinchen

enfadar a la naturaleza. Algunos mayas tenían una idea de
«belleza» muy rara. Claro, rara para nosotros: cambiaban la
forma de sus dientes y les ponían piedritas de colores.

25 Eran muy buenos matemáticos: ya calculaban con la cifra
0 que los europeos no conocieron hasta el siglo XII (¡y eso
gracias a los árabes que la habían traído de la India!).
Su calendario (basado en las fases de Venus y la Luna) era
mucho más exacto que el calendario europeo de la época
y tan exacto como el que usamos actualmente.

30 Pero hacían cosas que también hacemos nosotros ahora:
por ejemplo, los mayas ya tomaban chicle o chocolate.
El chocolate era tan importante para ellos que incluso
usaban los granos de cacao como una forma de moneda.
También tenían un juego de pelota, algo parecido

35 al fútbol, pero mucho más difícil, que podía durar días.
¡¡¡Imagínate meter la pelota por ese agujero sin usar
las manos!!!

Pero otras cosas son un gran misterio, por ejemplo: ¿cómo
calculaban los mayas con tanta exactitud las fases de Venus

40 y de la Luna? ¿O por qué en su mejor época (250–900 d. C.)
decidieron abandonar sus ciudades? ¿Por qué abandonaron
miles de personas sus casas? Según algunos investigadores
los mayas creían que los dioses creaban el mundo de nuevo
cada 52 años y por eso cada 52 años intentaban iniciar

45 también ellos una nueva vida en otro lugar. Otros dicen
que los campesinos se rebelaron e hicieron muchas guerras.
Según otra teoría en algunas ciudades hubo meses de
sequía y esto obligó a la población a irse a lugares de mejor
clima. Cuando llegaron los españoles al territorio maya, casi

50 todas las grandes ciudades ya estaban vacías.

Es tan difícil saber lo que pasó porque cerca del año 830
los mayas dejaron de escribir sobre su historia. ¿Dónde que-
daron las cosas que escribieron? Algunos de sus códices se
perdieron durante la Conquista. Otros llegaron hace muchísimos años a Europa y llevan el nombre de la ciudad en la 55
que actualmente se encuentran:
Códice Madrid, Códice Dresde y Códice
París.

Lo que hace especial a esta cultura
es que todavía existe. Sí, actualmente 60
hay 6 millones de mayas en México,
Guatemala, Honduras y Belice. Muchos
de ellos han mezclado su cultura con
la europea, pero otros se sienten
exclusivamente mayas y hablan con 65
orgullo su lengua. Actualmente los
gobiernos de Guatemala y México
tienen muchos proyectos para que
esta cultura no desaparezca.

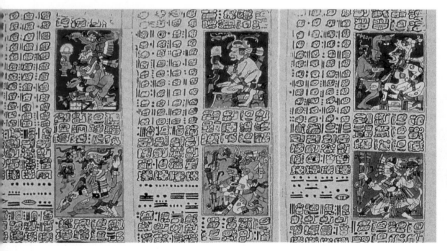

---

25 **un siglo** ein Jahrhundert – 27 **la Luna** der Mond – 31 **el chicle** der Kaugummi – 33 **un grano** eine (Kakao-)Bohne – **una moneda** eine Währung – 34 **una pelota** ein Ball – 36 **un agujero** ein Loch – 43 **un investigador** ein Forscher – 46 **un campesino** ein Kleinbauer – 48 **la sequía** die Dürre – 53 **un códice** eine Handschrift – 54 **la Conquista** die Eroberung – 66 **con orgullo** stolz

1 Una cultura misteriosa

✎ **a** Leed el texto y completad la siguiente tabla en vuestro cuaderno.

¿Qué cosas sabemos de los mayas?	¿Qué cosas no sabemos todavía?

b Contestad estas preguntas con ayuda del texto y de la tabla del ejercicio 1a.

1. ¿Por qué son famosas las antiguas ciudades mayas?
2. ¿Por qué es difícil para los arqueólogos estudiar esta cultura?
3. Según el texto, ¿qué comían los mayas?
4. ¿Como era la cultura maya cuando llegaron los españoles?
5. ¿Cuántos mayas viven hoy en día y dónde?

2 El chocolate

✎ **a** Aquí tenéis información sobre el chocolate. Escribid con ella un artículo sobre la historia del chocolate. Poned los verbos en la forma adecuada de pasado. Para estructurar el texto usad palabras como *entonces, en aquel momento, como, por eso, porque, aunque, sin embargo, etc.*

1. Para los mayas el chocolate es algo especial.
2. Todos los años hacen una fiesta del chocolate en abril.
3. Los mayas no comen el chocolate, ellos lo beben.
4. Según los mayas el chocolate no es adecuado para las mujeres y los niños. Sólo lo beben los hombres de la nobleza[1].
5. Los mayas mezclan el chocolate con chile. A los primeros españoles no les gusta porque les parece muy picante.
6. Los españoles le echan azúcar y vainilla al chocolate y el chocolate se hace muy famoso en España.
7. Para los alemanes, al principio, el chocolate es una medicina. Lo venden en farmacias.
8. En 1829 abren en Suiza[2] la primera fábrica de chocolate.
9. Hoy en día comemos chocolate en todo el mundo.

b No sólo el chocolate ha venido de América. Otros muchos alimentos *(Lebensmittel)* han llegado a Europa. Elegid uno de los siguientes alimentos y buscad en pequeños grupos información sobre él. Después haced una presentación en clase.

A

1. la vainilla

B

2. el tomate

C

3. el maíz

D

4. el pimiento

E

5. el cacahuete

---

[1] **la nobleza** der Adel – [2] **Suiza** die Schweiz

3 Juego de pelota *(Ballspiel)* (§§ 13–15, 20)

El juego de pelota era muy popular entre los mayas. Con la siguiente información escribid las reglas del juego. Usad el imperativo o expresiones como «es necesario que…» y «es importante que …».

Reglas:
1. jugar en un patio con forma de «I»
2. poner un aro[1] a unos 3 metros de altura en una pared
3. no hacer equipos de más de siete jugadores
4. jugar con una pelota[2] de unos tres o cuatro kilos
5. meter la pelota por el aro
6. no usar las manos ni los pies[3]
7. no dejar caer la pelota al suelo

4 De viaje por Guatemala

a En estas últimas lecciones habéis aprendido muchas cosas sobre Guatemala. Imaginad que queréis pasar las vacaciones en Guatemala y estáis preparando el viaje. Para eso:

- pensad qué lugar o lugares vais a visitar. Pueden ser lugares que conocéis de estas lecciones o buscad algo en el mapa de Guatemala de la página 112.
- buscad información sobre estos lugares y apuntad la información más importante.
- pensad cuándo vais a ir y qué queréis hacer allí.

Presentad a la clase vuestro viaje.

b Imaginaos que estáis haciendo el viaje que habéis planificado en el ejercicio 4a. Preparad un diario de viaje en el que contáis las siguientes cosas:

- qué cosas habéis hecho, qué estáis haciendo ahora y las cosas que os faltan por hacer.
- qué os llama la atención.
- qué cosas os gustan más y cuáles os gustan menos.

5 Perdidos (§§ 13–15, 20)

Elegid uno de los siguientes ejercicios:

1. Durante una excursión por la selva os habéis perdido *(ihr habt euch verirrt)*. Pensad qué cosas tenéis que hacer para sobrevivir *(überleben)*. Pensad por lo menos 15 cosas. Haced frases con ayuda de las expresiones de la casilla. Trabajad en pequeños grupos y al final comparad vuestras ideas con otro grupo con el mismo ejercicio.

• Creo que …	• Espero que …	• Es mejor que …	• Es necesario que …
• No creo que …	• Es difícil que …	• Está mal que …	• Es importante que …
• Me parece que …	• Es bueno que …	• Está bien que …	• *Imperativo*

2. Imaginad que estáis en Guatemala y allí vivís una pequeña aventura: durante una visita a las ruinas mayas habéis pasado por la puerta del tiempo y ahora os encontráis en la época de la cultura maya. Escribid un pequeño texto y contad vuestra aventura.

---

[1] **un aro** ein Ring – [2] **una pelota** ein Ball – [3] **un pie** ein Fuß

Glosario cultural

España

▪ Lugares, monumentos y otros temas

Albaicín → U4

Barrio de la ciudad de ↑ Granada. Es Patrimonio de la Humanidad. La influencia árabe la vemos todavía hoy en día en la arquitectura de sus calles y de numerosos monumentos. También hay edificios renacentistas.

Alhambra → U4

Residencia de los reyes árabes del reino de ↑ Granada entre los siglos XIII y XV. La Alhambra es uno de los monumentos de arte árabe más conocido en todo el mundo. Cada año recibe cientos de miles de visitantes.

Almuñécar → U4

Lugar en la costa de la provincia de ↑ Granada. Es un centro turístico muy importante. Ahí también crecen frutas exóticas como el mango y el kiwi.

Andalucía → U4

Comunidad autónoma con más habitantes de España y la segunda más grande. Su capital es ↑ Sevilla. Está en el sur de la Península Ibérica. Por su buen clima y sus playas es una zona de mucho turismo. Además, Andalucía tiene una larga historia, muy marcada por la cultura árabe, con interesantes ciudades como Córdoba o ↑ Granada. La agricultura tiene mucha importancia en Andalucía, por ejemplo el aceite de oliva, frutas y verduras, como pimientos y tomates. Entre los lugares turísticos más famosos están la Mezquita de Córdoba, la ↑ Alhambra y la catedral de Sevilla. De Andalucía son personas muy famosas como Federico ↑ García Lorca, Pablo Picasso o Antonio ↑ Banderas.

Ateneo de Madrid → U3

Institución cultural y privada. Nació en 1835. El Ateneo tiene una gran biblioteca y ofrece muchas actividades culturales en diferentes campos: Artes Plásticas, Ciencia y Tecnología, Literatura, Música, Fotografía, Cine, Filosofía, Farmacia, Yoga, etc.

Benalmádena → Un paso más 2

Lugar de la Costa del Sol en Málaga. Una de sus principales actividades es el turismo: tiene muchísimos hoteles, campos de golf, discotecas y museos de arte entre otras cosas.

Casa de Campo → U3

Parque público de ↑ Madrid. Está al oeste de la ciudad y es el mayor de la ciudad: tiene 1.722,60 hectáreas. Antes era sólo para los reyes, pero ahora es del pueblo de Madrid y todo el mundo puede dar un paseo por allí. En él hay un parque zoológico y muchas instalaciones deportivas.

Cibeles → U3

Fuente de Madrid del año 1782 y uno de los símbolos de la ciudad. Allí los aficionados del Real Madrid hacen una fiesta cuando su equipo gana.

Complutense, Universidad → U3

Universidad de ↑ Madrid desde el año 1499. Hoy en día la Complutense es la universidad más grande de España con casi 100.000 estudiantes. Tiene una de las bibliotecas más importantes de España y los

estudiantes pueden elegir prácticamente todos los estudios.

Comunidad de Madrid   → U1
Comunidad autónoma en el centro de la Península Ibérica. Tiene más de 6 millones de habitantes. Aquí se encuentra la ciudad de ↑ Madrid.

Costa Tropical   → U3
Zona de costa en el sur de España, también conocida como «Costa Granadina». Está a 60 km de ↑ Sierra Nevada. Es un lugar único en Europa, porque por su clima hay todo el año frutas tropicales. Además, en esta zona la gente puede practicar los deportes acuáticos también en invierno.

Doñana   → Un paso más 2
Parque Natural que está en ↑ Andalucía y es el mayor parque natural de Europa. Es importante porque aquí viven muchísimas aves, como los flamencos, y también otros animales.

Flamenco   → Un paso más 2
Género musical típico de ↑ Andalucía. Su origen es muy antiguo y nace como mezcla de otros estilos musicales populares de gitanos, árabes y judíos. El flamenco es muy rico y su ritmo muy complicado. Hay diferentes ritmos y para cada uno de ellos hay un baile diferente. Los bailes son muy expresivos y hay que mover todas las partes del cuerpo.

Fuengirola   → Un paso más 2
Lugar de la provincia de Málaga. Es muy pequeño, pero ahí viven muchas personas, cerca de 65.000 habitantes. 20 % son extranjeros, casi todos de otros países de Europa. Su clima es mediterráneo. Además, tiene 8 km de playas. Por eso el turismo es su principal actividad económica.

Generalife   → U4
Jardines de los siglos XII y XIV que se encuentran en ↑ Granada al lado de la ↑ Alhambra. Los reyes musulmanes usaban este lugar como residencia de verano. La UNESCO lo ha nombrado junto con la Alhambra Patrimonio de la Humanidad.

Granada   → U4
Ciudad de ↑ Andalucía y capital de la provincia del mismo nombre. Está al lado de ↑ Sierra Nevada. Fue la capital del último reino árabe en la Península Ibérica hasta el año 1492. De esa época tiene importantes monumentos de arte hispanomusulmán

como el palacio de la ↑ Alhambra. La ciudad tiene universidad y es un importante centro turístico y cultural.

Guadalquivir   → Un paso más 2
Río de la Península Ibérica. Es el quinto río más grande en España y pasa por Jaén, Córdoba y ↑ Sevilla. Tiene unos 675 km. Su nombre, de origen árabe, significa «río grande». Es el único río de España por el que pueden ir barcos. En él se encuentra el Parque Natural de ↑ Doñana.

Guadix   → Un paso más 2
Ciudad española en la provincia de Granada. Tiene unos 20.000 habitantes. La ciudad es famosa porque tiene más de 2000 casas-cueva. Además, hay en ella muchos monumentos, algunos de la época árabe, como su castillo.

Jarama, Circuito del   → U3
Pista de carreras de Fórmula 1 que está muy cerca de ↑ Madrid. Es del año 1967 y tiene 3.404 km de largo. Actualmente hay carreras de automóviles y motocicletas.

La Latina → U1

Barrio antiguo en el centro de ↑ Madrid. La Latina es uno de los lugares más multiculturales de Madrid porque ahí viven muchos inmigrantes y hay cafés, restaurantes y bares internacionales. La Latina también es conocida por su mercado de los domingos, el Rastro, donde encontramos de todo: comida, ropa, muebles, etc.

Lotería de Navidad → U3

Sorteo de Lotería muy popular en España. Esta lotería comenzó en Cádiz en 1812. «El Gordo» es el premio mayor. El día 22 de diciembre los niños del colegio San Ildefonso de ↑ Madrid cantan los números que tienen premio. Ese día en casi todas las casas y lugares públicos podemos escuchar a estos niños.

Madrid → U1

Capital de España desde el año 1561. Sólo entre 1601 y 1605 Valladolid fue la capital de España. Madrid tiene unos tres millones de habitantes y se encuentra en el centro geográfico de la Península Ibérica. Está a unos 670 metros sobre el nivel del mar y es la capital más alta de Europa. Es el centro político y económico de España. Madrid tiene uno de los museos más importantes del mundo: ↑ el Museo del Prado.

Moncloa, Palacio de la → U3

Residencia del Presidente del Gobierno de España y de su familia. Este palacio está muy cerca de la Universidad ↑ Complutense de ↑ Madrid. El palacio es del 1642 y era del Virrey del Perú, que era Conde de Moncloa; de ahí viene el nombre del Palacio. Moncloa es también el nombre del distrito donde se encuentra el Palacio.

Movida → U3

Movimiento cultural que nació después de la dictadura de Franco (1939-1975). En esta época hubo una especie de revolución cultural, porque los jóvenes empezaron a hacer una música y un cine que durante la dictadura no podían. La Movida nació en Madrid y después en otras ciudades españolas.

Motril → U1

Ciudad española en el sur de ↑ Granada. Tiene unos 60.000 habitantes. Está en la ↑ Costa Tropical. Por su clima subtropical es productor de caña de azúcar y frutas tropicales.

ONCE → U1

Organización Nacional de Ciegos Españoles. Es una organización que ayuda a personas ciegas a tener una educación y a encontrar un trabajo. Para financiar sus proyectos vende lotería (unos 75 millones de billetes al año).

Operación Triunfo → Unidad 2

Es un concurso de televisión en el que jóvenes intentan hacer una carrera musical. En el programa los jóvenes tienen clases para aprender a cantar y a bailar. Un grupo de expertos los examina y cada semana uno de ellos tiene que abandonar el programa. Cantantes conocidos como David Bisbal y Rosa empezaron en este programa.

Prado, Museo del → Un paso más 1

Uno de los mayores museos del mundo. Está en ↑ Madrid y abrió sus puertas en 1819. Tiene una colección de más de 5.000 obras. En este museo están casi todos los grandes pintores desde la Edad Media hasta el siglo XIX, por ejemplo, Velázquez, Goya, el Greco, Tiziano y Rubens entre otros.

Principales, los 40 → U3

Es uno de los programas de radio más famosos de España. Tiene cerca de 3.000.000 de oyentes. Los oyentes eligen cada sábado a sus cantantes y grupos favoritos y así hacen la lista de las mejores cuarenta canciones de la semana.

Puerta del Sol → Un paso más 1

Plaza en el centro de Madrid. Aquí está el kilómetro cero, donde empiezan las carreteras radiales españolas. También está el reloj que da las campanadas el 31 de diciembre, cuando los españoles toman las 12 uvas de la suerte. Esto sale en la televisión.

Palacio de Carlos V → U4

Palacio renacentista que está en la ↑ Alhambra. El emperador Carlos V lo mandó hacer en 1527, pero nunca lo terminó ni vivió en él. Desde 1958 está allí el Museo de Bellas Artes de Granada.

Reconquista (722 – 1492) → U4

Periodo de la historia española en el que los reinos cristianos del norte lucharon contra los árabes que habían entrado en la Península Ibérica en el año 711. La Reconquista terminó en 1492 con la toma de ↑ Granada por parte de los ↑ Reyes Católicos.

Reina Sofía, Museo Nacional
Centro de Arte → Un paso más 1

Museo de arte moderno que abrió sus puertas en 1990. En 2005 el museo abrió un edificio más para enseñar toda su colección de arte. El cuadro más famoso es el *Guernica* de Picasso.

Retiro, Parque del → U2

Parque de ↑ Madrid. Los jardines son del siglo XVII, pero desde entonces han tenido varios cambios. En este parque se encuentran muchos monumentos como el Palacio de Cristal, el Palacio de Velázquez e, incluso, un lago pequeño. Hoy en día es uno de los lugares preferidos de los madrileños, donde van a pasear, a practicar deporte, o a participar de la oferta cultural, las exposiciones de los museos y los espectáculos de artistas callejeros.

Realejo → U4

Barrio de ↑ Granada. En este barrio vivían los judíos de la ciudad hasta el año 1492. Actualmente en este barrio está el Centro de Lenguas Modernas de la Universidad de Granada.

Sacromonte → U4

Barrio de ↑ Granada. Se encuentra enfrente de ↑ la Alhambra y al lado del ↑ Realejo. Sacromonte es conocido por sus fiestas de Semana Santa. También hay aquí las famosas casas-cueva, donde hay espectáculos de ↑ flamenco.

Sevilla → Un paso más 2

Capital de ↑ Andalucía y la cuarta ciudad más grande de España. Tiene unos 700.000 habitantes. Durante el Imperio español tenía el monopolio para el comercio de las colonias y fue una ciudad riquísima. De esa época tiene muchos palacios e iglesias. Allí está también la mayor catedral gótica del mundo. Hoy en día es el centro cultural y económico del sur de España.

Sierra Nevada → U4

Montañas en ↑ Andalucía. Normalmente tienen nieve desde noviembre hasta mayo.
Allí se encuentra el Mulhacén, de 3.480 m, la montaña más alta de la Península Ibérica. En Sierra Nevada hay, además, un parque nacional y la estación de esquí más al sur de Europa, Pradollano.

Siglo de Oro → Un paso más 1

Periodo importantísimo de la cultura española, entre el Renacimiento del siglo XVI y el Barroco del siglo XVII. De este periodo son los pintores ↑ Velázquez o el Greco, y autores como ↑ Miguel de Cervantes, autor de *Don Quijote*, y Lope de Vega, famoso escritor de obras de teatro.

Tarifa   → Un paso más 2
Ciudad de la provincia de Cádiz. Es la ciudad más al sur del continente europeo. Tarifa es famosa internacionalmente por los deportes acuáticos: es la capital europea del windsurf y el kitesurf, porque, gracias a su viento, es una zona ideal para practicar estos deportes.

Thyssen-Bornemisza, Museo   → Un paso más 1
Museo de arte que tiene cerca de mil obras. Eran de la familia Thyssen-Bornemisza, y más tarde las compró el Gobierno español. El museo abrió en 1992 sus puertas y es junto con el Museo del Prado y el Museo Nacional Centro de Arte Reina Sofía uno de los museos más importantes de Madrid. En el museo hay obras de arte del siglo XIII al XX.

Torre España   → U3
Edificio de comunicaciones de ↑ Madrid. Es una torre de 220 metros de altura. También es conocida como «Pirulí», que es un tipo de caramelo.

■ Personajes

Banderas, Antonio (*Málaga 1960)   → U3
Actor español. Comenzó a trabajar como actor de

teatro en ↑ Madrid a los 19 años. Ha participado en películas de Hollywood como *Entrevista con el vampiro*, *Evita* o *Desperado*. Además, ha trabajado como director de dos películas, *Locos en Alabama* y *El camino de los ingleses*. Ha recibido importantes premios y en España es muy famoso y querido.

Boabdil   → U4
(*1452 Granada – † 1528 Fez, Marruecos)
Último Rey de Granada. Fue rey de Granada después de luchar contra su propio padre. En 1492 perdió la guerra conta los reyes Católicos y tuvo que abandonar España.

Colón, Cristóbal   → U4
(*1451 Génova – † 1506 Valladolid)
Personaje muy importante en la historia mundial. Colón buscaba un nuevo camino hacia la India. ↑ Isabel la Católica le dio el dinero para hacer su viaje. Colón descubrió América en 1492. Hizo tres viajes más. En ellos visitó lo que ahora es Puerto Rico y Centroamérica. Pero siempre pensó que había llegado a la India.

Cervantes Saavedra, Miguel de
(*1547 Alcalá de Henares – † 1616 Madrid)   → U3
Famoso escritor español del ↑ Siglo de Oro. Fue soldado y llevó una vida llena de aventuras. Escribió poesía, obras de teatro y novelas. La más famosa es *Don Quijote de la Mancha*, una de las obras más importantes de la literatura universal.

Isabel la Católica (*1451 Madrigal de las Altas Torres – † 1504 Medina del Campo)   → U4
Reina de Castilla y León desde 1474 hasta 1504 (↑ Reyes Católicos).

García Lorca, Federico
(*1898 Fuentevaqueros – † 1936 Viznar)   → Un paso más 2
Poeta y autor de teatro nacido en la provincia de Granada. Es uno de los escritores más famosos del siglo XX. Algunas de sus obras más importantes son: *Romancero gitano*, *La casa de Bernarda Alba* y *Poeta en Nueva York*. Murió durante la Guerra Civil española.

Nebrija, Antonio de
(*1441 Nebrija – † 1522 Alcalá de Henares) → U4
Gramático español que nació en la provincia de Sevilla y que estudió durante muchos años el castellano. Estudió en Salamanca y después en Bolonia (Italia). En 1492 publicó su famosa *Gramática Castellana*, que fue la primera gramática de una lengua distinta al latín en Europa.

Reyes Católicos (Reinado de 1474 a 1516) → U4
Reyes de España: Isabel I de Castilla y Fernando V de Aragón, que reinaron durante treinta años y unieron los reinos de Castilla, Aragón, Granada y Navarra. Durante esta época hubo importantes acontecimientos:
– Ellos terminaron la ↑ Reconquista.
– Cristóbal ↑ Colón descubrió América.
– Los judíos tuvieron que abandonar España.
– Antonio de ↑ Nebrija escribió la primera gramática de la lengua española.

Velázquez, Diego de (*1599 Sevilla – † 1660 Madrid) → U3
Uno de los mayores pintores españoles. Nació en ↑ Sevilla y años más tarde se fue a vivir a ↑ Madrid donde trabajó como pintor de Felipe IV. Gran parte de su obra se encuentra en el Museo del ↑ Prado de Madrid. Su cuadro más famoso es *Las Meninas*.

América Latina

■ Lugares, monumentos y otros temas

Antigua → U3
Los españoles fundaron esta ciudad en 1543. Fue la capital de Guatemala hasta 1775. La UNESCO la nombró Patrimonio de la Humanidad en 1979. Durante la colonia fue una de las tres ciudades más hermosas del Nuevo Mundo. La ciudad es famosa por su arquitectura barroca y por sus fiestas de Semana Santa; por eso es una ciudad con muchos turistas. Además, muchos estadounidenses y europeos visitan Antigua para aprender castellano en alguna de sus muchas escuelas de lengua.

Atitlán → U3
Es el tercer mayor lago de Guatemala y desde 1955 es parque natural. Está rodeado por tres volcanes: el Atitlán, el Tolimán y el San Pedro. Gracias a la belleza de su naturaleza es una región turística importante.

Chichicastenango → U6
Región del centro de Guatemala con más de 100 000 habitantes. Aquí se encuentra la ciudad del mismo nombre. Es famosa porque aquí tiene lugar un gran mercado, uno de los mayores de Centroamérica. Es famosa también porque en esta ciudad encontraron el ↑ Popol Vuh.

Guatemala → U3
País de Centroamérica. Su capital es Ciudad de Guatemala, que es la ciudad más poblada actualmente en toda Centroamérica (3.900.000 habitantes). Su nombre viene del náhuatl y quiere decir «Territorio de muchos árboles». Guatemala fue parte del Imperio español hasta 1821. Tiene frontera con México, Belice, Honduras y El Salvador. Tiene muchas montañas y volcanes activos, playas turísticas y zonas arqueológicas como Tikal, donde antes estuvieron los mayas. El idioma oficial de Guatemala es el español, pero en algunos lugares ésta es la segunda lengua, ya que muchos hablan algún dialecto maya u otra lengua indígena. Guatemala es uno de los países más pobres, entre otras cosas, debido a una larguísima guerra civil.

Ixchel, Museo del Traje Indígena → U8
Desierto de Chile, cerca de la frontera con Perú, Bolivia y Argentina. Uno de los lugares más secos del mundo (¡hay sitios donde no ha llovido durante 40 años!) y con diferencias extremas de temperatura entre día y noche (por las noches las temperaturas pueden caer hasta bajo 0°). El desierto es rico en cobre y otros metales por lo que sus minas son también un factor económico importante.

Izabal → U8
Lago de Guatemala. Es el más grande del país. Tiene 18 metros de profundidad, 45 km de largo y 20 de ancho. En el lago hay gran variedad de peces y otros animales, como cocodrilos.

Popol Vuh → U8
Es un libro de la cultura maya en el que hay varias leyendas que explican el origen del mundo, de los hombres y de los diferentes fenómenos de la naturaleza. Este libro apareció en el año 1701 en la ciudad guatemalteca de ↑ Chichicastenango, aunque el libro es mucho más antiguo.

Reggaeton → U7
Ritmo latino que apareció en los noventa, tiene influencia del reggae de Jamaica, del hip hop, de la ↑ salsa y del merengue. Es un ritmo muy popular en

Latinoamérica, sobre todo entre los jóvenes. Su principal diferencia con el reggae es que el reggaeton (también reguetón o reggaetón) es más movido. El origen del reggaeton es desconocido; algunos dicen que es de Puerto Rico, pero otros que es de Panamá.

Salsa → U7

Ritmo de música latina conocido internacionalmente. Es posiblemente el ritmo latino más rápido de bailar. Una de sus cantantes más famosas fue Celia Cruz, quien llevó este ritmo por toda Latinoamérica y a los Estados Unidos. El gusto por la salsa ha llegado incluso a grupos de rock. Por ejemplo el grupo Coldplay sacó una versión salsa de su canción «Clocks».

Tikal → U8

Antigua ciudad maya y una de las más grandes de esta cultura. Las ruinas de esta ciudad son actualmente parte del Parque Nacional Tikal, que incluye 576 kilómetros cuadrados de selva tropical. La ciudad tiene 16 kilómetros cuadrados y en ella hay edificios construidos entre 200 a. C. y 869 d. C. Hay edificios muy variados, por ejemplo templos, palacios, estadios para el juego de pelota, plazas. El nombre de "Tikal" significa "Lugar de voces".

■ Personajes

Arjona, Ricardo (*1964 Jocotenango, Guatemala) → U8
Cantante y compositor guatemalteco muy famoso en España y Latinoamérica. Ha ganado varios premios internacionales como el Grammy Latino. Desde los ocho años se interesó por la música y aprendió a tocar la guitarra. Muchos años después grabó el disco «Jesús verbo, no sustantivo». Poco después participó en una telenovela mexicana como actor y consiguió grabar otros discos que no tuvieron mucho éxito. En

1996 publicó «Si el norte fuera el sur», un disco que muy pronto se volvió favorito de muchos jóvenes.

Che ↑ Guevara de la Serna, Ernesto

García Bernal, Gael (*1978 Guadalajara, México) → U2

Actor mexicano. Nació en Guadalajara, Jalisco (México). Los padres son también actores. Gracias a ellos comenzó a trabajar en el teatro desde niño. Después tuvo un papel importante en una telenovela mexicana. En 1997 comenzó sus estudios para ser actor en Londres. Entre sus películas más famosas están *Diarios de motocicleta* y *Babel*.

Guevara de la Serna, Ernesto → U2
(*1928 Rosario, Argentina – † 1967 La Higuera, Bolivia)
Ernesto Guevara de la Serna nació en 1928 en Argentina. Es conocido como "el Che". Estudió medicina en Buenos Aires. En 1955, mientras viajaba por diferentes países de América Latina, conoció a Fidel Castro y comenzó a trabajar como médico en la Revolución Cubana. Más tarde el Che participó en movimientos revolucionarios de África y Bolivia, donde murió. Es el revolucionario más famoso y su foto se encuentra en muchos objetos.

Juanes (*1972, Medellín, Colombia) → U5
Cantante colombiano. Su verdadero nombre es Juan Esteban Aristizábal. Comenzó a tocar con el grupo «Ekhymosis» cuando tenía 15 años. Más tarde empezó a cantar solo, aunque a veces también canta con otros cantantes, por ejemplo Shakira y Nelly Furtado. En sus canciones escribe sobre su país, su mujer y su hija. Tiene mucho éxito en todo el mundo.

Maná → U7
Grupo de música mexicano. El estilo de su música es una mezcla entre rock y música pop, aunque también tiene elementos de la música tradicional mexicana como el mariachi y también de otros estilos musicales como el reggae. Entre sus discos más conocidos están *¿Dónde jugarán los niños?*, *Cuando los ángeles lloran* o *Sueños líquidos*.

Vocabulario

Lektionsbegleitendes Vokabular und Signalgrammatik

Das *Vocabulario* enthält den Lernwortschatz aus allen Lektionen. Außerdem findet ihr hier Hinweise auf ähnliche Wörter aus anderen Sprachen, bereits bekannte spanische Wörter aus der gleichen Wortfamilie sowie Wörter mit der gleichen oder entgegengesetzten Bedeutung (Synonyme und Antonyme). Die farbig gedruckten Beispielsätze zeigen das Wort im Kontext, denn in einem sinnvollen Zusammenhang kann man sich neue Wörter besser merken. Nicht aufgeführt werden hier erschließbare Wörter, z. B. aus den Arbeitsanweisungen oder den Texten der *Mirada afuera*. Ihr könnt sie aber ggf. im *Diccionario* auf den Seiten 152–188 nachschlagen. In den gelben Übersichtskästchen wird die neue Grammatik jeder Lektion anhand von Beispielen verdeutlicht. Die Angabe *§ (+ Zahl)* verweist auf den entsprechenden Paragraphen im Grammatischen Beiheft.

Abkürzungen	
adj.	*adjetivo* (= Adjektiv)
adv.	*adverbio* (= Adverb)
col.	*coloquial* (= umgangssprachlich)
etw.	etwas
f.	*femenino* (= feminin, weiblich)
jdn.	jemanden
jdm.	jemandem
lat.am.	*latinoamericano* (= lateinamerikanisch)
m.	*masculino* (= maskulin, männlich)
pl.	*plural* (= Plural)
pron.	*pronombre* (= Pronomen)
sg.	*singular* (= Singular)
ugs.	umgangssprachlich

≣ Synonym   ⟺ Antonym   ⇒ Wortfamilie

D Deutsch   E Englisch
F Französisch   LAT Latein

Unidad 1

Primer paso: En el barrio La Latina

cobrar algo a alguien

jdm. etw. berechnen, von jdm. etw. verlangen
Der Kellner hat 4 Euro für das belegte Brötchen verlangt.

El camarero ha cobrado 4 euros por el bocadillo.

¿Me cobras?

Zahlen, bitte!

un billete de lotería
Paco compra todos los días un billete de lotería.

ein Lotterielos
Paco kauft jeden Tag ein Lotterielos.

un barra

eine Stange

una barra de pan
¡Compra dos barras de pan, por favor!

ein Baguette
Kauf bitte zwei Baguettes!

la paga
⇒ pagar
Mis padres me dan el viernes la paga.

das Taschengeld
⇒ zahlen
Meine Eltern geben mir freitags mein Taschengeld.

pedir (-i-/-i-) algo a alguien
Le he pedido el nuevo CD de Juanes.

jdn. um etw. bitten
LAT petere
Ich habe ihn um die neue CD von Juanes gebeten.

molar a alguien (col.)
Me mola mucho esta música.

jdm. sehr gefallen
Diese Musik gefällt mir sehr.

una gorra
Julián lleva una gorra del Real Madrid.

eine Kappe
Julián trägt eine Kappe von Real Madrid.

comenzar (-ie-) algo
≣ empezar (-ie-)

Hoy han comenzado las clases.

etw. anfangen, etw. beginnen
≣ anfangen, beginnen
F commencer
Heute hat die Schule begonnen.

ciego, -a
Es ciego y tiene un perro que lo ayuda.

blind
Er ist blind und hat einen Hund, der ihm hilft.

una churrería

ein Café (in dem Churros, eine Gebäckspezialität, verkauft werden)

Hemos desayunado en la churrería.

Wir haben in der Churrería gefrühstückt.

(estar) casado, -a
⇒ casarse
Jacinta está casada con Paco.

verheiratet (sein)
⇒ heiraten
Jacinta ist mit Paco verheiratet.

- **Hoy** he comido tortilla.
- **Esta mañana** he conocido a una chica muy guapa.
- **Nunca** he estado en Granada.
- ¿Has visto **ya** la película?

- **Ayer** comí tortilla.
- **En 1983** conocí a tu padre.
- **Hace dos años** estuvimos en Barcelona.
- **La semana pasada** fui al cine.

un ama (f.) de casa
Mi madre es ama de casa.

eine Hausfrau
Meine Mutter ist Hausfrau.

un quiosco
He comprado el periódico de hoy en el quiosco.

ein Kiosk
Ich habe die Zeitung von heute am Kiosk gekauft.

una peseta

eine Pesete (frühere spanische Währung)

el Banco de España
⇨ un banco

die spanische Nationalbank
⇨ eine Bank

mudarse
En verano nos mudamos a otra casa.

umziehen
Im Sommer ziehen wir in ein anderes Haus.

la fiebre

Está enfermo y tiene mucha fiebre.

das Fieber
Ⓔ fever Ⓕ la fièvre
Er ist krank und hat hohes Fieber.

una guardería

El bebé de 8 meses ya está en la guardería.

ein Kindergarten, eine Kinderkrippe
Das acht Monate alte Baby ist schon in der Krippe.

un guatemalteco, una guatemalteca
Los habitantes de Guatemala se llaman guatemaltecos.

ein Guatemalteke, eine Guatemaltekin
Die Einwohner von Guatemala heißen Guatemalteken.

cuidar a alguien
Cuando sus padres salen, él cuida a su hermano de dos años.

sich um jdn. kümmern
Wenn seine Eltern ausgehen, kümmert er sich um seinen zweijährigen Bruder.

un anciano, una anciana

Muchos ancianos cuidan a sus nietos.

ein Senior, ein alter Mann; eine Seniorin, eine alte Frau
Viele ältere Menschen kümmern sich um ihre Enkel.

Texto: El primer día

un colegio
Voy al mismo colegio que tú.

eine Schule
Ich gehe in die gleiche Schule wie du.

la Comunidad de Madrid

⇨ una comunidad autónoma

Madrid (als autonome Region)
⇨ eine autonome Region

un aula
Los alumnos no pueden estar en el aula durante el recreo.

ein Klassenzimmer
Die Schüler dürfen während der Pause nicht im Klassenzimmer sein.

la cara
El chico tenía una cara muy triste.

das Gesicht
Der Junge machte ein sehr trauriges Gesicht.

acercarse a algo / alguien
⇨ cerca de
Un perro se acercó a nosotros.

sich etw. / jdm. nähern
⇨ in der Nähe von
Ein Hund kam auf uns zu.

una provincia
La Comunidad de Madrid tiene sólo una provincia.

eine Provinz
Die autonome Region Madrid hat nur eine Provinz.

notar algo / a alguien

¿Has notado algo raro hoy en clase?

etw. / jdn. bemerken
Ⓔ to notice
Hast du heute im Unterricht etwas Seltsames bemerkt?

un acento
Ese chico tiene acento alemán.

ein Akzent
Dieser Junge hat einen deutschen Akzent.

- Yo **hablaba** por teléfono mientras tú **preparabas** la comida.
- Mi madre antes no **trabajaba**.
- **Pasábamos** todos los veranos en la costa.
- ¿Qué **pensabais** de los profesores?
- Mis padres siempre nos **llevaban** a la playa.

- Yo antes **vivía** en Andalucía.
- ¿**Veías** mucho a tu abuelo?
- Mi padre casi siempre me **traía** regalos.
- Los fines de semana siempre **hacíamos** excursiones.
- ¿**Conocíais** este restaurante?
- Antes los jóvenes no **salían** tanto.

una momia
Hemos visto muchas momias en el museo.

eine Mumie
Wir haben viele Mumien im Museum gesehen.

caber (1ª pers. quepo) en algo
La ropa no cabe en la maleta.

in etw. (hinein)passen
Die Kleidung passt nicht in den Koffer.

encender (-ie-) algo

etw. anschalten

un DVD
Acabo de encender el DVD.

eine DVD; ein DVD-Player
Ich habe gerade den DVD-Player angeschaltet.

una película
¿Has visto ya esa película?

ein Film
Hast du diesen Film schon gesehen?

acordarse (-ue-) de algo / alguien
≡ recordar (-ue-) algo
¿Te acuerdas de mi hermana?

sich an etw. / jdn. erinnern
≡ sich an etw. erinnern
Erinnerst du dich an meine Schwester?

como (Konj.)

Como es lunes, tenemos clase de inglés.

da, weil
Ⓕ comme
Da Montag ist, haben wir Englisch.

- **Como** no tenía hambre, no he comido.
- **Como** llueve, me quedo en casa.

no entender (-ie-) ni papa
En clase de inglés no
he entendido ni papa.

nur Bahnhof verstehen
Im Englisch-Unterricht
habe ich nur Bahnhof
verstanden.

un tomate

eine Tomate

enfadarse por algo
Se ha enfadado porque
he llegado tarde.

sich über etw. ärgern
Er / sie hat sich
geärgert, da ich zu
spät gekommen bin.

pasarlo bien
Lo hemos pasado muy
bien en el viaje.

Spaß haben
Wir hatten auf der
Reise sehr viel Spaß.

un timbre
Ha sonado el timbre y
la clase ha terminado.

eine Klingel
Es hat geläutet und der
Unterricht war zu Ende.

El pretérito imperfecto del verbo *ser* § 2

• El pueblo	**era**	pequeño.
• Tú	**eras**	un niño.
• Ella	**era**	preciosa.
• Nosotros	**éramos**	jóvenes.
• Vosotros	**erais**	muy tranquilos.
• Ellos	**eran**	muy atentos.

la sala de profesores
La sala de profesores
de nuestro colegio
es muy pequeña.

das Lehrerzimmer
Das Lehrerzimmer
unserer Schule
ist sehr klein.

romperse la cabeza
⇨ (estar) roto, -a
Me estoy rompiendo
la cabeza, pero no
encuentro la solución.

sich den Kopf zerbrechen
⇨ gebrochen, kaputt
Ich zerbreche mir den
Kopf, aber ich finde
die Lösung nicht.

intentar algo
Voy a intentar
terminar los deberes
antes de las ocho.

etw. versuchen
Ich werde versuchen
die Hausaufgaben vor
acht Uhr zu beenden.

funcionar
El coche está en el taller
porque no funciona.

funktionieren
Das Auto ist in der
Werkstatt, weil es
nicht funktioniert.

un aparato

ein Apparat, ein Gerät

cada vez más (+ adj. / subst.)

Las clases son cada
vez más difíciles.

immer (+ Steigerungsform des
Adj.), immer mehr (+ Subst.)
Der Unterricht ist / wird
immer schwieriger.

complicado, -a
≣ difícil
Los deberes de hoy son
muy complicados.

kompliziert
≣ schwierig
Die Hausaufgaben
von heute sind sehr
kompliziert.

malo, -a
Hoy mi perro ha
sido muy malo.

unartig, böse
Mein Hund war
heute sehr unartig.

antes
⇨ antes de
Antes vivíamos
en otra casa.

früher
⇨ vorher
Früher lebten wir in
einem anderen Haus.

distinto, -a
⇔ igual
Los chicos de ahora son
distintos a los de antes.

anders, unterschiedlich
⇔ gleich
Die Jugendlichen von
heute sind anders
als die von früher.

atento, -a

Antes los alumnos estaban
más atentos en clase.

aufmerksam
F attentif, -ive
Früher waren die
Schüler im Unterricht
viel aufmerksamer.

la tele
⇨ la televisión

das Fernsehen (Kurzwort)
⇨ das Fernsehen

(estar) loco, -a
¡Está loco! Sólo lleva una
camiseta en invierno.

verrückt (sein)
Er ist verrückt! Er hat im
Winter nur ein T-Shirt an.

tener loco, -a a alguien
El móvil tiene loco
a Enrique.

jdn. verrückt machen
Das Handy macht
Enrique verrückt.

positivo, -a

positiv

una tecnología
Las nuevas tecnologías
no sólo tienen un
lado positivo.

eine Technik, die Technologie
Die neuen Technologien
haben nicht nur eine
positive Seite.

una posibilidad

Hay muchas
posibilidades para
practicar deportes.

eine Möglichkeit
E possibility
F une possibilité
Es gibt viele
Möglichkeiten
Sport zu treiben.

una explicación
⇨ explicar algo a alguien

Has llegado tarde y tienes
que dar una explicación.

eine Erklärung
⇨ jdm. etw. erklären
F une explication
Du bist zu spät
gekommen und
musst eine Erklärung
dafür geben.

ni siquiera
No puedo ir al cine. Ni
siquiera tengo tres euros.

nicht einmal
Ich kann nicht ins Kino
gehen. Ich habe noch
nicht einmal drei Euro.

demasiado (adv.)
La camisa es
demasiado grande.
He comido demasiado.

zu (+ adj.), zuviel
Das Hemd ist zu groß.
Ich habe zuviel gegessen.

El pretérito imperfecto del verbo *ir* § 2

• En verano siempre	**iba**	a Sevilla.
• Todos los sábados	**ibas**	a casa de David.
• ¿Tomás	**iba**	siempre a jugar al fútbol?
• Muchas veces	**íbamos**	solos a la playa.
• Antes	**ibais**	a Barcelona.
• Mis primos	**iban**	conmigo al colegio.

bueno, -a
⇔ malo, -a

brav, gutmütig
⇔ unartig, böse
LAT bonus
F bon, bonne

El hermano de Lucía
es muy bueno.
Mirta es muy buena
y nunca se enfada.

Der Bruder von Lucía
ist sehr brav.
Mirta ist sehr gutmütig
und ärgert sich nie.

¡ánimo!	**nur Mut!**
—Mañana es mi primer día en la nueva escuela. —¡Ánimo! Todo va a ir bien.	Morgen ist mein erster Tag in der neuen Schule. Nur Mut! Alles wird gut gehen.
a por	**auf zu …**
¡A por ellos!	Auf zu ihnen!
un león	**ein Löwe**
Los leones no viven en la selva.	Löwen leben nicht im Urwald.
apagar algo	**etw. ausschalten**
⇔ encender (-ie-) algo Apaga la luz, por favor.	⇔ etw. anschalten Bitte mach das Licht aus.

el aspecto	**das Aussehen, das Äußere**
¡Qué aspecto tienes!	Wie siehst denn du aus!
un pendiente	**ein Ohrring**
Ahora muchos chicos quieren ponerse un pendiente.	Jetzt möchten viele Jungen einen Ohrring tragen.
una peli	**ein Film** (Kurzform)
⇨ una película ¡Es una peli buenísima!	⇨ ein Film Das ist ein wunderbarer Film!
unas tijeras	**eine Schere**
Con las tijeras ha cortado el periódico.	Mit einer Schere hat er die Zeitung zerschnitten.
reírse de algo / alguien	**über etw. / jdn. lachen**
Se han reído todos de mi ropa.	Alle haben über meine Kleidung gelacht.

Unidad 2

Texto: Todos me quieren tomar el pelo

tomar el pelo a alguien	**jdn. auf den Arm nehmen**
¿Por qué tu madre siempre me toma el pelo?	Warum nimmt deine Mutter mich immer auf den Arm?
un asunto	**ein Sachverhalt, eine Angelegenheit** (auch Betreff im Brief)
Tenemos que hablar de un asunto importante.	Wir müssen über eine wichtige Sache sprechen.
¡socorro!	**Hilfe!**
Desde el mar gritó un niño: ¡socorro!	Aus dem Meer schrie ein Kind: Hilfe!

Uso del pretérito imperfecto y del pretérito indefinido §5

• Julián **estaba** en casa y **comía** un bocadillo …	• … cuando de repente **sonó** el teléfono.
• Mientras **vivía** en Barcelona …	• … **conoció** a su novio.
• Yo **veía** una película …	• … cuando **entró** mi padre con la noticia.
• El lunes María no **tenía** tiempo.	• Por eso no me **ayudó**.

un / una colega (col.)	**ein Kumpel, ein Freund, eine Freundin**
Esta tarde voy al cine con mis colegas.	Heute Nachmittag gehe ich mit meinen Kumpels ins Kino.
crear algo	**etw. (er)schaffen**
	Ⓓ kreieren Ⓔ to create Ⓕ créer
El pintor creó una obra importantísima.	Der Maler schuf ein sehr wichtiges Werk.
un avatar	**ein Avatar**
un actor, una actriz	**ein Schauspieler, eine Schauspielerin**
Esa chica es una actriz famosa.	Dieses Mädchen ist eine berühmte Schauspielerin.

El verbo reír(se)

Me	**río**	
Te	**ríes**	
Se	**ríe**	de la película.
Nos	**reímos**	
Os	**reís**	
Se	**ríen**	

estar harto, -a de algo	**etw. satt haben**
Estoy harto de tener tanto trabajo.	Ich habe es satt, so viel Arbeit zu haben.
una broma	**ein Scherz**
La última broma del profesor es llamarme «león».	Der neueste Scherz des Lehrers ist es, mich „Löwe" zu nennen.
separarse de alguien	**sich von jdm. trennen**
Sus padres se separaron hace tres años.	Seine Eltern trennten sich vor drei Jahren.
un insti	**ein Gymnasium** (Kurzform)
⇨ un instituto Tengo muchos amigos en el insti.	⇨ ein Gymnasium Ich habe viele Freunde im Gymnasium.
un casting	**ein Casting**
esperar algo	**etw. hoffen**
	Ⓛᴬᵀ sperare Ⓕ espérer
Espero ir al cine el fin de semana.	Ich hoffe am Wochenende ins Kino zu gehen.
gran (delante del sust.)	**groß, großartig** (vor dem Subst.)
Casillas es un gran portero.	Casillas ist ein großartiger Torwart.
único, -a	**einzig**
Soy el único hijo de mis padres.	Ich bin das einzige Kind meiner Eltern.

Adjetivos que cambian de significado según la colocación §6

• Jaime se ha comprado un <u>coche</u> **nuevo**.	• No conozco al **nuevo** <u>profesor</u> de inglés.
• Es ese país vive mucha <u>gente</u> **pobre**.	• Es un **pobre** <u>hombre</u>. Tiene muy mala suerte.

un cartel ¿Has visto el cartel de la película?	**ein Plakat** Hast du das Filmplakat gesehen?
mandar (algo a alguien) Aquí mando yo. Me han mandado hacer los deberes.	**jdm. etw. befehlen; das** **Sagen haben** LAT **mandare** Hier habe ich das Sagen. Man hat mir befohlen meine Hausaufgaben zu machen.
un chaval, una chavala Hay un chaval nuevo en clase.	**ein Junge, ein Bursche, eine** **junge Frau** Es gibt einen neuen Jungen in der Klasse.
cortar algo ¿Cuándo te vas a cortar el pelo?	**etw. (ab-)schneiden** Wann wirst du dir das Haar schneiden (lassen)?
por Todos se han reído por mi pendiente nuevo.	**wegen** Alle haben wegen meines neuen Ohrrings gelacht.
vago, -a Es un vago. Nunca quiere trabajar.	**faul; ein Faulpelz** Er ist ein Faulpelz. Er will nie arbeiten.

Unidad 3

Texto: Conversación de vecinos

un café Mi padre siempre desayuna café y un bocadillo.	**ein Kaffee** Mein Vater frühstückt immer Kaffee und ein belegtes Brötchen.
un churro ⇨ una churrería	*frittiertes Spritzgebäck*
la Navidad ⇨ las Navidades La Navidad es la fiesta que más me gusta.	**(das) Weihnachten** ⇨ die Weihnachtszeit Weihnachten ist das Fest, das ich am liebsten mag.
un décimo ⇨ décimo, -a Me han regalado un décimo de lotería.	**ein Losanteil** ⇨ zehnte, -r, -s Ich habe einen Losanteil geschenkt bekommen.
una terminación ⇨ terminar Han ganado los números con terminación en 7.	**eine Endung** ⇨ zu Ende gehen Die Zahlen mit der Endziffer 7 haben gewonnen.
seguro *(adv.)* Seguro que llego tarde.	**sicher** *(adv.)* Ich werde sicher spät kommen.
tocar a alguien ⇨ tocar (un instrumento) A Pedro le ha tocado la lotería. Me toca a mí.	**gewinnen, drankommen** ⇨ (ein Musikinstrument) spielen Pedro hat in der Lotterie gewonnen. Ich bin dran.

optimista Juan es muy optimista. Siempre piensa que todo va a acabar bien.	**optimistisch** Juan ist sehr optimistisch. Er denkt immer, dass alles gut endet.
llevar *(+ Zeitraum)* *(+ gerundio)* Julián lleva viviendo seis meses en Madrid.	**etw. schon seit** *(+ Zeitraum)* **tun** Julián lebt seit sechs Monaten in Madrid.

Perífrasis verbales con gerundio	§7
• Mientras tú haces la maleta, yo **voy comiendo**. • Ha llovido mucho, pero ahora poco a poco **va saliendo** el sol.	• **Lleva estudiando** inglés más de cinco años. • Sus padres **llevan alquilando** esa casa muchos años.

rodar (-ue-) Aquí ruedan una película.	**drehen** *(Film)* Hier drehen sie einen Film.
curioso, -a Es muy curioso; siempre quiere saber qué pasa.	**neugierig** E curious D curieux Er ist sehr neugierig; immer will er wissen, was los ist.
un matrimonio Nuestros vecinos son un matrimonio alemán.	**ein Ehepaar** Unsere Nachbarn sind ein deutsches Ehepaar.
sin embargo No hace frío, sin embargo, llevad el abrigo.	**dennoch** Es ist nicht kalt, aber nehmt dennoch den Mantel mit.
una escuela ⊟ un colegio En el barrio hay una escuela nueva.	**eine Schule** ⊟ eine Schule F une école In dem Viertel gibt es eine neue Schule.
una información Estamos esperando información sobre el accidente.	**eine Information** Wir warten auf Informationen über den Unfall.
participar en algo Quiero participar en las clases de alemán.	**an etw. teilnehmen** F participer Ich möchte am Deutschunterricht teilnehmen.
un diálogo Los alumnos han escrito un diálogo entre la chica y su padre.	**ein Dialog** Die Schüler haben einen Dialog zwischen dem Mädchen und ihrem Vater geschrieben.
incluso En Motril hace calor incluso en invierno.	**sogar** In Motril ist es sogar im Winter warm.
hasta que ⇨ hasta He esperado hasta que ha llegado mi madre.	**bis** *(Konj.)* ⇨ bis *(Präp.)* Ich habe gewartet, bis meine Mutter gekommen ist.
hacerse *(+ adj.)* Su hijo se ha hecho muy mayor.	*(Adj. +)* **werden** Ihr Sohn ist sehr erwachsen geworden.

un corto
Antes de la película han puesto un corto.

ein Kurzfilm
Vor dem Film haben sie einen Kurzfilm gezeigt.

un / una estudiante
⇨ estudiar algo

El chico es estudiante en la Universidad de Salamanca.

ein Student, eine Studentin
⇨ etw. studieren, etw. lernen
Der Junge studiert an der Universität Salamanca.

una docena
⇨ doce
Ve al supermercado y compra una docena de huevos, por favor.

ein Dutzend
⇨ zwölf
Geh bitte zum Supermarkt und kauf ein Dutzend Eier.

alquilar algo a alguien

Han alquilado un piso en la playa.

etw. mieten; jdm. etw. vermieten
Sie haben eine Wohnung am Strand gemietet.

Andalucía (f.)
⇨ un andaluz, una andaluza
Andalucía es la comunidad autónoma de España con más habitantes.

Andalusien
⇨ ein Andalusier, eine Andalusierin
Andalusien ist die Autonome Region Spaniens mit den meisten Einwohnern.

Oraciones de relativo con *el que / la que* §8

- Es el supermercado en **el que** compra mi madre.
- Ahí vive la señora para **la que** trabaja Mirta.
- **Los que** han llegado tarde no han entendido nada.
- Las actividades en **las que** he participado eran muy interesantes.

---

ir *(+ gerundio)*

Julián va teniendo muchos amigos en el colegio.

etw. nach und nach / immer mehr tun
Julián hat immer mehr Freunde in der Schule.

De eso nada.
—Me voy al cine.
—¡De eso nada!

Nichts da.
Ich gehe ins Kino.
Nichts da!

guardar algo

Guarda el dinero, pago yo.

etw. behalten
E garder
Lass das Geld stecken, ich zahle.

y punto.
No quiero hacerlo, y punto.

und Schluss.
Ich möchte es nicht machen, und Schluss.

un favor
⇨ por favor

ein Gefallen
⇨ bitte
E favour
F une faveur

hacer algo por alguien
Quise hacer un favor a mi madre e hice la compra por ella.

etw. für / anstelle von jdm. tun
Ich wollte meiner Mutter einen Gefallen tun und kaufte an ihrer Stelle ein.

Unidad 4

Primer paso: Entre Oriente y Occidente

África *(f.)* — Afrika
América *(f.)* — Amerika
Asia *(f.)* — Asien
Oceanía *(f.)* — Ozeanien

un paisaje
En esta zona el paisaje cambia de un kilómetro al otro.

eine Landschaft
In dieser Gegend ändert sich die Landschaft von einem Kilometer zum anderen.

un desierto
En ese país hay un desierto muy grande.

eine Wüste
In diesem Land gibt es eine sehr große Wüste.

una sierra
En esa parte de España hay una sierra.

eine Bergkette
In diesem Teil von Spanien gibt es eine Bergkette.

un valle

El pueblo está en el valle.

ein Tal
E valley F une vallée
Das Dorf liegt im Tal.

un castillo

¿Has estado alguna vez en un castillo?

eine Burg
E castle
Warst du schon mal in einer Burg?

un palacio

Los chicos visitaron el Palacio de Carlos V.

ein Palast, ein Schloss
E palace F un palais
Die Jungen haben den Palast von Karl V besucht.

una catedral — eine Kathedrale, ein Dom

una mezquita
La mezquita de Córdoba es conocidísima porque en ella hay una catedral.

eine Moschee
Die Moschee von Córdoba ist sehr bekannt, weil sich in ihr eine Kathedrale befindet.

una cultura — eine Kultur

árabe
En español hay muchas palabras árabes, como azúcar.

arabisch
Im Spanischen gibt es viele arabische Wörter, wie *azúcar*.

cristiano, -a — christlich

judío, -a
En Andalucía hay muchos ejemplos de la cultura árabe, cristiana y judía.

jüdisch
In Andalusien gibt es viele Beispiele der arabischen, christlichen und jüdischen Kultur.

Texto: El tesoro de Boabdil

un tesoro

En el palacio han encontrado un tesoro.

ein Schatz
E treasure LAT thesausus
F un trésor
Im Schloss haben sie einen Schatz gefunden.

una visita guiada
⇨ un / una guía

Han hecho una visita
guiada al palacio.

eine Führung
⇨ ein Reiseführer, eine
Reiseführerin
Sie haben eine Schloss-
führung gemacht.

llamar la atención a alguien
Me ha llamado la
atención un hombre viejo.

jdm. auffallen
Mir ist ein alter
Mann aufgefallen.

por
Para llegar a Motril, hay
que pasar por Granada.

durch
Um nach Motril zu
kommen, muss man
durch Granada fahren.

una barba
El hombre llevaba
barba blanca.

ein Bart
Der Mann hatte
einen weißen Bart.

observar algo / a alguien
≡ mirar algo / a alguien

Hemos observado
a los turistas.

etw. / jdn. beobachten
≡ etw. / jdn. ansehen
E to observe LAT observare
F observer
Wir haben die Touristen
beobachtet.

gritar algo
Los niños han
empezado a gritar.

etw. schreien
Die Kinder haben
angefangen zu schreien.

Formación y uso del pretérito pluscuamperfecto § 9

• Yo **había estudiado** ya inglés antes de venir a la escuela.
• **¿Habías conocido** a su familia antes?
• **Había vivido** en Argentina nueve años antes de venir aquí.
• Nosotros **habíamos pensado** salir al cine…
• **¿Habíais visto** ya antes esa película?
• Ya **habían comenzado** a comer cuando sonó el teléfono.

la paz

Muchos países
necesitan la paz.

der Friede
E peace LAT pax F la paix
Viele Länder brauchen
Frieden.

un rey, una reina

En España hay un
rey y una reina.

ein König, eine Königin
LAT rex, regina
F un roi, une reine
In Spanien gibt es einen
König und eine Königin.

luchar contra algo / alguien

Los hombres de ese
país luchan contra
todos sus vecinos.

gegen etw. / jdn. kämpfen
F lutter
Die Menschen aus diesem
Land kämpfen gegen
alle ihre Nachbarn.

los Reyes Católicos

die Katholischen Könige

una guerra
⇔ la paz

Actualmente hay muchas
guerras en el mundo.

ein Krieg
⇔ der Friede
F une guerre
Zur Zeit gibt es viele
Kriege in der Welt.

una leyenda
Me encantan las
leyendas antiguas.

eine Legende
Mir gefallen die alten
Legenden sehr.

abandonar algo / a alguien

Han abandonado el
cine sin ver la película
hasta el final.

etw. / jdn. verlassen,
etw. aufgeben
Sie haben das Kino
verlassen, ohne den
Film zu Ende zu sehen.

Subordinadas temporales con *al* + infinitivo § 10

• **Al entrar** en el aula, me di cuenta de que no tenía los libros.
• **Al subir** al autobús, se cayó al suelo.
• **Al llegar** a casa, vimos la televisión.
• Se alegraron **al oír** la noticia.

esconder algo
Mi madre ha escondido
el chocolate y no
lo encuentro.

etw. verstecken
Meine Mutter hat die
Schokolade versteckt
und ich finde sie nicht.

descubrir algo
⇔ esconder algo

Hemos descubierto
la solución al problema.

etw. entdecken, etw. finden
⇔ etw. verstecken
E to discover F découvrir
Wir haben die
Lösung des Problems
gefunden.

aunque
Aunque sólo tiene catorce
años parece mayor.

obwohl
Obwohl er erst vierzehn
ist, sieht er älter aus.

peligroso, -a

Es peligroso viajar
por ese país.

gefährlich
LAT periculosus
Es ist gefährlich durch dieses
Land zu reisen.

una exposición

La exposición ha sido
muy interesante.

eine Ausstellung
E exposition
F une exposition
Die Ausstellung war
sehr interessant.

seguir (-i-/-i-) a alguien
En el museo hemos
seguido al profesor.

jdm. folgen
Im Museum sind wir
dem Lehrer gefolgt.

desaparecer (-zco)

¡Mi maleta ha
desaparecido!

verschwinden
E to disappear
F disparaître
Mein Koffer ist
verschwunden.

una sala
Es la tercera sala del
museo que visitamos.

ein Saal
Es ist der dritte Saal
des Museums, den
wir besuchen.

volver (-ue-) a hacer algo
He vuelto a llegar
tarde a clase.

etw. wieder tun
Ich bin wieder zu
spät zum Unterricht
gekommen.

una pareja
Hemos conocido a una
pareja de alemanes.

ein Paar
Wir haben ein deutsches
Paar kennengelernt.

un empleado, una empleada

Un empleado del
museo nos ha
ayudado a encontrar
la exposición.

ein Angestellter,
eine Angestellte
E employee F un employé
Ein Angestellter des
Museums hat uns
geholfen die Aus-
stellung zu finden.

ponerse a hacer algo
≡ empezar (-ie-) /
comenzar (-ie-)
Después de clase
me he puesto a
hacer los deberes.

anfangen etw. zu tun
≡ anfangen

Nach der Schule habe
ich angefangen meine
Hausaufgaben zu machen.

darse cuenta de algo ≡ enterarse de algo Me he dado cuenta de que no tenía mi bolsa.	etw. bemerken ≡ etw. erfahren, etw. mitbekommen Ich habe bemerkt, dass ich meine Tüte nicht mehr habe.
sujetar algo / a alguien Hemos sujetado al perro.	etw. / jdn. festhalten Wir haben den Hund festgehalten.
el miedo Tengo mucho miedo.	die Angst Ich habe große Angst.

> **Oraciones de relativo con *lo que*** § 11
>
> • Piensa **lo que** quieres comer.
> • Ha llegado tarde otra vez, **lo que** me parece muy mal.
> • Me gusta todo **lo que** es picante.
> • **Lo que** no me gusta es que tengo que ir en tren.

Unidad 5

Primer paso: Yo me intereso por ...

independiente Es muy independiente y siempre viaja solo.	unabhängig E independent F indépendant Er / Sie ist sehr unab- hängig und reist immer alleine.
responsable Las enfermeras tienen que ser muy responsables.	verantwortungsbewusst E responsible F responsable Krankenschwestern müssen sehr verant- wortungsbewusst sein.
útil Hemos comprado muchas cosas útiles para el viaje.	nützlich LAT utilis F utile Wir haben viele nützliche Sachen für die Reise gekauft.
constante Para hacer bien el examen, tienes que ser constante.	zielstrebig Um die Prüfung gut zu machen, musst du sehr zielstrebig sein.
comprensivo, -a ⇨ comprender Julián tiene problemas, pero su madre es muy comprensiva.	verständnisvoll ⇨ verstehen F compréhensif Julián hat Probleme, aber seine Mutter ist sehr verständnisvoll.
ambicioso, -a Éste es un proyecto muy ambicioso.	ehrgeizig E ambitious F ambitieux Das ist ein sehr ehrgeiziges Projekt.
el éxito	der Erfolg

(no) tener éxito Mi madre tiene mucho éxito en su trabajo.	erfolgreich / erfolglos sein Meine Mutter hat mit ihrer Arbeit viel Erfolg.
desconsiderado, -a No piensa en los demás. Es desconsiderado.	rücksichtslos Er denkt nicht an die anderen. Er ist rücksichtslos.
la paciencia ⇔ la impaciencia	die Geduld ⇔ die Ungeduld
(no) tener paciencia El profesor tiene mucha paciencia con él.	(un)geduldig sein, (keine) Geduld haben E patience LAT patientia F la patience Der Lehrer hat viel Geduld mit ihm.
comunicativo, -a Le gusta hablar con todos; es muy comunicativo.	kontaktfreudig Er spricht gern mit allen; er ist sehr kontaktfreudig.
generoso, -a Nuestro abuelo es muy generoso. Siempre nos da dinero.	großzügig E generous F généreux Unser Großvater ist sehr großzügig. Er gibt uns immer Geld.

Texto: ¿Cómo eres y adónde vas?

adecuado, -a Necesito ropa adecuada para la fiesta.	passend D adäquat E adequate Ich brauche passende Kleidung für das Fest.
sumar algo Hemos sumado el precio de la comida.	etw. zusammenzählen Wir haben den Preis des Essens zusammengezählt.
un punto En el trabajo sobre Granada he tenido 7 puntos.	ein Punkt In der Arbeit über Granada habe ich 7 Punkte gehabt.
alto, -a El anciano hablaba tan alto que lo oíamos desde la calle.	laut Der alte Mann hat so laut gesprochen, dass wir ihn von der Straße aus hörten.
mi chico, mi chica ⇨ un chico, una chica Me gusta muchísimo estar con mi chico.	mein (fester) Freund, meine (feste) Freundin ⇨ ein Junge, ein Mädchen Ich bin gern mit meinem Freund zusammen.
llamativo, -a ⇨ llamar la atención Llevaba una falda muy llamativa.	auffällig ⇨ jdm. auffallen Sie trug einen sehr auffälligen Rock.
tolerante No comparten nuestras ideas, pero son muy tolerantes e intentan comprenderlas.	tolerant Sie teilen unsere Ideen nicht, aber sie sind sehr tolerant und versuchen sie zu verstehen.
confiar (-ío) en alguien No confían en nadie.	jdm. vertrauen F confier Sie vertrauen niemandem.

El presente de los verbos en -iar

- Confío
- Confías
- Confía   en los amigos.
- Confiamos
- Confiáis
- Confían

alegre	fröhlich
Es una música muy alegre y me gusta.	Es ist eine sehr fröhliche Musik und sie gefällt mir.
tímido, -a	schüchtern E timide
Es muy tímido y se pone rojo cuando tiene que hablar con chicas.	Er ist sehr schüchtern und wird (jedesmal) rot, wenn er mit Mädchen sprechen soll.
el sexo	das Geschlecht, der Sex E sex F le sexe
Muchos jóvenes no quieren hablar de sexo con sus padres.	Viele Jugendliche wollen mit ihren Eltern nicht über Sex sprechen.
fumar	rauchen F fumer
Fumar es muy peligroso.	Rauchen ist sehr gefährlich.
el alcohol	der Alkohol
Los jóvenes no pueden comprar alcohol.	Jugendliche dürfen keinen Alkohol kaufen.

El presente de subjuntivo (verbos en -ar)   § 12

Propone que …

… Julián se	hable esperes. corte mandemos preparéis	con mis padres. el pelo. una carta. la comida.
ellos	compren	las bebidas.

tener ganas de hacer algo	Lust haben etw. zu tun
¿Tienes ganas de venir al cine?	Hast du Lust, mit ins Kino zu kommen?
subir algo	etw. erhöhen
En la panadería han subido el precio del pan.	In der Bäckerei haben sie den Preis des Brotes erhöht.
dentro de	in, bis (zeitl.)
Dentro de una semana nos vamos a la playa.	In einer Woche fahren wir an den Strand.
emocionante	aufregend, spannend
La película al final es muy emocionante.	Der Film ist am Ende sehr spannend.
el extranjero ⇨ un extranjero, una extranjera	das Ausland ⇨ ein Ausländer, eine Ausländerin F l'étranger (m.)
En las vacaciones quiero hacer un viaje al extranjero.	In den Ferien will ich eine Auslandsreise machen.

una ONG [oene'xe]	eine NGO, eine Nichtregierungsorganisation
WWF es una ONG que trabaja para los animales.	Der WWF ist eine NGO, die für die Tiere arbeitet.
la pareja ≡ el novio, la novia	der Partner, die Partnerin ≡ der feste Freund / die feste Freundin
Mi hermana y su pareja viven juntos.	Meine Schwester und ihr Partner wohnen zusammen.
activo, -a	aktiv
Es muy activo y trabaja día y noche.	Er ist sehr aktiv und arbeitet Tag und Nacht.
un contacto	ein Kontakt
Tiene contacto con mucha gente.	Sie hat Kontakt zu vielen Leuten.
aburrirse con algo ⇨ aburrido, -a	sich bei etw. langweilen ⇨ langweilig
Me aburrí mucho con esa película.	Bei diesem Film habe ich mich sehr gelangweilt.

El presente de subjuntivo (verbos en -er, -ir)   § 12

Quieren que …

… los nos	lea salgas comprenda. comamos escribáis desaparezcan	este libro. menos. más fruta. pronto. los problemas.

de vez en cuando	ab und zu, manchmal
De vez en cuando vamos al cine.	Manchmal gehen wir ins Kino.
aventurero, -a	abenteuerlustig
Es muy aventurera: quiere ir a la selva.	Sie ist sehr abenteuerlustig: Sie möchte in den Dschungel gehen.
una afición	ein Hobby
Mi afición es escuchar música.	Mein Hobby ist Musikhören.
recomendar (-ie-) algo a alguien	jdm. etw. empfehlen E to recommend F recommander
Me han recomendado esta película.	Man hat mir diesem Film empfohlen.

Ejercicios

un … por ciento	… Prozent
Un 90% de la clase tiene un MP3.	90% der Klasse haben einen MP3.
la mitad	die Hälfte F la moitié
Más de la mitad de mis amigos ha estado ya en España.	Mehr als die Hälfte meiner Freunde war schon in Spanien.
un tercio	ein Drittel
Un tercio de los profesores fue a la excursión.	Ein Drittel der Lehrer waren auf dem Ausflug.

El uso del subjuntivo (1): verbos de deseo y de sentimiento § 13

- Quiero que **vengáis** conmigo.
- Espero que **tengas** tiempo para hablar.
- Me encanta que mi abuelo me **cuente** historias.
- No me gusta que mis compañeros me **tomen** el pelo.

un cuarto	ein Viertel
⇨ cuarto, -a	⇨ vierte, -r, -s
	Ⓕ un quart
Ha comprado un cuarto de kilo de queso.	Ich habe ein Viertel Kilo Käse gekauft.
la mayoría	die Mehrheit, die meisten
	Ⓕ la majorité
La mayoría de mis amigos vive en este barrio.	Die meisten meiner Freunde wohnen in diesem Stadtviertel.

Uso del infinitivo y del subjuntivo con verbos de deseo y de sentimiento § 13

- Quiero **comer** fruta.
- No me gusta nada **llegar** tarde.
- Quiero que **comas** fruta.
- No me gusta nada que **lleguéis** tarde.

Unidad 6

Texto: Nuestros Derechos

un obrero, una obrera	ein Arbeiter, eine Arbeiterin
Es un barrio donde viven muchos obreros.	Es ist ein Stadtviertel, in dem viele Arbeiter leben.
un hogar	ein Zuhause, ein Heim
Todos los niños necesitan un hogar.	Alle Kinder brauchen ein Zuhause.
guatemalteco, -a	guatemaltekisch
solucionar algo	etw. lösen
⇨ una solución	⇨ eine Lösung
Tenemos que solucionar ese problema.	Wir müssen dieses Problem lösen.
social	sozial, gesellschaftlich
Es un barrio con muchos problemas sociales.	Es ist ein Stadtviertel mit vielen sozialen Problemen.
necesario, -a	notwendig
⇨ necesitar algo	⇨ etw. brauchen
	Ⓔ necessary
	Ⓕ nécessaire
Es necesario tener paciencia.	Man muss Geduld haben.
un paseo	ein Spaziergang
⇨ un paseo	⇨ eine Promenade, eine Allee
Hemos dado un paseo por el barrio.	Wir haben einen Spaziergang durch das Stadtviertel gemacht.

suficiente	genügend
	Ⓕ suffisamment
No tengo suficiente dinero para ir al cine.	Ich habe nicht genug Geld, um ins Kino zu gehen.
tomemos …	nehmen wir …, lasst uns … nehmen
hermoso, -a	schön
≡ bonito, -a; lindo, -a; precioso, -a	≡ schön; hübsch; wunderschön
⇔ feo, -a	⇔ hässlich
Es muy hermoso ayudar a la familia.	Es ist sehr schön, der Familie zu helfen.
encontrarse (-ue-) en un lugar	sich an einem Ort befinden
≡ estar	≡ (an einem Ort) sein
¿Dónde se encuentra la escuela?	Wo befindet sich die Schule?
un muchacho, una muchacha	ein Junge, ein Mädchen
Hay un nuevo muchacho en la clase.	Es gibt einen neuen Jungen in der Klasse.
un director, una directora	ein Direktor, ein Leiter, eine Direktorin, eine Leiterin
Es el director de la escuela.	Er ist der Leiter der Schule.
una asociación	eine Vereinigung, ein Verein
	Ⓕ une association
Es una asociación para ayudar a gente pobre.	Es ist ein Verein, der armen Menschen hilft.
la esperanza	die Hoffnung
⇨ esperar	⇨ hoffen
Mucha gente vive sin esperanza.	Viele Menschen leben ohne Hoffnung.
un niño de la calle	ein Straßenkind
Esa asociación trabaja con niños de la calle.	Dieser Verein arbeitet mit Straßenkindern.
la pobreza	die Armut
⇨ pobre	⇨ arm

El uso del subjuntivo (2): verbos de juicio y expresiones impersonales § 14

- Es importante que todos los niños **tengan** un hogar.
- Es necesario que **leáis** el libro.
- Es una lástima que **lleguemos** tarde.
- No es justo que lo **ayudes** a él y a mí no.
- Es estupendo que **vayas** a España.

una razón	ein Grund, eine Ursache
	Ⓔ reason Ⓕ une raison
¿Por qué razón has llegado tarde?	Aus welchem Grund bist du zu spät gekommen?
un / una indígena	ein Ureinwohner, eine Ureinwohnerin
Casi la mitad de los habitantes de Guatemala son indígenas.	Fast die Hälfte der Bewohner von Guatemala sind Ureinwohner.
la violencia	die Gewalt
	Ⓔ violence Ⓕ la violence
La violencia en las calles es un problema de las grandes ciudades.	Die Gewalt in den Straßen ist ein Problem der großen Städte.

familiar
⇨ la familia
Tienen problemas
familiares.

Familien-, familiär
⇨ die Familie
Sie haben familiäre
Probleme.

un solvente

ein Lösungsmittel

un trapo
Necesito un trapo para
limpiarme los zapatos.

ein Lappen, ein Lumpen
Ich brauche einen
Lappen, um mir die
Schuhe zu putzen.

la falta de algo
⇨ faltar
Por falta de dinero
muchas familias
no pueden ayudar
a sus hijos.

der Mangel an etw.
⇨ fehlen
Aus Geldmangel können
viele Familien ihren
Kindern nicht helfen.

es una lástima
⇨ ¡Qué lástima!
Es una lástima que los
niños no tengan un hogar.

es ist bedauerlich / traurig
⇨ Wie schade!
Es ist traurig, dass die
Kinder kein Heim haben.

El uso del subjuntivo (3): expresiones de duda § 15

- Creo que **pueden** ir al cine.
- Me parece que el vestido **es** muy bonito.

- No creo que **puedan** ir al cine.
- No me parece que el vestido **sea** tan bonito.

---

el Primer Mundo
El Primer Mundo no
conoce muchos de
estos problemas.

die Erste Welt
Die Erste Welt kennt viele
dieser Probleme nicht.

un dólar
¿Cuántos dólares has
pagado por esto?

ein Dollar
Wie viele Dollar hast
du dafür bezahlt?

asesinar a alguien

En la película querían
asesinar al presidente.

jdn. ermorden
F assassiner
Im Film wollten sie den
Präsidenten ermorden.

una cárcel

ein Gefängnis

un delito

Están en la carcel
por varios delitos.

ein Verbrechen
D ein Delikt F un délit
Sie sind wegen mehrerer
Verbrechen im Gefängnis.

interesar a alguien
⇨ interesante
Me interesa mucho la
historia de ese país.

jdn. interessieren
⇨ interessant
Die Geschichte dieses
Landes interessiert
mich sehr.

ilegal
Es ilegal tomar drogas.

illegal
Es ist illegal, Drogen
zu nehmen.

propio, -a
Explícalo con tus
propias palabras.

eigene, -r, -s
Erkläre es mit deinen
eigenen Worten.

un papel
Ya tiene todos los
papeles para poder
quedarse en el país.

ein Papier, ein Dokument
Er / Sie hat schon alle
Papiere, um im Land
bleiben zu können.

conseguir (-i-/-i-) algo
Hemos conseguido
llegar a tiempo.

etw. erreichen, etw. schaffen
Wir haben es geschafft
rechtzeitig anzukommen.

El diminutivo -ito § 16

- Su hermano es ese **niñito**.
- El bebé ha perdido el **zapatito**.
- Mis abuelos tienen una **casita** en el campo.
- La nueva profesora es una señora **bajita** y **delgadita**.
- **Ahorita** voy.

---

una droga
Las drogas y el alcohol
son grandes problemas
de los jóvenes.

eine Droge
Drogen und Alkohol sind
die großen Probleme
der Jugendlichen.

una pandilla
Muchos niños de la calle
viven en pandillas.

eine Bande, eine Gang
Viele Straßenkinder
leben in Banden.

un oficio
Aquí los jóvenes pueden
aprender un oficio.

ein Beruf
Hier können die
Jugendlichen einen
Beruf lernen.

existir
En Guatemala existen
muchas asociaciones que
ayudan a los pobres.

existieren
In Guatemala gibt
es viele Verein, die
den Armen helfen.

un voluntario, una voluntaria

He trabajado de
voluntario para una ONG.

ein Freiwilliger, eine
Freiwillige
Ich habe als Freiwilliger
für eine NGO gearbeitet.

estupendo, -a
≋ fenomenal, genial, guay
—¿Vamos al cine?
—¡Es una idea estupenda!

wunderbar
≋ großartig, genial, toll
—Gehen wir ins Kino?
—Das ist eine
wunderbare Idee!

lógico, -a
Es lógico que Mirta
esté ilusionada porque
va a ir a Guatemala.

logisch
Es ist logisch, dass
Mirta begeistert ist, weil
sie nach Guatemala
fliegen wird.

justo, -a

No es justo que haya
tanta gente pobre.

gerecht
F juste
Es ist nicht gerecht,
dass es so viele arme
Menschen gibt.

comentar algo
≋ decir algo
El profesor nos ha
comentado que vamos
a hacer una excursión.

etw. mitteilen, etw. sagen
≋ etw. sagen
Der Lehrer hat uns
mitgeteilt, dass wir
einen Ausflug machen.

la alegría
⇨ alegre; alegrarse de algo

Es una alegría ver
que habéis venido
todos juntos.

die Freude
⇨ fröhlich; sich freuen
über etw.
Es ist eine Freude
zu sehen, dass ihr
alle zusammen
gekommen seid.

un secreto

No te lo puedo decir,
es un secreto.

ein Geheimnis
E secret
F un secret
Ich kann es dir
nicht sagen, es ist
ein Geheimnis.

la felicidad

La felicidad se encuentra donde menos la esperamos.

das Glück(sgefühl)
LAT felicitas
Das Glück ist da, wo wir es am wenigsten erwarten.

una dificultad
⇨ difícil

He tenido muchas dificultades para encontrar trabajo.

eine Schwierigkeit
⇨ schwierig
E difficulty LAT difficultas
F une difficulté
Es war sehr schwer für mich, Arbeit zu finden.

feliz
⇔ triste
⇨ la felicidad

Pedro y Carmen acaban de casarse y son muy felices.

glücklich
⇔ traurig
⇨ das Glück(sgefühl)
LAT felix
Pedro und Carmen haben gerade geheiratet und sind sehr glücklich.

Las preposiciones *por* y *para*　　　§ 17

- —¿**Por** qué no te gusta el viaje?
- —**Por** el precio. Es muy caro.
- Voy a ir a la oficina de turismo hoy **por** la tarde.
- La Casa Hogar tiene que estar **por** allí.
- Llamé **por** teléfono.
- Gracias **por** la carta.
- Conseguí el billete de avión **por** 100 euros.

- —¿**Para** qué haces el viaje a Guatemala?
- —**Para** conocer el país y su gente.
- Voy a ir a Guatemala **para** Navidades.
- Estamos fuera de Antigua y vamos **para** el centro.
- Hay una llamada **para** ti.
- Tengo un regalo **para** ti.
- **Para** mí Antigua es la ciudad más bonita de Guatemala.

---

la novia
⇨ una novia
La novia llevaba un vestido precioso.

los novios
Los novios estaban felicísimos.

un banquete

El banquete ha sido en un restaurante muy bueno.

un baile
⇨ bailar
Abrieron el baile la novia y su padre.

la decoración
La decoración de la sala era muy cara.

una vela
En mi tarta de cumpleaños había 15 velas.

una tarjeta

una invitación
⇨ invitar a alguien

¿Has recibido una invitación para su fiesta?

una tarjeta de invitación
Les he dado tarjetas de invitación a todos mis compañeros.

die Braut
⇨ eine feste Freundin
Die Braut trug ein wunderschönes Kleid.

das Brautpaar
Das Brautpaar war überglücklich.

ein Festessen
D ein Bankett
Das Festessen war in einem sehr guten Restaurant.

ein Tanz, ein Ball
⇨ tanzen
Die Braut und ihr Vater eröffneten den Ball.

die Dekoration
Die Saaldekoration war sehr teuer.

eine Kerze
Auf meiner Geburtstagstorte waren 15 Kerzen.

eine Karte

eine Einladung
⇨ jdn. einladen
E invitation
F une invitation
Hast du eine Einladung zu seiner Party bekommen?

eine Einladungskarte
Ich habe allen meinen Klassenkameraden Einladungskarten gegeben.

Unidad 7

Primer paso: Fiestas y costumbres

un bautizo
Hoy hemos celebrado el bautizo de mi sobrino.

eine Taufe
Heute haben wir die Taufe meines Neffen gefeiert.

una fiesta de graduación

Su fiesta de graduación es la semana que viene.

eine Abiturfeier, eine Examensfeier
Seine / Ihre Examensfeier ist nächste Woche.

una misa
Hemos ido a misa porque es domingo.

eine Messe
Wir sind zur Messe gegangen, weil Sonntag ist.

un padrino, una madrina

El padrino del niño es un amigo de los padres.

ein Taufpate, eine Taufpatin; ein Trauzeuge, eine Trauzeugin
Der Taufpate des Kindes ist ein Freund der Eltern.

el novio
⇨ un novio
El novio ha llegado tarde a la iglesia.

der Bräutigam
⇨ ein fester Freund
Der Bräutigam kam zu spät zur Kirche.

Texto: Una fiesta diferente

un club
Tengo muchos amigos en el club de tenis.

ein Klub, ein Verein
Ich habe viele Freunde im Tennisklub.

super-
La película ha estado superbién.

unheimlich, super
Der Film war supergut.

un vals
La fiesta empezó con un vals.

ein Walzer
Das Fest begann mit einem Walzer.

el reggaeton

der Reggaeton (lat. am. Musikrichtung)

la salsa
A mis padres no les gusta el reggaeton, prefieren la salsa.

Salsa (lat. am. Tanz)
Meinen Eltern gefällt Reggaeton nicht, sie mögen Salsa lieber.

un quinceañero, una quinceañera

ein 15-Jähriger, eine 15-Jährige

encender (-ie-) algo
⇨ encender (-ie-) algo
Todos los amigos encienden velas.

etw. anzünden
⇨ etw. anschalten
Alle Freunde zünden Kerzen an.

§ 18

El uso del subjuntivo después de *para que*

- Hemos comprado un ordenador <u>para que</u> **puedas** trabajar en casa.
- Hemos enviado las invitaciones <u>para que</u> **lleguen** a tiempo.
- He llamado a mi amiga <u>para que</u> **venga** a verme.
- Nos ha dado dinero <u>para que</u> **comamos** en un restaurante.

---

un deseo	ein Wunsch
	F désir
¿Has pedido ya un deseo?	Hast du dir schon etwas gewünscht?
por desgracia	leider
≋ desgraciadamente	≋ leider
Por desgracia no tengo tiempo de ir al cine.	Leider habe ich keine Zeit ins Kino zu gehen.
típico, -a	typisch
¿Has probado alguna comida típica?	Hast du irgendein typisches Gericht probiert?
un latinoamericano, una latinoamericana	ein Lateinamerikaner, eine Lateinamerikanerin
Los latinoamericanos celebran la fiesta de quince años.	Die Lateinamerikaner feiern den 15. Geburtstag.
ridículo, -a	lächerlich
	E ridiculous F ridicule
kitsch	kitschig
Muchos creen que estas fiestas son ridículas y muy kitsch.	Viele glauben, dass diese Feste lächerlich und sehr kitschig sind.
una disco	eine Diskothek
¿Por qué no vamos el sábado a la disco?	Warum gehen wir nicht am Samstag in die Disko?
por supuesto	selbstverständlich
≋ naturalmente	≋ natürlich
Por supuesto que me gusta tu vestido.	Selbstverständlich gefällt mir dein Kleid.
gastar(se) algo	etw. ausgeben
¿Cuánto has gastado en la fiesta?	Wie viel hast du für das Fest ausgegeben?
los papás *(lat. am)*	die Eltern *(lat. am.)*
Los papás de Juan le han comprado un coche.	Juans Eltern haben ihm ein Auto gekauft.
las deudas	die Schulden
Tiene muchas deudas.	Er / Sie hat viele Schulden.
estar con deudas	verschuldet sein
Después de la fiesta, sus padres están con deudas.	Nach dem Fest sind seine Eltern verschuldet.
usar algo	etw. verwenden
	E to use
¿Por qué no usas el dinero para algo mejor?	Warum verwendest du das Geld nicht für etwas besseres?
imaginar (algo)	(etw.) annehmen, sich (etw.) vorstellen
⇨ imaginarse algo	⇨ sich etw. vorstellen
	E to imagine F imaginer
Imagino que no tienen problemas de dinero, ¿verdad?	Ich nehme an, dass sie keine Geldprobleme haben, nicht wahr?

California *(f.)*	Kalifornien
Han hecho un viaje a California.	Sie haben eine Reise nach Kalifornien gemacht.
una fresa	eine Erdbeere
	F une fraise
Me gusta el helado de fresa.	Ich mag Erdbeereis.
disfrutar (de algo)	(etw.) genießen
¿Has disfrutado de la fiesta?	Hast du das Fest genossen?
una opinión	eine Meinung
	E opinion LAT opinio
	F une opinion
No me importa su opinión.	Seine / Ihre Meinung ist mir egal.

Las formas tónicas del adjetivo posesivo y los pronombres posesivos § 19

- Este cedé es **mío**.
- Mis padres y **los tuyos** pasan las vacaciones juntos.
- Ana y yo somos amigas, pero mi fiesta de quince años y **la suya** fueron muy diferentes.
- Esto no es asunto **nuestro**, no podemos hacer nada.
- No tengo lápiz. ¿Puedo usar uno de **los vuestros**?
- Antonia ha venido con unas amigas **suyas**.

Unidad 8

Ejercicio 1: Guatemala – alma de la tierra

el clima	das Klima
¿Cómo es el clima en Guatemala?	Wie ist das Klima in Guatemala?
un altiplano	eine Hochebene
La zona del altiplano es preciosa.	Die Hochebene ist wunderschön.
un volcán	ein Vulkan
No muy lejos de Ciudad de Guatemala hay un volcán activo.	Nicht weit von Guatemala City entfernt gibt es einen aktiven Vulkan.
un bosque	ein Wald
La casa está en el bosque.	Das Haus ist im Wald.
un puerto	ein Hafen
	F un port
El barco llegó al puerto de Barcelona ayer.	Das Schiff ist gestern in den Hafen von Barcelona angekommen.
elevado, -a	hoch, hoch gelegen
	F élevé
Era un paisaje elevado, con muchas montañas.	Es war eine hochgelegene Landschaft mit vielen Bergen.
cálido, -a	warm, heiß
⇨ el calor	⇨ die Hitze, die Wärme
Prefiero los países de clima cálido.	Ich mag lieber Länder mit warmem Klima.

templado, -a
En las costas de
Guatemala el clima
es templado.

gemäßigt *(Klima)*
An den Küsten
Guatemalas ist das
Klima gemäßigt.

(estar) rodeado, -a de
La casa está rodeada
de árboles.

umgeben (sein) von
Das Haus ist von
Bäumen umgeben.

(estar) situado, -a
≡ encontrarse (-ue-), estar

La capital está situada
en el sur del país.

gelegen (sein)
≡ sich befinden, sein
F être situé
Die Hauptstadt liegt im
Süden des Landes.

una reserva (natural)
Guatemala tiene muchas
reservas naturales.

ein Naturschutzgebiet
Guatemala hat viele
Naturschutzgebiete.

la belleza
Disfrutamos mucho de
la belleza del paisaje.

die Schönheit
Wir genießen die Schön-
heit der Landschaft sehr.

el alma *(f.)*

Tus palabras me
llegan al alma.

die Seele; das Herz *(im
übertragenen Sinn)*
LAT anima F l'âme *(f.)*
Deine Worte gehen
mir zu Herzen.

la artesanía

El domingo hay un
mercado de artesanía
en la plaza.

das Kunsthandwerk,
die Handwerksarbeit
Am Sonntag gibt es einen
Kunsthandwerksmarkt
auf dem (Markt)Platz.

un estilo
¿De qué estilo es
esa iglesia?

ein Stil, ein Baustil
Was für ein Baustil
ist diese Kirche?

colonial
En la capital hay
muchos edificios de
estilo colonial.

Kolonial-, aus der Kolonialzeit
In der Hauptstadt
gibt es viele Gebäude
im Kolonialstil.

la vista

Desde el hotel, la
vista es preciosa.

die Sicht, das Sehen, der
Blick
Vom Hotel aus ist die
Sicht wunderschön.

a la vista
Es mejor que no lleves
el pasaporte a la vista.

sichtbar, (gut) zu sehen
Es ist besser, wenn
du den Pass nicht so
gut sichtbar trägst.

el valor

¿Qué valor tiene
esta cámara?

der Wert
E value F la valeur
Welchen Wert hat
diese Kamera?

de valor
Guarda bien los
objetos de valor.

wertvoll
Bewahre die wertvollen
Gegenstände gut auf.

una cámara de fotos
No olvides la
cámara de fotos.

ein Fotoapparat
Vergiss nicht den
Fotoapparat.

un billete

ein Geldschein
F un billet

el cambio
⇨ cambiar
Pagué con un billete
de 10 euros y el
vendedor me dio 50
céntimos de cambio.

das Wechselgeld
⇨ etw. (ver)ändern
Ich zahlte mit einem
10 Euro-Schein und
der Verkäufer gab mir
50 Cent Wechselgeld.

una ruina
maya
Las ruinas mayas son
muy interesantes.

eine Ruine
Maya-
Die Maya-Ruinen sind
sehr interessant.

un plan
Hay que tener un plan
antes de empezar el viaje.

ein Plan
Man muss einen Plan
haben, bevor man
die Reise beginnt.

si
Si tienes tiempo,
visita esa ciudad.

wenn, falls
Wenn du Zeit hast,
besuche diese Stadt.

Ejercicio 2: Consejos para turistas

un consejo

¿Puedo pedirte
un consejo?

ein Rat, ein Tipp
LAT consilium F un conseil
Kann ich dich um
Rat fragen?

una fotocopia

eine Fotokopie

un pasaporte

He perdido el pasaporte.

ein Reisepass
E passport F un passeport
Ich habe den Pass verloren.

un documento
Voy a hacer fotocopias
de los documentos.

ein Dokument
Ich werde Fotokopien
von den Dokumenten
machen.

guardar algo
He guardado el abrigo
en el armario.

etw. aufbewahren
Ich habe den Mantel im
Schrank aufbewahrt.

un original
No necesitas los originales
de los documentos.

ein Original
Du brauchst die Originale
der Dokumente nicht.

seguro, -a
Es más seguro no llevar
demasiado dinero.

sicher
Es ist sicherer, nicht zuviel
Geld mitzunehmen.

Subordinadas condicionales reales con *si*	§ 21

- Si **quieres** ir de viaje, **habla** con el profesor.
- Si **tienes** prisa, no lo **llames** ahora.
- Si **desean** hacer un viaje a Guatemala, **pueden** leer esta información.
- Si **visitáis** el museo, **vais a disfrutar** mucho.

organizar algo
Dos profesores han
organizado el viaje.

etw. organisieren
Zwei Lehrer haben die
Reise organisiert.

una ruta
≡ un camino
Van a hacer la ruta
de los volcanes.

eine Route, ein Weg
≡ ein Weg
Sie werden die Vulkan-
route machen.

una guía (de viajes)
⇨ un guía, una guía

En esta guía de viajes
hay mucha información
útil.

ein Reiseführer *(Buch)*
⇨ ein Reiseführer,
eine Reiseführerin
In diesem Reiseführer
gibt es sehr viele nütz-
liche Informationen.

una crema
Necesito crema
de manos.

eine Creme
Ich brauche eine
Handcreme.

una crema antimosquitos
¡No olvides la crema antimosquitos!

eine Mückenschutzcreme
Vergiss nicht die Mückenschutzcreme!

el agua *(f.)* potable
En muchos lugares no hay agua potable.

das Trinkwasser
An vielen Orten gibt es kein Trinkwasser.

perderse algo

No me quiero perder ese museo.

etw. verpassen, sich etw. entgehen lassen
Dieses Museum möchte ich nicht verpassen.

causar algo

Beber agua del grifo puede causar enfermedades.

etw. verursachen
E to cause F causer
Wasser aus dem Wasser-hahn zu trinken, kann Krankheiten verursachen.

una mochila
Se ha comprado una mochila para el viaje.

ein Rucksack
Er / Sie hat sich einen Rucksack für die Reise gekauft.

la muerte
⇨ morir

Está muy triste por la muerte de su amigo.

der Tod; der Todesfall
⇨ sterben
LAT mors F la mort
Er ist sehr traurig über den Tod seines Freundes.

la altitud
⇨ alto, -a

La ciudad está a 2000 metros de altitud.

die Höhe
⇨ hoch
LAT altitudo
F l'altitude *(f.)*
Die Stadt liegt in 2000 Metern Höhe.

la miseria
≡ la pobreza
La miseria es uno de los peores problemas de la capital.

das Elend, die Armut
≡ die Armut
Die Armut ist eines der schlimmsten Probleme der Hauptstadt.

una botella

Cómprame una botella de agua, por favor.

eine Flasche
F une bouteille
Kauf mir bitte eine Flasche Wasser.

una zona de miseria

ein Elendsviertel

un ministro, una ministra
El ministro ha visitado la nueva escuela.

ein Minister, eine Ministerin
Der Minister hat die neue Schule besucht.

un grifo
¿Puedo beber agua del grifo?

ein Wasserhahn
Kann ich das Wasser aus dem Wasserhahn trinken?

Centroamérica *(f.)*

Mittelamerika

pillar algo / a alguien

He pillado una enfermedad muy rara.

etw. / jdn. treffen, etw. / jdn. erwischen
Mich hat eine seltsame Krankheit erwischt.

(estar) contaminado, -a
No puedes beber el agua porque está contaminada.

verschmutzt (sein) *(Umwelt)*
Du kannst das Wasser nicht trinken, da es verunreinigt ist.

una enfermedad
⇨ enfermo, -a; una enfermera
¿Qué enfermedad tiene?

eine Krankheit
⇨ krank; eine Kranken-schwester
Was für eine Krankheit hat er / sie?

la contaminación
⇨ contaminado, -a
La contaminación es un gran problema en Ciudad de Guatemala.

die Umweltverschmutzung
⇨ verschmutzt
Die Umwelt-verschmutzung ist ein großes Problem in Guatemala-City.

un paraíso
Algunas partes de Guatemala parecen el paraíso.

ein Paradies
Einige Teile Guatemalas kommen einem wie das Paradies vor.

el tráfico

En el centro hay muchísimo tráfico.

der Verkehr
E traffic
Im Zentrum ist sehr viel Verkehr.

El imperativo negativo	§ 20
• No **olvides** llevar el pasaporte.	• No os **separéis** del guía.
• Tampoco **comas** fruta sin lavarla.	• No **bebáis** agua del grifo.
• No **tengas** miedo de salir solo.	• No **lleguéis** tarde al aeropuerto.
• No **seas** ridículo.	• No **digáis** eso.

mostrar (-ue-) algo a alguien

Os voy a mostrar las fotos de mi viaje.

jdm. etw. zeigen
F montrer
Ich werde euch die Fotos meiner Reise zeigen.

la riqueza
⇨ rico, -a
⇔ la pobreza

La riqueza del paisaje es impresionante.

der Reichtum
⇨ reich
⇔ die Armut
F la richesse
Der Reichtum der Land-schaft ist beeindruckend.

Ejercicio 4: Ciudad de Guatemala

un gobierno

El gobierno quiere cambiar la situación.

eine Regierung
E government
F un gouvernement
Die Regierung will die Situation ändern.

cultural
⇨ la cultura
Van a hacer un viaje cultural.

kulturell
⇨ die Kultur
Sie werden eine Kultur-reise machen.

un traje (típico)
Los indígenas llevaban trajes típicos.

eine Tracht
Die Ureinwohner trugen typische Trachten.

la criminalidad
La criminalidad es muy alta en ese barrio.

die Kriminalität
Die Kriminalität ist in diesem Stadtviertel sehr hoch.

Diccionario

◼ Alphabetisches Wörterverzeichnis

Das alphabetische Wörterverzeichnis enthält den gesamten Lernwortschatz aus *Línea amarilla* 1–3. Darüber hinaus sind hier auch alle diejenigen Wörter verzeichnet, die in Band 3 vorkommen (z. B. in den Übungen, den Arbeitsanweisungen oder der Rubrik Mirada afuera), die ihr nicht gelernt habt, die ihr aber erschließen könnt, und die ihr im folgenden Verzeichnis nachschlagen könnt, wenn ihr eure Schlussfolgerungen überprüfen möchtet. Auch unbekannte Vokabeln aus dem *Glosario Cultural* findet ihr hier. Bei jedem Wort ist das erste Vorkommen genannt. Alle Wörter, die nicht zum Lernwortschatz gehören, sind durch < > gekennzeichnet.

Die Ziffern und Buchstaben hinter den Vokabeln geben den Ort an, an dem das Wort zum ersten Mal vorkommt. Bei den Verben ist jeweils in Klammern angegeben, wenn sie von den regelmäßigen Formen abweichen. Mehr Informationen dazu findet ihr im Grammatischen Beiheft, S. 33–45. Im folgenden Verzeichnis nicht aufgeführt sind die Wörter, die bei Texten oder Übungen direkt auf der Seite als Fußnote erklärt werden.

Zeichen in den Stellenangaben	
I	*Línea amarilla* 1
II	*Línea amarilla* 2
III	*Línea amarilla* 3
2B	Text der Unidad 2B
5	Text der Unidad 5
6, 3	Unidad 6, Übung 3
Estr.	Estrategia
MA	Mirada afuera
PM	Un paso más
PP	Primer paso
TA	Taller
< >	fakultativ (nicht verpflichtend)

Kennzeichnungen der Verben	
c-qu	*c* wird zu *qu* (vor Endungen, die mit *e* beginnen)
g-j	*g* wird zu *j* (vor *o*)
g-gu	*g* wird zu *gu* (vor *e*)
gu-g	*gu* wird zu *g* (vor *a* und *o*)
-ie-	*e-ie*-Wechsel im Präsens
-ie-/-i-	wie -ie-, zusätzlich *i* statt *e* im *gerundio* sowie in der 3. Person des *pretérito indefinido*
-i-/-i-	*e-i*-Wechsel im Präsens sowie im *gerundio* und in der 3. Person des *pretérito indefinido*
-ío	*die betonten Endungen der Verben tragen im Präsens einen Akzent*
irr.	*irregular* (unregelmäßig)
-ue-	*o-ue-* bzw. *u-ue*-Wechsel im Präsens
-ue-/-u-	wie -ue-, zusätzlich *u* statt *o* iim *gerundio* sowie in der 3. Pers. des *pretérito indefinido*
z-c	*z* wird zu *c* (vor *e*)
-zco	*zco* statt *o* in der 1. Pers. Sg. Präsens

◼ español – alemán

A

a I 4A nach, (hin) zu
  a la derecha I 4B, PP rechts
  a la izquierda I 4B, PP links
  a finales de los años… II 7, PP Ende *(+ Zeitraum)*
  a lo mejor I 3B vielleicht
  a por III 1 auf zu …
  a principios de *(+ Zeitraum)* II 7, PP Anfang *(+ Zeitraum)*
  ¿A qué hora? I 4A Um wieviel Uhr?
  a su lado I 7A neben ihm/ihr
  a ti también I 8B dir auch
  a ver I 2A (lass) mal sehen

abajo II 3 hinunter
  <III 5, 8> unten
abandonar algo/a alguien III 4 etw./jdn. verlassen, etw. aufgeben
un **abrazo** II 1 eine Umarmung
un **abrigo** I 6, 10 ein (leichter) Mantel
abril *(m.)* I 7B, PP April
abrir algo I 3A etw. öffnen
el **abuelo**, la **abuela** I 3A, PP der Großvater, der Opa, die Großmutter, die Oma
  los **abuelos** I 3A, PP die Großeltern
(estar) **aburrido, -a** II 2, PP gelangweilt (sein)
aburrido, -a II 6 langweilig

aburrirse con algo III 5 sich bei etw. langweilen
acá II 9 dort *(lat.am.)*
acabar II 2 enden
  acabar de hacer algo I 8A gerade etw. getan haben
un **accidente** II 1 ein Unfall
la **acción** <III 1, PP 5> die Aktion, die Handlung
el **aceite** de oliva <III GC> das Olivenöl
un **acento** III 1 ein Akzent
aceptar algo a alguien <II 10> etw./jdn. akzeptieren

acercarse (c-qu) a algo / alguien **III 1** sich etw. / jdm. nähern

aclarar algo a alguien <III 6, MA> jdm. etw. erläutern

un **acontecimiento** <III GC> ein Ereignis

acordarse (-ue-) de algo / alguien **III 1** sich an etw. / jdn. erinnern

acortado, -a <III 2, 5> gekürzt

acostarse (-ue-) **I 6, PP** ins Bett gehen, sich hinlegen

una **actividad** **I 5A** eine Tätigkeit, eine Beschäftigung

activo, -a **I 5** aktiv

un **actor**, una **actriz** <I 9>; **III 2** ein Schauspieler, eine Schauspielerin

actualmente **II 8** zur Zeit, heutzutage

un deporte **acuático** <III GC> eine Wassersportart

adecuado, -a **III 5** passend

además **I 4A, PP** außerdem

adentro **II 3** hinein

Adiós. **I 2A** Auf Wiedersehen.

adivinar (algo) <III 1, PP 6> raten; etw. erraten

un **adjetivo** <III 2, 5> ein Adjektiv

adjunto, -a **II 8** angehängt, beigefügt

adjunto <III 2, 5> anbei

la **adolescencia** <III 2, MA> die Jugend

un / una **adolescente** <III 2, MA> ein Heranwachsender, eine Heranwachsende

¿**adónde**? **I 4A, PP** wohin?

un **adulto**, una **adulta** <III 5, 7> ein Erwachsener, eine Erwachsene

un **aeropuerto** **I 8A, PP** ein Flughafen

una **afición** **III 5** ein Hobby

un **aficionado**, una **aficionada** <III GC> ein Anhänger, eine Anhängerin

África (f.) **III 4, PP** Afrika

agosto (m.) **I 7B, PP** August

(estar) **agotado, -a** <I 9>; **II 1** erschöpft (sein)

agradable <III 1, MA> angenehm

agrícola <III 8, 6> landwirtschaftlich

la **agricultura** **II 8, PP** die Landwirtschaft

el **agua** (f.) **I 7A, 7** das Wasser

el **agua** (f.) potable **III 8, 4** das Trinkwasser

un **aguacate** **I 2B** eine Avocado

ahí **I 4B** da, dort

ahora **I 3A** jetzt

ahora mismo **I 5B** jetzt gleich, jetzt sofort

un juego de **ajedrez** <III 4, 9> ein Schachspiel

al centro **II 3** in die Mitte

al final **II 2** schließlich, letztendlich

al lado de **I 4B, PP** neben

al menos **II 6** wenigstens

un **albergue** juvenil **II 1, PP** eine Jugendherberge

el **alcohol** **III 5** der Alkohol

alegrarse de (+ inf. / subst.) **II 2, PP** sich freuen über / auf

alegre **III 5** fröhlich

la **alegría** **III 6** die Freude

un **alemán**, una **alemana** **I 2B, PP** ein Deutscher, eine Deutsche

alemán, alemana **I 8A** deutsche, -r, -s

el **alemán** **I 2A** Deutsch, die deutsche Sprache

Alemania (f.) **I 3B** Deutschland

algo **I 3A** etwas

¿**Algo** más? **I 7A, PP** Noch etwas?

alguien **II 4** jemand

algún, alguno, -a **II 6** irgendeine, -r, -s

allí **I 4A** dort

el **alma** (f.) **III 8, 1** die Seele

los **Alonso** **I 8B** die Alonsos

alquilar algo a alguien **III 3** etw. mieten; jdm. etw. vermieten

una **alternativa** <III 5, 11> eine andere Möglichkeit, eine Alternative

un **altiplano** **III 8, 1** eine Hochebene

la **altitud** **III 8, 2** die Höhe

alto, -a **I 4B** hoch, groß

III 5 laut

en **voz alta** <III PM 2, 5> mit lauter Stimme

la **altura** <III PM 3, 3> die Höhe

alucinar (col.) <III PM 2> ausflippen (ugs.)

un **alumno**, una **alumna** **I 5B** ein Schüler, eine Schülerin

el libro del **alumno** <III 2, 11> das Schülerbuch

un **ama** (f.) de casa **III 1, PP** eine Hausfrau

amable **I 4B** nett

amarillo, -a **I 6, 10** gelb

ambicioso, -a **III 5, PP** ehrgeizig

el **ambiente** **II 6** das Ambiente, die Stimmung

América (f.) **III 4, PP** Amerika

americano, -a <III 5, 12> amerikanisch

un **amigo**, una **amiga** **I 2A** ein Freund, eine Freundin

el **amor** <III 5, MA> die Liebe

añadir algo <III 1, 10> etw. hinzufügen

un **análisis** sintáctico <III 1, MA> eine Satzanalyse

los **ancestros** <III 8, 1> die Vorfahren

el **ancho** <III GC> die Breite

un **anciano**, una **anciana** **III 1, PP** ein Senior, ein alter Mann; eine Seniorin, eine alte Frau

Anda. **I 4A** Ach, komm. (Ausruf)

Andalucía (f.) **III 3** Andalusien

un **andaluz**, una **andaluza** **II 1** ein Andalusier, eine Andalusierin

un **ángel** <I 9, PP> ein Engel

(estar) **animado, -a** **II 2, PP** lebhaft, fröhlich (sein)

un **animal** **I 2B, PP** ein Tier

¡**ánimo**! **III 1** nur Mut!

un **año** **I 8A** ein Jahr

tener (irr.) ... **años** **I 8A** ... Jahre alt sein

una estación del **año** **II 9, 9** eine Jahreszeit

... del **año** <III 8, 9> das neueste Modell von ...

cumplir ... **años** **II 8** ... Jahre alt werden

anterior <III 6, 3> vorherige, -r, -s

antes **II 4** vorher

III 1 früher

antes de (+ inf.) **II 4** bevor

anticuado, -a <III 1, MA> veraltet

antiguo, -a (delante del subst.) **III 2, 10** frühere, -r, -s

antiguo, -a **I 7A** alt (bei Sachen)

una crema **antimosquitos** **III 8, 2** eine Mückenschutzcreme

un **anuncio** **I 5B** eine Ankündigung

apagar (g-gu) algo **III 1** etw. ausschalten

un **aparato** **III 1** ein Apparat, ein Gerät

aparecer (-zco) <III GC> erscheinen

la **aparición** <I 9, PP> der Auftritt

un **apartamento** <III PM 2> ein Appartment(haus), eine Ferienwohnung

un **apellido** <III 1, PP 6> ein Familienname

aplaudir <I 9> applaudieren, klatschen

aprender algo **I 3A** etw. lernen

apretado, -a <III 6, 4> gedrängt

aproximado, -a <III 5, 7> ungefähr

apuntar algo <III 1, 2> etw. notieren, etw. aufschreiben

los **apuntes** <III 1, 5> die Notizen

aquél, aquélla, aquello, aquéllos, -as (pron.) **I 7A** jene, -r, -s

aquí **I 3A** hier

árabe **III 4, PP** arabisch

un **árbol** <III GC> ein Baum

un **archivo** **II 8** eine Datei

Argentina (f.) **II 7** Argentinien

argentino, -a **II 7** argentinisch

un **argentino**, una **argentina** **II 7** ein Argentinier, eine Argentinierin

argumentar <III 2, TA> argumentieren

un **argumento** <III 1, MA> ein Argument

un **armario** **I 6** ein (Kleider)Schrank

arqueológico, -a <III GC> archäologisch

un **arqueólogo**, una **arqueóloga** <III PM 3> ein Archäologe, eine Archäologin

un **arquitecto**, una **arquitecta** **II 4, PP** ein Architekt, eine Architektin

la **arquitectura** <III GC> die Architektur

arriba **II 3** hoch, hinauf

el **arte** (f.) <III GC> die Kunst

las **Artes** Plásticas <III GC> die bildenden Künste

la **artesanía** **III 8, 1** das Kunsthandwerk, die Handwerksarbeit

un **artículo** **II 9, PP** ein (Zeitungs)Artikel

un / una **artista** <III GC> ein Künstler, eine Künstlerin

asesinar a alguien **III 6** jdn. ermorden

así **I 5A** so, auf diese Weise

(un / una + *subst.*) **así** II 1 ein / eine solche, -r, -s …

Asia (*f.*) III 4, PP Asien

una **asignatura** I 5A ein Unterrichtsfach

una **asociación** III 6 eine Vereinigung, ein Verein

(estar) **asombrado, -a** II 2, PP erschrocken (sein), erstaunt (sein)

el **aspecto** III 2 das Aussehen, das Äußere

pasar la **aspiradora** I 8A, 6 staubsaugen

un **asunto** III 2 ein Sachverhalt, eine Angelegenheit, ein Betreff (*im Brief*)

llamar la **atención** a alguien III 4 jdm. auffallen

la **atención** <III 5, 12> die Aufmerksamkeit

atento, -a III 1 aufmerksam

el Océano **Atlántico** <III 4, 12> der Atlantik

un parque de **atracciones** <III PM 2> ein Vergnügungspark

un **atractivo** <III 4, 12> eine Sehenswürdigkeit

atractivo, -a <III 5, 2> attraktiv

atrás <III 8, 3> zurück

un **aula** III 1 ein Klassenzimmer

aunque III 4 obwohl

un **autobús** II 5, PP ein (Auto)Bus

un **automóvil** (de carreras) <III GC> ein (Renn)Wagen

una Comunidad **Autónoma** II 1, 11 eine autonome Region (*entspricht etwa: Bundesland*)

una **autopista** II 5, PP die Autobahn

un **autor**, una **autora** <III 2, Estr.> ein Autor, eine Autorin

avanzar (z-c) <III 6, 3> vorrücken

un **avatar** III 2 ein Avatar

un **ave** (*f.*) <III GC> ein Vogel

una **avenida** (*abrev. avda.*) I 3B, PP eine Allee

una **aventura** <III 4, 5> ein Abenteuer

aventurero, -a III 5 abenteuerlustig

un **avión** II 1, PP ein Flugzeug
ir (*irr.*) en **avión** II 1, PP fliegen

(estar) **avisado, -a** <III 4, MA> gewarnt (sein)

ayer II 7 gestern

la **ayuda** I 2A die Hilfe

una organización de **ayuda** <III 6, 13> eine Hilfsorganisation

ayudar a alguien (*Akk.*) (a hacer algo) I 5B jdm. helfen (etw. zu tun)

el **azúcar** I 7A, 7 der Zucker
la caña de **azúcar** <III GC> (das) Zuckerrohr

azul I 6, 10 blau

B

bailar I 7B tanzen

un **baile** <III PM 2>; III 7, PP ein Tanz, ein Ball

bajar(se) de algo II 4, 12 aus etw. aussteigen

bajo, -a I 4B niedrig
I 5B, PP klein
<III 4, MA> leise

bajo (*prep.*) <III 4, MA> unter

el **baloncesto** I 5B das Basketball

un **banco** I 4B, PP eine Bank
el **Banco** de España III 1, PP die spanische Nationalbank

un **banquete** III 7, PP ein Festessen

un **banquillo** II 4 eine (Spieler)Bank (*Fußball*)

un **bar** I 3A eine Bar, eine Kneipe

barato, -a I 7A, PP billig

una **barba** III 4 ein Bart

el **Barça** II 4 FC Barcelona *Fußballclub von Barcelona*

un **barcelonés**, una **barcelonesa** II 4, PP ein Einwohner / eine Einwohnerin von Barcelona

un **barco** II 7 ein Schiff

un **barra** III 1, PP eine Stange
una **barra** de pan III 1, PP eine Baguette

un **barrilete** (*lat. am*) <III 7, TA> Drachen (*Spielzeug*) (*lat. am*)

un **barrio** I 4B, PP ein Stadtviertel

el **barro** <III 8, MA> der Schlamm, der Lehm

el **Barroco** <III GC> der Barock

barroco, -a <III GC> barock

basado, -a en <III PM 3> basierend auf

¡Ya **basta**! I 3A Es reicht jetzt!

bastante I 4B ziemlich

bastar <III 8, 9> ausreichen

tirar la **basura** I 8A, 6 den Abfall wegwerfen
un camión de la **basura** II 2 ein Müllfahrzeug

un **bautizo** III 7 PP eine Taufe

un **bebé** II 7, PP ein Baby

beber algo <I 9>; II 3 etw. trinken

una **bebida** I 2A ein Getränk
una máquina de **bebidas** II 5 ein Getränkeautomat

un **beduino**, una **beduina** <I 9, PP> ein Beduine, eine Beduinin

Bélgica (*f.*) <III 4, 3> Belgien

la **belleza** III 8, 1 die Schönheit

un **beso** I 5A ein Kuss (*auch Grußformel*)

una **biblioteca** I 4A, PP eine Bibliothek, eine Bücherei

la **bicicleta** II 1, PP das Fahrrad
ir (*irr.*) en **bicicleta** II 1, PP mit dem Fahrrad fahren

bien (*adv.*) I 2A gut (*adv.*)
está **bien** I 7A Ist gut. / In Ordnung.
estar **bien** II 7 (jdm.) gut gehen

la **bienvenida** <III 2, 1> das Willkommen, die Begrüßung

bienvenido, -a II 6 willkommen

un **billete** II 5 eine Fahrkarte

III 8, 2 ein Geldschein
un **billete** de avión I 8A, PP ein Flugticket
un **billete** de lotería III 1, PP ein Lotterielos

una **biografía** <III 1, PP 6> eine Biografie, eine Lebensgeschichte

blanco, -a I 6 weiß

una **blusa** I 6, 10 eine Bluse

un **bocadillo** I 3A ein belegtes Brötchen

una **boda** II 7, PP eine Hochzeit

una **bola** <III 3, TA> eine Kugel

Bolivia (*f.*) <III GC> Bolivien

Bolonia (*f.*) <III GC> Bologna

una **bolsa** I 8B eine Tüte, ein Beutel

ser un **bombón** (*fam.*) <III 5, 12> ein hübsches Mädchen sein

bonito, -a I 4B hübsch, schön

un **bosque** III 8, 1 ein Wald

una **botella** III 8, 2 eine Flasche

¡**bravo**! <I 9> Bravo!

un **brindis** (por) II 3 ein Trinkspruch (auf)

una **broma** III 2 ein Scherz

echar una **bronca** a alguien II 5 jdn. zurechtweisen, mit jdm. schimpfen

bueno, -a I 7A gut
III 1 brav; gutmütig
Buenas noches. I 3B, 4 Guten Abend. Gute Nacht.
Buenas tardes. I 3B, 4 Guten Tag (*nachmittags*)
Buenos días. I 3B Guten Tag.

bueno I 2A na ja, na gut

una **bufanda** I 6, 10 ein Schal

buscar (c-qu) algo / a
alguien I 2A etw. / jdn. suchen
venir (*irr.*) a **buscar** algo / a alguien II 5 jdn. / etw. abholen

una **búsqueda** II 8 eine Suche

C

un **caballo** <I 9, PP>; II 1 das Pferd
montar a **caballo** II 1 reiten

caber (*irr.*) en algo III 1 in etw. (hinein) passen

la **cabeza** II 5 der Kopf

el **cacahuete** <III PM 3, 2> die Erdnuss

el **cacao** <III 8, 10> der Kakao

cada vez más (+ adj. / subst.) III 1 immer (+ Steigerungsform des Adj.), immer mehr (+ Subst.)

una **cadena** II 9, PP ein Sender

caer (caigo) enfermo, -a II 7 krank werden
caerse (me caigo) II 1 fallen

un **café** <III 2, 12>; III 3 ein Kaffee

los **calamares** I 4A *panierte Tintenfischringe*

los **calcetines** I 6, 10 die Socken

calcular <III 4, MA> rechnen

un **calendario** <III PM 3> ein Kalender

cálido, -a III 8, 1 warm, heiß

un **califa** <III 4, MA> ein Kalif

California *(f.)* **III 7** Kalifornien

una **calle** **I 3B, PP** eine Straße

un niño de la **calle** **III 6** ein Straßenkind

callejero, -a **<III GC>** Straßen-

el **calor** **II 1** die Hitze, die Wärme

una **cama** **I 6** ein Bett

una **cámara** **<III 2, 14>** eine Kamera

una **cámara** de fotos **III 8, 2** ein Foto-apparat

un **camarero**, una **camarera** **II 3, PP** ein Kellner, eine Kellnerin

cambiar algo **I 8A** etw. (ver)ändern

cambiar algo por algo **<III 1, MA>** etw. durch etw. ersetzen

cambiar de línea **II 4, 12** umsteigen

cambiarse de tren **II 4, 12** umsteigen

cambiarse **<I 9>** sich umziehen

el **cambio** **III 8, 2** das Wechselgeld

<III 2, 5> die Änderung

caminar **II 1, PP** wandern

un **camino** **I 4B** ein Weg

un **camión** **II 2** ein Lastwagen, ein LKW

un **camión** de la basura **II 2** ein Müll-fahrzeug

una **camisa** **I 6** ein Hemd, eine Bluse

una **camiseta** **I 6, 10** ein T-Shirt

una tienda de **campaña** **II 1, PP** ein Zelt

una **campanada** **<III GC>** ein Glocken-schlag

un **campesino**, una **campesina** **<I 9, PP>** ein Bauer, eine Bäuerin

el **campo** **II 1, PP** das Land, die ländliche Gegend

un **campo** de golf **<III GC>** ein Golfplatz

un **campo** de fútbol **II 4** ein Fußballfeld

la **caña** de azúcar **<III GC>** (das) Zucker-rohr

una **canción** **I 2A** ein Lied

(estar) **cansado, -a** **I 6** müde (sein)

un / una **cantante** **<III 8, 9>** ein Sänger, eine Sängerin

cantar **<III 3, MA>** singen

cantar algo **<III 6, MA>** etw. singen, etw. aufsagen

una **cantidad** **<III 5, 7>** eine Menge

la **capital** **II 8, PP** die Hauptstadt

la **cara** **III 1** das Gesicht

el **carácter** **<III 2, TA>** der Charakter

una **característica** **<III 5, 2>** eine Eigenschaft, ein Merkmal

caracterizar a alguien **<III 5, 3>** jdn. charakterisieren

un **caramelo** **<III GC>** ein Bonbon

una **cárcel** **II 6** ein Gefängnis

el **cardamomo** **<III 8, 10>** der Kardamom *(Gewürz)*

una **caricatura** **<III 6, 12>** eine Karikatur

¡**Cariño**! **<III 5, 12>** Liebes!

el **carnaval** **<III 7, TA>** der Karneval

la **carne** **I 7A** das Fleisch

la **carne** de vaca **<III 8, 10>** das Rind-fleisch

caro, -a **II 3** teuer

una **carrera** **II 8; <III GC>** eine Laufbahn, eine Studienrichtung; eine Karriere

<III GC> ein (Wett)Rennen

una pista de **carreras** **<III GC>** eine Rennstrecke

una **carretera** **II 5, PP** eine (Land-)Straße

una **carta** **II 7** ein Brief

II 3, PP eine Speisekarte

un **cartel** **III 2** ein Plakat

una **cartelera** **<III 6, MA>** eine Plakat-wand

una **cartera** **I 3A, 10** eine Schultasche, ein Schulranzen

una **casa** **I 4A** ein Haus

en **casa** **I 4A** zu Hause

ir a **casa** de **I 4A** zu jdm. nach Hause gehen

una **casa**-cueva **<III GC>** eine Höhlen-wohnung

(estar) **casado, -a** **III 1, PP** verheiratet (sein)

casarse con alguien **II 7, PP** jdn. heiraten

una **cáscara** de plátano **<II 2, 13>** eine Bananenschale

casi **I 5A** fast, beinahe

una **casilla** **<III 1, 6>** ein Feld, ein Kästchen

(el) **castellano** **II 4, PP** Spanisch *(Sprache)*

un **castigo** **<III 8, MA>** eine Strafe

un **castillo** **III 4, PP** eine Burg

un **casting** **III 2** ein Casting

(el) **catalán** **II 4, PP** Katalanisch *(Sprache)*

Cataluña *(f.)* **II 4** Katalonien

una **catarata** **II 8, PP** ein Wasserfall

una **catedral** **III 4, PP** eine Kathedrale, ein Dom

los Reyes **Católicos** **III 4** die Katholischen Könige

catorce **I 3B, PP** vierzehn

causar algo **III 8, 4** etw. verursachen

el **caviar** **<III 8, 9>** der Kaviar

una **cazadora** **I 6, 10** eine Jacke

un **cedé** **I 2A** eine CD

celebrar algo **I 7A** etw. feiern

una **cena** **II 6** ein Abendessen

cenar **I 4A** zu Abend essen

un **céntimo** **I 7A, PP** ein Cent

un **centollo** **II 3** eine Meeresspinne *(Delikatesse)*

el **centro** **I 4A** das Zentrum

Centroamérica *(f.)* **III 8, 4** Mittelamerika

un **cepillo** de dientes **II 6** eine Zahn-bürste

cerca (de) **I 4B, PP** in der Nähe (von), bei

los **cereales** **<III PM 2>** das Getreide

cero **I 3B, PP** null

cerrar (-ie-) algo **II 2** etw. schließen

una **charcutería** **I 4B, PP** eine Metzgerei

chatear con alguien **II 9** mit jdm. chatten

un **chaval**, una **chavala** **III 2** ein Junge, ein Bursche, eine junge Frau

un **chico** / una **chica** **I 1** ein Junge/ein Mädchen

mi **chico**, mi **chica** **III 5** mein (fester) Freund, meine (feste) Freundin

el **chile** **I 7A** der Chili

el **chocolate** **I 7A** die Schokolade

una **churrería** **III 1, PP** ein Café *(mit Churros als Spezialitäten)*

un **churro** **III 3** frittiertes Spritzgebäck

ciego, -a **III 1, PP** blind

cien / ciento **I 3B, PP** hundert

ciento diez **II 5, PP** hundertzehn

ciento uno **II 5, PP** hunderteins

(las) **ciencias** de la naturaleza **I 5A, PP** die Naturwissenschaften *(Schulfach)*

por **cierto** **I 5A** übrigens, apropos

una **cifra** **<III 4, 12>** eine Ziffer, eine Zahl

cinco **I 3B, PP** fünf

cincuenta **I 3B, PP** fünfzig

un **cine** **I 4A, PP** ein Kino

un **circo** **<III 1, MA>** ein Zirkus

un **círculo** **<III 3, 12>** ein Kreis

las **circunstancias** **<III 2, MA>** die Umstände

una **ciudad** **I 4B** eine Stadt

una guerra **civil** **<III GC>** ein Bürgerkrieg

claro **I 2A** klar, natürlich *(adv.)*

claro, -a **<III 6, 7>** klar, verständlich

una **clase** **I 5A** eine Unterrichtsstunde, (der) Unterricht, eine Klasse

una palabra **clave** **<III 2, 4>** ein Schlüssel-wort

el **clima** **<III 4, 12>; III 8, 1** das Klima

una **cloaca** **<III 6, MA>** eine Kloake, ein Abwasserkanal

un **club** **III 7** ein Klub, ein Verein

un / una **cobardica** **II 5** ein Feigling

cobrar algo a alguien **III 1, PP** jdm. etw. berechnen, von jdm. etw. verlangen *(Geld)*

¿Me **cobras**? **III 1, PP** Zahlen, bitte!

el **cobre** **III GC** das Kupfer

el **coche** **II 1, PP** das Auto

ir *(irr.)* en **coche** **II 1, PP** mit dem Auto fahren

una **cocina** **I 4A** eine Küche

un **cocodrilo** **<III GC>** ein Krokodil

una **colección** **<III GC>** eine Sammlung

un / una **colega** *(col.)* **III 2** ein Kumpel, ein Freund, eine Freundin

un **colegio** **I 4B, PP; III 1** eine (Grund-) Schule

colgar (-ue-; g-gu) **II 5** auflegen *(Telefon)*

un **collage** **<III PM 2, 5>** eine Kollage

Colombia *(f.)* **II 1** Kolumbien

un **colombiano**, una **colombiana** **I 5B** ein Kolumbianer, eine Kolumbianerin

Cristóbal **Colón** **II 4** Christoph Kolumbus

una **colonia** **II 1, PP** ein Ferienlager, eine Jugendfreizeit

<III GC> eine Kolonie

la **colonia** **<III GC>** die Kolonialzeit

colonial **III 8, 1** Kolonial-, aus der Kolonialzeit

un **color** **I 6** eine Farbe

una **columna** <III 3, 11> eine Spalte

un **comedor** I 4A, 5 ein Esszimmer

comentar algo III 6 etw. mitteilen, etw. sagen

comenzar (-ie-; z-c) algo III 1, PP etw. anfangen, etw. beginnen

comer algo I 3A etw. essen

el **comercio** <III GC> der Handel

el **comercio** justo <III 8, 8> der faire Handel

un **cómic** II 9 ein Comic

la **comida** I 8A, 6 das Essen

preparar la **comida** I 8A, 6 das Essen zubereiten

el **comienzo** II 2 der Anfang, der Beginn

como I 5B wie

como Dios manda II 6 ordentlich, wie es sich gehört

¿**cómo**? I 1, PP wie?

¿**Cómo** te llamas? I 1, PP Wie heißt du?

como (Konj.) III 1 da, weil

un **compañero**, una **compañera** (de clase) I 5B ein Klassenkamerad, ein Mitschüler, eine Klassenkameradin, eine Mitschülerin

comparar algo / a alguien con algo / alguien <III 1, 5> etw. / jdn. mit etw. / jdm. vergleichen

compartir algo (con alguien) I 8A etw. (mit jdm.) teilen

completar algo <III 1, PP 5> etw. vervollständigen

completo, -a <III 1, 13> komplett, vollständig

complicado, -a III 1 kompliziert

un **compositor**, una **compositora** <III GC> ein Komponist, eine Komponistin

hacer (irr.) la **compra** I 7A einkaufen (Lebensmittel)

comprar algo I 2A, PP etw. kaufen

comprender algo / a alguien I 3A etw. / jdn. verstehen

comprensivo, -a III 5, PP verständnisvoll

el edificio de **comunicaciones** <III GC> das Telekommunikationsgebäude

comunicativo, -a III 5, PP kontaktfreudig

una **comunidad** autónoma II 1, 11 eine autonome Region (entspricht etwa: Bundesland)

la **Comunidad** de Madrid III 1 Madrid (als autonome Region)

la Primera **Comunión** II 4 die Erste Heilige Kommunion, die Erstkommunion

con I 2A mit

con la aparición de <I 9, PP> unter Mitwirkung von

un **concierto** I 4A, PP ein Konzert

un **concurso** <III GC> ein Wettbewerb

un **conde**, una **condesa** <III GC> ein Graf, eine Gräfin

(las) frases **condicionales** <III 8, 2> (die) Bedingungssätze

confiar (-ío) en alguien III 5 jdm. vertrauen

conocer (-zco) algo / a alguien I 8A, PP etw. / jdn. kennen, kennenlernen

conocido, -a I 5A bekannt

conseguir (-i-/-i-; gu-g) algo III 6 etw. erreichen, etw. schaffen

un **consejo** III 8, 2 ein Rat, ein Tipp

conservar algo III GC etw. erhalten

constante III 5, PP zielstrebig

una **construcción** verbal <III 3, 5> eine Verbkonstruktion

construido, -a <III GC> gebaut

un **contacto** <III 1, 6>; III 5 ein Kontakt

la **contaminación** III 8, 4 die Umweltverschmutzung

(estar) **contaminado, -a** III 8, 4 verschmutzt (sein) (Umwelt)

contar (-ue-) algo a alguien I 5B jdm. (von) etw. erzählen

contar algo <III 5, 8> etw. zählen

contemplar algo <III 6, MA> etw. betrachten

el **contenido** <III 2, 14> der Inhalt

(estar) **contento, -a** I 6 froh, fröhlich, zufrieden (sein)

contestar algo a alguien I 2A jdm. etw. antworten

el **contexto** <III 1, 13> der Kontext

un **continente** II 8, PP ein Kontinent

continuar (-úo) algo <III 6, PP> etw. fortsetzen

en **contra** de <III 2, TA> gegen

todo lo **contrario** <III 2, 11> ganz im Gegenteil

al **contrario** <III 6, 13> im Gegenteil

un **contraste** <III 4, 12> ein Gegensatz

controlar algo <III 1, 3> etw. kontrollieren, etw. überprüfen

una **conversación** I 2A ein Gespräch

la **convivencia** <III 4, 9> das Zusammenleben

copiar algo <III 1, PP 4> etw. kopieren, etw. abschreiben

una **cordillera** II 8, PP eine Gebirgskette, ein Gebirgszug

correcto, -a <III 1, PP 5> richtig

corregir (-i-/-i-; g-j) algo <III 1, 5> etw. korrigieren, etw. verbessern

un **correo** electrónico I 3B eine E-Mail

correr II 5 rennen, laufen

correspondiente <III 1, 3> entsprechend

cortar algo III 2 etw. (ab-)schneiden

un **cortijo** <III PM 2> ein Landhaus, ein Landgut (in Andalusien)

una **cortina** II 2 ein Vorhang

corto, -a I 5B, PP kurz

un **corto** III 3 ein Kurzfilm

una **cosa** I 4B eine Sache, ein Ding

la **costa** I 1 die Küste

la **Costa** Brava I 1 die Costa Brava

costar (-ue-) I 7A, PP kosten

¿Cuánto **cuesta**? I 7A, PP Wie viel kostet das?

la **creación** <III 8, MA> die Erschaffung

crear algo III 2 etw. erschaffen

crecer (-zco) II 8 heranwachsen, aufwachsen

<III PM 1> wachsen

creer algo I 7A etw. glauben, etw. meinen

creer que I 7B glauben, dass; meinen, dass

una **crema** III 8, 2 eine Creme

una **crema** antimosquitos III 8, 2 eine Mückenschutzcreme

la **criminalidad** III 8, 4 die Kriminalität

cristiano, -a III 4, PP christlich

Cristóbal Colón II 4 Christoph Kolumbus

la **crítica** <III 5, 2> die Kritik

criticar (c-qu) a alguien <III 5, 12> jdn. kritisieren

cruzar (z-c) algo I 4B, PP etw. überqueren

un **cuaderno** I 3A, 10 ein Heft

un kilómetro **cuadrado** <III GC> ein Quadratkilometer

un **cuadro** II 4 ein Gemälde

tal **cual** <III 5, 2> genau so

¿**cuál**? II 4, PP welche, -r, -s?

cuando I 6 als

I 7B (dann) wenn

de vez en **cuando** III 5 ab und zu, manchmal

de **cuando** en **cuando** <III 1, MA> ab und zu

¿**cuándo**? I 5A wann?

¿**cuánto, -os**?, ¿**cuánta, -as**? I 7A, PP wie viel?, wie viele?

cuarenta I 3B, PP vierzig

un **cuarto** I 6 ein Zimmer

III 5, 7 ein Viertel

un **cuarto** de baño I 4A, 5 ein Badezimmer

cuarto, -a II 2 vierte, -r, -s

cuatro I 3B, PP vier

cuatrocientos, -as II 5, PP vierhundert

Cuba (f.) <III PM 2, 4> Kuba

cubano, -a <III GC> kubanisch

un **cuenco** II 3 eine kleine Schüssel, ein Schälchen

por (+ Poss.pron.) **cuenta** II 9 auf eigene Faust

las partes del **cuerpo** <III GC> die Körperteile

un **cuestionario** <III 5, 2> ein Fragebogen

una **cueva** <III GC> eine Höhle

el **cuidado** I 8B die Vorsicht

¡Ten **cuidado**! I 8B Vorsicht!

cuidar a alguien III 1, PP sich um jdn. kümmern

una **cultura** III 4, PP eine Kultur

cultural <III 4, 12>; III 8, 4 kulturell

el **cumpleaños** I 6 der Geburtstag

cumplir … años II 8 … Jahre alt werden

una **curiosidad** <III PM 1> eine Besonderheit, eine Kuriosität

curioso, -a **III 3** neugierig
un **curso** <**III 2, PP**> ein Schuljahr
un / una **cutre** (col.) <**III 5, 12**> ein Geizhals

D
un **dado** <**III 5, 4**> ein Würfel
  tirar el **dado** <**III 8, 3**> würfeln
dar(le) (irr.) algo a alguien **I 8A** jdm. etw.
  geben
  dar (irr.) trabajo **I 8A** Arbeit machen
  darse (irr.) cuenta de algo **III 4** etw.
  bemerken
  dar (irr.) órdenes <**III 2, 14**> Anweisungen geben
los **datos** <**III 8, 5**> die Daten
de **I 1, PP** von
  ¿**de** dónde? **I 1, PP** woher?
  de la Costa Brava **I 1** an der Costa
  Brava
  de nuevo **II 8** wieder, erneut
  de repente **II 9** plötzlich
  el / la / los / las … **de** siempre **I 4A**
  übliche, -r, -s, der, die, das gleiche wie
  immer
  de verdad **I 3A** wirklich
  de vez en cuando **III 5** ab und zu,
  manchmal
debajo de **I 8B, PP** unter
un **debate** <**III 2, TA**> eine Debatte, eine
  Diskussion
los **deberes** **I 5A** die Hausaufgaben
debido a <**III GC**> wegen
decidido, -a <**III 5, 2**> energisch, entschlossen
decidir algo **II 5** etw. entscheiden, etw.
  beschließen
un **décimo** **III 3** ein Losanteil
décimo, -a **II 2** zehnte, -r, -s
decir (irr.) algo a alguien **I 5B** jdm. etw.
  sagen
una **decisión** **II 7** eine Entscheidung
la **decoración** **III 7 PP** die Dekoration
un **decorado** <**III 2, 14**> eine Kulisse
un **dedo** **II 3** ein Finger
un **defecto** <**III 5, 2**> ein Fehler, ein
  Defekt
defender (-ie-) algo / a alguien <**III 4, MA**>
  etw. / jdn. verteidigen
dejar algo a alguien **I 8B** jdm. etw. (über)
  lassen
delante de **I 5B** vor (örtl.)
un **delfín** <**III PM 2**> ein Delfin
delgado, -a **I 5B, PP** schlank
un **delito** **III 6** ein Verbrechen
los / las **demás** **I 4B** die Übrigen / anderen
demasiado **III 1** zu (+ adj.), zuviel
dentro de **III 5** in, bis (zeitl.)
el **deporte** **I 1** der Sport
  practicar **deporte** **I 2A, PP** Sport treiben
  un **deporte** acuático <**III GC**> eine
  Wassersportart
(estar) **deprimido, -a** **II 2, PP** deprimiert
  (sein)

deprimir a alguien <**III 1, MA**> jdn.
  deprimieren
deprisa (adv.) **II 4** schnell (adv.)
a la **derecha** **I 4B, PP** rechts
(el) **Derecho** **II 8** (das) Recht, Jura
desaparecer (-zco) **III 4** verschwinden
un **desastre** **I 1** eine Katastrophe
  ser un **desastre** (col.) **I 2A** chaotisch
  sein; unmöglich sein
desayunar algo **I 6, PP** etw. frühstücken
un **desayuno** **I 7B** ein Frühstück
desconocido, -a <**III PM 2**> unbekannt
desconsiderado, -a <**III 5, PP**> rücksichtslos
describir algo a alguien **II 4, PP** jdm. etw.
  beschreiben
descubrir algo **III 4** etw. entdecken,
  etw. finden
desde **II 1** aus, von
  III GC seit
desear algo **II 3, PP** etw. wünschen
un **deseo** <**III 2, 11**>; **III 7** ein Wunsch
por **desgracia** **III 7** leider
desgraciadamente **II 8** leider
un **desierto** **III 4, PP** eine Wüste
desigual <**III 6, 12**> ungleich
(estar) **desordenado, -a** **I 8A** unordentlich
  (sein) (Raum), unaufgeräumt (sein)
una **despedida** <**I 9**> ein Abschied
despedirse (-i-/-i-) de alguien **II 3** sich
  von jdm. verabschieden
un **despertador** **I 6** ein Wecker
despertarse (-ie-) **I 6, PP** aufwachen
después **I 2A** danach
después de (+ inf.) **II 4** nachdem
destruir (-y-) algo <**III 8, MA**> etw. zerstören
un **detalle** <**III 2, 15**> ein Detail, eine
  Einzelheit
detrás de **I 8B, PP** hinter
las **deudas** **III 7** die Schulden
devolver (-ue-) algo a alguien <**II 10**> jdm.
  etw. zurückgeben
un **día** **I 3B** ein Tag
  II 7 eines Tages
Buenos **días**. **I 3B** Guten Tag.
un **dialecto** <**III GC**> ein Dialekt
un **diálogo** <**III 2, 8**>; **III 3** ein Dialog
un **diario** **I 7B** ein Tagebuch
un **dibujo** <**III 1, 2**> eine Zeichnung
un **diccionario** **I 8B** ein Wörterbuch
diciembre (m.) **I 7B, PP** Dezember
una **dictadura** <**III GC**> eine Diktatur
dictar algo <**III 4, MA**> etw. diktieren
dieci… **I 3B, PP** …zehn (bei den Zahlen
  16 – 19)
un **diente** **I 6, PP** ein Zahn
  lavarse los **dientes** **I 6, PP** sich die
  Zähne putzen
  un cepillo de **dientes** **II 6** eine Zahn-
  bürste
diez **I 3B, PP** zehn
una **diferencia** **I 5B** ein Unterschied
diferente **I 7A** anders, unterschiedlich

difícil **I 7A** schwierig
una **dificultad** **III 6** eine Schwierigkeit
¡**Dígame!** **I 4A** Formel beim Abnehmen
  des Telefons (wörtl. Sagen Sie mir!)
un **diluvio** <**III 8, MA**> eine Flut
el **dinero** **II 3** das Geld
(el) **Dios** **II 6** (der) Gott
  como **Dios** manda **II 6** wie es sich
  gehört
  ¡**Dios** mío! **II 6** Mein Gott!
una **diosa** **III GC** eine Göttin
una **dirección** **I 2B, PP** eine Adresse
la **dirección** <**III 1, MA**> die Leitung, die
  Direktion
un **director**, una **directora** <**III 1, 8**>; **III 6**
  ein Direktor, ein Leiter, eine Direktorin,
  eine Leiterin
  <**III 2, 14**> ein Regisseur, eine Regisseurin
  un **director** de cine <**III PM 2, 4**> ein
  Regisseur
un **disco** <**III GC**> eine Schallplatte
una **disco** **III 7** eine Diskothek
una **discoteca** <**III GC**> eine Diskothek
una **discusión** <**III 1, MA**> eine Diskussion
discutir algo con alguien **I 7B** etw. mit
  jdm. diskutieren; streiten
disfrutar (de algo) **III 7** (etw.) genießen
estar (irr.) **dispuesto, -a** a hacer
  algo <**III 5, 12**> vorhaben etw. zu tun
distinto, -a **III 1** anders, unterschiedlich
un **distrito** <**III GC**> ein Distrikt, ein
  Verwaltungsbezirk
divertido, -a **I 4B** lustig
divertirse (-ie-/-i-) **I 6, PP** sich amüsieren
doble <**III 1, 3**> doppelt
doce **I 3B, PP** zwölf
una **docena** **III 3** ein Dutzend
un **documental** <**III 1, MA**> ein
  Dokumentarfilm
un **documento** **III 8, 2** ein Dokument
un **dólar** **III 6** ein Dollar
dominar a alguien <**III 2, MA**> jdn.
  beherrschen
domingo (m.) **I 5A** Sonntag
donde **II 6** wo
¿**dónde**? **I 3A** wo?
  ¿de **dónde**? **I 1, PP** woher?
dormir (-ue-/-u-) **I 6, PP** schlafen
  dormirse (-ue-/-u-) **I 6** einschlafen
un **dormitorio** **I 4A, 5** ein Schlafzimmer
dos **I 3A, PP** zwei
doscientos, -as **II 5, PP** zweihundert
  doscientos, -as diez **II 5, PP** zweihundertzehn
un **dragón** **II 4, PP** ein Drache
una **droga** **III 6** eine Droge
ducharse **I 6, PP** (sich) duschen
sin **duda** **II 6** ohne Zweifel
durante (+ subst.) **II 6** während (+ Subst.)
durar <**III PM 3**> dauern
duro, -a **I 5A** streng
  II 2 hart, beschwerlich
un **DVD** **III 1** eine DVD; ein DVD-Player

E

e I 8A und *(vor i- oder hi-)*

echar algo I 7A etw. dazugeben, etw. werfen

 echar de menos algo / a alguien II 2, PP jdn. / etw. vermissen

 echar una bronca a alguien II 5 jdn. zurechtweisen, mit jdm. schimpfen

la **economía** <III 4, 12> die Wirtschaft

económico, -a <III 4, 12> wirtschaftlich

un sector **económico** <III PM 2> ein Wirtschaftssektor

la **edad** II 9 das Alter

 la **edad** mínima <III 6, 7> das Mindestalter

la **Edad** Media <III GC> das Mittelalter

un **edificio** I 4B ein Gebäude

la **educación** <III 6, 13> die Erziehung, die Bildung

 (la) **educación** plástica y visual I 5A, PP Kunsterziehung *(Schulfach)*

un **ejemplo** I 8A ein Beispiel

 por **ejemplo** I 8A zum Beispiel

un **ejercicio** <III 1, PP 5> eine Übung

el, la I 1 der, die, das *(bestimmter Artikel, sg.)*

 el (+ Wochentag) I 5A am / diesen (+ Wochentag)

 el que III 3 der(jenige), welcher

él I 2B er

un correo **electrónico** I 3B eine E-Mail

elegir (-i-/-i-; g-j) algo II 3 etw. (aus) wählen

un **elemento** <III GC> ein Element, ein Bestandteil

elevado, -a III 8, 1 hoch, hoch gelegen

ella I 2B sie *(sg.)*

ellos, ellas I 2B sie *(pl.)*

un **e-mail** I 3B eine E-Mail

sin **embargo** III 3 dennoch

un / una **emigrante** II 7 ein Emigrant, eine Emigrantin

emocionante III 5 aufregend, spannend

una **empanada** II 1 eine Pastete *(galizische Spezialität)*

empezar (-ie-; z-c) (a hacer) algo I 5A etw. (zu tun) anfangen, beginnen

un **empleado**, una **empleada** III 4 ein Angestellter, eine Angestellte

en I 1 in, an, auf

 en 19... (mil novecientos...) II 7, PP im Jahr 19... (neunzehnhundert...)

 en 20...(dos mil...) II 7, PP im Jahr 20... (zweitausend...)

 en casa I 4A zu Hause

 en fin II 8 kurz und gut

 en la playa I 1 am Strand

 a la(s) ... **en** punto I 4A genau um ... Uhr, pünktlich um ... Uhr

 en serio I 5B im Ernst

 en total I 7A insgesamt, alles zusammen

(estar) **enamorado, -a** II 2, PP verliebt (sein)

(estar) **encantado, -a** I 7A erfreut (sein)

encantar(le) a alguien I 8A jdn. begeistern, jdm. sehr gut gefallen

encender (-ie-) algo III 1 etw. anschalten III 7 etw. anzünden

encendido, -a <III 2, MA> zornig

encima (de) I 8B, PP auf <III 5, 12> darüber hinaus

encontrar (-ue-) algo I 6 etw. finden

encontrarse (-ue-) con II 2 sich treffen (mit)

 encontrarse (-ue-) en un lugar III 6 sich an einem Ort befinden

un **encuentro** <III 2, MA> eine Begegnung

una **encuesta** <III 5, 7> eine Umfrage

enero (m.) I 7B, PP Januar

(estar) **enfadado, -a** I 6 verärgert (sein), böse (sein)

enfadar a alguien <III PM 3> jdn. verärgern

enfadarse por algo III 1 sich über etw. ärgern

una **enfermedad** III 8, 2 eine Krankheit

un **enfermero**, una **enfermera** I 8A ein Krankenpfleger, eine Krankenschwester

enfermo, -a I 7 krank

 caer (caigo) **enfermo, -a** II 7 krank werden

enfrente de I 4B, PP gegenüber (von)

enorme II 3 riesig, groß

un **ensayo** I 5B eine Probe

enseguida (adv.) II 4 sofort (adv.)

enseñar(le) algo a alguien I 8A jdm. etw. zeigen, jdm. etw. beibringen

entender (-ie-) algo / a alguien I 5A etw. / jdn. verstehen

 no **entender** (-ie-) ni papa III 1 nur Bahnhof verstehen

enterarse de algo I 7B etw. erfahren, etw. mitbekommen

entonces ... I 2B dann

una **entrada** I 7B eine Eintrittskarte

entrar (en) I 3B eintreten, hineingehen (in)

entre II 7 zwischen, unter

entretanto II 7 in der Zwischenzeit

enviar(le) (-ío) algo a alguien II 8 jdm. etw. schicken

una **época** <III 1, MA> eine Epoche

un **equipo** I 5A eine Mannschaft, ein Team

un **equipo** de música I 8B, PP eine Stereoanlage

un **error** I 7B ein Fehler

 estar en un **error** <III 4, MA> sich irren

es que I 4A es ist (nämlich) so, dass... / das kommt daher, dass...

 ¿**Es** todo? I 7A, PP Ist das alles?

 Es verdad. I 3A Das stimmt. / Das ist wahr.

una **escalera** II 2 eine Treppe, ein Treppenhaus

una **escena** <III 2, 4> eine Szene

esconder algo III 4 etw. verstecken

escribir algo / a alguien I 3A etw. / jdm. schreiben

un **escritor**, una **escritora** <III PM 1> ein Schriftsteller, eine Schriftstellerin

un **escritorio** I 8B, PP ein Schreibtisch

escuchar algo / a alguien I 2A, PP etw. / jdn. hören; jdm. zuhören

una **escuela** III 3 eine Schule

 una **escuela** de lengua <III GC> eine Sprachschule

ese, esa, esos, esas (adj.) I 7A diese, -r, -s dort

ése, ésa, ésos, ésas (pron.) I 7A diese, -r, -s dort

un **eslogan** <III 6, TA> ein Slogan, ein Motto

eso I 5B das (Pron.)

España (f.) I 5A Spanien

español, -a I 8A, PP spanisch

un **español**, una **española** I 2B ein Spanier, eine Spanierin

(el) **español** I 2A, PP Spanisch, die spanische Sprache

especial I 7B besonders, speziell

una **especie** de <III GC> eine Art von

espectacular II 6 spektakulär, herrlich, toll

un **espectáculo** <III PM 2> ein Schauspiel

la **esperanza** III 6 die Hoffnung

esperar algo / a alguien I 2B etw. / jdn. erwarten, auf etw. / jdn. warten III 2 etw. hoffen

espontáneo, -a <III 2, 5> spontan

un **esquema** <III 1, MA> ein Schema, eine Grafik, eine Schemazeichnung

una **esquina** I 4B, PP eine Ecke

está bien I 7A Ist gut. / In Ordnung.

esta tarde I 7A heute Nachmittag

una **estación** de tren II 1 ein Bahnhof

 una **estación** del año II 9, 9 eine Jahreszeit

 una **estación** de esquí <III GC> ein Skigebiet

un **estadio** <III GC> ein Stadion

una **estadística** <III 5, 7> eine Statistik

(los) **Estados** Unidos II 8 (die) USA, die Vereinigten Staaten

un / una **estadounidense** <III GC> ein US-Amerikaner, eine US-Amerikanerin

la lengua **estándar** <III 1, 13> die Standardsprache

una **estantería** I 8B, PP ein Regal

estar (irr.) I 4A sein, sich befinden

 ya **está** I 8B fertig

 estar (irr.) a ... kilómetros II 5 ... Kilometer entfernt sein

 estar bien II 7 (jdm.) gut gehen

 estar (irr.) con deudas III 7 verschuldet sein

estar *(irr.)* sentado,-a II 5 sitzen

este, esta, estos, estas
 (adj.) I 7A diese, -r, -s hier

el **este** II 8, PP der Osten

éste es, **ésta** es I 1 dies ist

un/una **estilista** <III 5, 12> ein Stylist, eine Stylistin

un **estilo** <III 5, 12>; III 8, 1 ein Stil, ein Baustil

un **estilo** de vida <III 5, PP> ein Lebensstil

esto II 2 dies *(neutrales Demonstrativpron.)*

una **estrategia** <III 1, Estr> eine Strategie

una **estrofa** <III PM 2, 5> eine Strophe

la **estructura** de la población <III 8, 5> die Bevölkerungsstruktur

estructurar algo <III 5, 11> etw. strukturieren

un **estuche** I 3A, 10 ein Mäppchen

un/una **estudiante** III 3 ein Student, eine Studentin

estudiar algo I 2A, PP etw. lernen, etw. studieren

un **estudio** II 9 ein Studio
 <III PM 1> eine Studie

los **estudios** <III GC> das Studium

un libro de **estudio** <III 1, MA> ein Schulbuch

estupendo,-a III 6 wunderbar

una **etnia** <III 8, 1> eine Ethnie, eine Volksgruppe

etnico,-a <III 8, 5> ethnisch

un **euro** [euro] I 7A, PP ein Euro

Europa [europa] *(f.)* II 8 Europa

un **europeo**, una **europea** <III 7, 10> ein Europäer, eine Europäerin

europeo,-a <III PM 3> europäisch

la **exactitud** <III PM 3> die Genauigkeit

exacto,-a III 4, MA> exakt, richtig

un **examen** <III 2, 5> ein Examen, eine Prüfung

examinar a alguien <III GC> jdn. prüfen

exclusivamente <III PM 3> ausschließlich

una **excursión** II 1, PP ein Ausflug

ir *(irr.)* de **excursión** II 1, PP einen Ausflug machen

hacer *(irr.)* una **excursión** II 1, PP einen Ausflug machen

existir III 6 existieren

el **éxito** III 5, PP der Erfolg

(no) tener *(irr.)* **éxito** III 5, PP erfolgreich / erfolglos sein

exótico,-a <III GC> exotisch

un **experto** III 6, 2> ein Experte

una **explicación** III 1 eine Erklärung

explicar (c-qu) algo a alguien II 4 jdm. etw. erklären

las **exportaciones** <III 8, 6> die Ausfuhren, der Export

exportar algo II 8 etw. exportieren

una **exposición** III 4 eine Ausstellung

expresar algo <III 2, 11> etw. ausdrücken

una **expresión** <III 1, PP 4> ein Ausdruck

expresivo,-a <III GC> ausdrucksvoll

un **extranjero**, una **extranjera** II 7 ein Ausländer, eine Ausländerin

el **extranjero** III 5 das Ausland

extremo,-a III GC extrem

F

una **fábrica** <III PM 3, 2> eine Fabrik

una **fachada** II 4, PP eine Fassade

fácil I 4B leicht

un **factor** <III 8, 6> ein Faktor, ein Umstand

una **falda** I 6, 10 ein Rock

falso,-a <III 1, 2> falsch

la **falta** de algo III 6 der Mangel an etw.

faltar I 5B fehlen

una **familia** I 3A, PP eine Familie

familiar III 6 Familien-, familiär

famoso,-a II 4, PP berühmt

un **fan** <III 2, 5> ein Fan

fantástico,-a <III PM 1> fantastisch, toll

una **farmacia** I 4B, PP eine Apotheke

la **farmacia** <III GC> die Pharmazie

fascinante <III PM 2> faszinierend

fascinar a alguien <III PM 1> jdn. faszinieren, jdn. begeistern

una **fase** <III PM 3> eine Phase

fatal *(adv.)* II 4 schrecklich *(adv.)*

un **favor** III 3 ein Gefallen

por **favor** I 2A bitte

a **favor** de <III 2, TA> für, zugunsten von

febrero *(m.)* I 7B, PP Februar

una **fecha** II 7 ein Datum

la **fecha** de nacimiento <III 1, PP 6> das Geburtsdatum

la **felicidad** II 6 das Glück(sgefühl)

feliz III 6 glücklich

fenomenal I 4A, PP toll, großartig

un **fenómeno** <III GC> ein Phänomen, eine Erscheinung

feo,-a I 5B, PP hässlich

la **fertilidad** III GC die Fruchtbarkeit

la **fiebre** III 1, PP (das) Fieber

una **fiesta** I 7B ein Fest, eine Feier, eine Party

una **fila** <III 4, MA> eine Reihe

la **filosofía** <III GC> die Philosophie

por **fin** I 5B endlich

un **fin** de semana II 9 ein Wochenende

el **final** II 2 das Ende

a **finales** de los años... II 7, PP Ende (+ Zeitraum)

financiar algo <III GC> etw. finanzieren

un **flamenco** <III GC> ein Flamingo
 <III GC> der Flamenco *(Tanz)*

una **flor** <III 8, 10> eine Blume

un **foco** <III 2, 14> ein Scheinwerfer

un **folleto** II 4 ein Prospekt

la **forma** <III 1, 12> die Art und Weise

una **forma** <III 1, PP 5> eine Form

formar algo <III 1, 3> etw. bilden

formular algo <III 3, 7> etw. formulieren

un **formulario** <III 5, 8> ein Formular

un **foro** <III 7, 1> ein (Chat)Forum

una **foto** I 5A ein Foto

una **fotocopia** III 8, 2 eine Fotokopie

fotografiar algo / a alguien <III 5, TA> etw. / jdn. fotografieren

un **fotógrafo**, una **fotógrafa** <III 5, TA> ein Fotograf, eine Fotografin

una **fotonovela** <III 5, 12> ein Fotoroman

una cámara de **fotos** III 8, 2 ein Fotoapparat

un **fragmento** <III 1, 14> ein Auszug

una **frase** <III 1, 3> ein Satz

(las) **frases** condicionales <III 8, 2> (die) Bedingungssätze

una **fresa** III 7 eine Erdbeere

fresco,-a <III 8, 10> frisch

el **frío** II 1 die Kälte

hacer *(irr.)* **frío** II 1 kalt sein *(Wetter)*

frito,-a <III PM 2> gebraten, frittiert

una **frontera** II 8, PP eine Grenze

la **fruta** I 7A das Obst, die Frucht

un **fuego** II 1 ein Feuer

una **fuente** <III GC> ein Brunnen

fuera II 5 draußen

fuerte II 7 kräftig, stark

la **fuerza** <III PM 2, 5> die Stärke

fumar III 5 rauchen

funcionar III 1 funktionieren

fundar algo <III GC> etw. gründen

el **fútbol** I 2A, PP der Fußball

un campo de **fútbol** II 4 ein Fußballfeld

el **futuro** II 7 die Zukunft

G

unas **gafas** I 5B, PP eine Brille

unas **gafas** de sol I 2A, PP eine Sonnenbrille

Galicia *(f.)* II 1 Galizien

gallego,-a II 8 galizisch

un **gallego**, una **gallega** II 8 ein Galizier, eine Galizierin *(in vielen lat.am. Ländern auch Bezeichnung für die Spanier allgemein)*

una **gamba** <III 8, 10> eine Garnele, ein Shrimp

la **ganadería** II 8, PP die Viehzucht

ganar algo II 7 etw. verdienen

tener *(irr.)* **ganas** de hacer algo III 5 Lust haben etw. zu tun

un/una **garífuna** <III 8, 1> ein Mischling aus Schwarzen und Indígenas

el **gas** II 3 die Kohlensäure

gastar(se) algo III 7 etw. ausgeben

en **general** <III 2, 5> im Allgemeinen

un **género** <III GC> eine Gattung, eine Art

generoso,-a III 5, PP großzügig

¡**Genial**! I 1 Toll!

genial I 4A toll, genial

la **gente** I 4B die Leute

(la) **geografía** I 5A, PP Erdkunde *(Schulfach)*

geográfico,-a <III GC> geografisch

el **gerundio** <III 3, 5> das Gerundium

gigante <III 7, TA> riesig, gigantisch

gigantesco, -a <III PM 3> riesig

girar I 4B, PP abbiegen

un **gitano**, una **gitana** <III GC> ein Zigeuner, eine Zigeunerin

un **gobierno** III 8, 4 eine Regierung
el Presidente del **Gobierno** <III GC> der Regierungschef

un **gol** <III 5, 11> ein Tor

un campo de **golf** <III GC> ein Golfplatz

una **goma** I 3A, 10 ein Radiergummi

gordo, -a I 5B, PP dick

una **gorra** III 1, PP eine Kappe

gótico, -a <III GC> gotisch

grabar algo <III GC> etw. aufnehmen

gracias I 4A danke
gracias a II 2 dank (prep.)
gracias por I 5A danke für

gracioso, -a I 5B komisch, witzig

un **grado** II 1 ein Grad
hacer (irr.) … **grados** II 1 … Grad sein

una fiesta de **graduación** III 7 PP eine Abiturfeier, eine Examensfeier

un **gráfico** <III 5, 7> eine Grafik

la **gramática** <III 4, 4> die Grammatik

un **gramático**, una **gramática** <III GC> ein Grammatiker, eine Grammatikerin

un **gramo** I 7A, 7 ein Gramm

gran (delante del sust.) III 2 groß, großartig

grande I 4B groß

gratis <I 9, PP> gratis

un **grifo** III 8, 2 ein Wasserhahn

gris I 6, 10 grau

gritar algo III 4 etw. schreien

un **grito** <III 4, MA> ein Schrei
a **gritos** <III 4, MA> sehr laut

un **grupo** II 1 eine Gruppe

guapo, -a I 5B, PP hübsch

guardar algo III 3 etw. behalten
III 8, 2 etw. aufbewahren

una **guardería** III 1, PP ein Kindergarten, eine Kinderkrippe

guatemalteco, -a III 7 guatemaltekisch
el Instituto **Guatemalteco** de Turismo <III 8, 1> das guatemaltekische Fremdenverkehrsamt

un **guatemalteco**, una **guatemalteca** III 1, PP ein Guatemalteke, eine Guatemaltekin

¡**guau**! <III 5, 12> wow!

guay (col.) I 5A klasse, toll

una **guerra** III 4 ein Krieg
una **guerra** civil <III GC> ein Bürgerkrieg

un / una **guía** II 4 ein Führer, eine Führerin
una **guía** de viajes III 8, 2 ein Reiseführer (Buch)

una visita **guiada** III 4 eine Führung

una **guitarra** <III GC> eine Gitarre

gustar(le) a alguien I 8A jdm. gefallen

me **gusta**, me **gustan** I 2B, PP ich mag; mir gefällt / gefallen

te **gusta**, te **gustan** I 2B, PP du magst, dir gefällt / gefallen

el **gusto** por <III GC> der Geschmack, das Vergnügen

H

haber (irr.) I 7B haben / sein (als Hilfsverb)

una **habitación** I 1 ein Zimmer

un / una **habitante** II 8, PP ein Einwohner, eine Einwohnerin

un / una **hablante** <III 3, 2> ein Sprecher, eine Sprecherin

hablar (con alguien) I 2A, PP (mit jdm.) reden; (mit jdm.) sprechen

hace (+ Zeitangabe) II 7 vor (zeitlich)

hacer (irr.) algo I 3B etw. machen, tun
hace sol II 1 die Sonne scheint
(**hacer**) mal tiempo II 1 schlechtes Wetter (sein)
hacer algo por alguien III 3 etw. für jdn. / anstelle von jdm. tun
hacer (irr.) la compra I 7A einkaufen (Lebensmittel)
hacer (irr.) una excursión II 1, PP einen Ausflug machen
hacerse (irr.) (+ adj.) III 3 (Adj. +) werden

hacia II 4 in Richtung von

¡**Hala**! I 7B Ach Gott! / Du meine Güte!

el **hambre** (f.) II 3 der Hunger
tener (irr.) **hambre** II 3 Hunger haben

la **harina** I 7A, 7 das Mehl

estar **harto, -a** de algo III 2 etw. satt haben

hasta I 3B bis
Hasta luego. I 3B Bis später.
Hasta pronto. I 5A Bis bald.
hasta que <III 2, 6>; III 3 bis (Konj.)

hay I 4B, PP es gibt, da ist / sind
hay niebla II 1, 8 es ist nebelig
hay que… I 8A man muss

un **hecho** <III 6, 4> eine Tatsache

un **helado** I 1 ein Eis

el **hermano**, la **hermana** I 1 der Bruder, die Schwester
los **hermanos** I 2A die Geschwister

hermoso, -a III 6 schön

el **hijo**, la **hija** I 3A, PP der Sohn, die Tochter
los **hijos** I 3A, PP die Kinder

una **hipótesis** <III 2, MF> eine Hypothese, eine Vermutung

hispano (+ adj.) <III GC> spanisch- (+ adj.)

(la) **historia** I 5A, PP Geschichte (Schulfach)

histórico, -a <III 4, 12> historisch

un **hogar** III 6 ein Zuhause, ein Heim

¡**Hola**! I 1, PP Hallo!

un **hombre** II 6 ein Mann

una **hora** I 4A eine Stunde

un **horario** I 5A, PP ein Stundenplan
II 1 ein Fahrplan

un **horóscopo** <III 5, 2> ein Horoskop

costar (-ue-) **horrores** a alguien <III 5, 12> jdm. schwerfallen

un **hospital** II 1 ein Krankenhaus

un **hotel** II 1, PP ein Hotel

hoy I 3B heute

un **huevo** I 7A, 7 ein Ei

el Patrimonio de la **Humanidad** <III GC> das Weltkulturerbe

I

la Península **Ibérica** <III GC> die Iberische Halbinsel

la **ida** I 5, PP die Hinfahrt
la **ida** y vuelta II 5, PP die Hin- und Rückfahrt

una **idea** I 2B eine Idee
Ni **idea**. I 2B Keine Ahnung.

una **identidad** <III 2, 3> eine Identität

un **idioma** II 7 eine Sprache

una **iglesia** II 4 eine Kirche

igual (que) I 5B gleich, genauso (wie)

ilegal III 6 illegal

una **ilusión** <III 7, MA> ein Wunschtraum
(estar) **ilusionado, -a** II 2, PP begeistert (sein)

una **ilustración** <III 7, TA> eine Illustration, eine Abbildung

ilustrar algo <III 1, 3> etw. illustrieren, etw. veranschaulichen

una **imagen** <III 1, MA> ein Bild

imaginar (algo) III 7 (etw.) annehmen, sich (etw.) vorstellen
imaginarse algo I 8A sich etw. vorstellen
Imagínate. I 8A Stell dir (nur) vor.

la **impaciencia** II 8 die Ungeduld

el **imperativo** <III 2, 11> der Imperativ
el **imperativo** negativo <III 8, 2> der verneinte Imperativ

el pretérito **imperfecto** <III 1, 4> das Imperfekt

un **imperio** <III 3, MA>; <III 3, MA> ein Imperium, ein Reich

la **importancia** II 2 die Bedeutung, die Wichtigkeit

importante I 4B wichtig

importar(le) a alguien I 8A jdm. wichtig sein, jdm. etw. ausmachen
No **importa**. I 8A Das macht nichts.

importar algo <III 8, 10> etw. importieren, etw. einführen
me **importa** un pimiento (col.) <III 2, MA> das ist mir ganz egal

una **impresión** <III 8, 4> ein Eindruck
(estar) **impresionado, -a** II 2, PP beeindruckt (sein)

incluir (-y-) algo <III GC> etw. umfassen

incluso III 3 sogar

increíble <III 5, 12> unglaublich

el pretérito **indefinido** <III 1, PP 4> das Indefinido

independiente III 5, PP unabhängig

(la) **India** <III 4, 4> Indien

una **indicación** <III 8, 3> eine Angabe

indicar (c-qu) algo <III 1, 13> etw. angeben

un / una **indígena** III 6 ein Ureinwohner, eine Ureinwohnerin

la **industria** <III 8, 5> die Industrie

la **influencia** <III GC> der Einfluss

una **información** <III 1, PP 6>; III 3 eine Information

un **ingeniero**, una **ingeniera** II 8 ein Ingenieur, eine Ingenieurin

(el) **inglés** I 5A, PP Englisch (Schulfach)

iniciar algo <III PM 3> etw. beginnen

tomar la **iniciativa** <III 2, 6> die Initiative ergreifen

un / una **inmigrante** <III 3, 7> ein Einwanderer, eine Einwanderin

instalaciones deportivas <III GC> Sportanlagen

un **insti** III 2 ein Gymnasium (Kurzform)

una **institución** <III GC> eine Institution, eine Einrichtung

un **instituto** I 4B, PP ein Gymnasium

el **Instituto** Guatemalteco de Turismo <III 8, 1> das guatemaltekische Fremdenverkehrsamt

inteligente I 6 intelligent

intentar algo III 1 etw. versuchen

un **intento** <III 8, 12> ein Versuch

un **intercambio** I 8A, PP ein (Schüler) Austausch

de **interés** <III PM 1> von Interesse

interesante I 4B interessant

interesar a alguien III 6 jdn. interessieren

interesarse por <III 5, PP> sich interessieren für

internacional <III 1, 11> international

(el) **Internet** II 1 (das) Internet

inventar algo <III 2, 11> etw. erfinden

investigar algo III GC etw. erforschen

el **invierno** II 9, 9 der Winter

una **invitación** III 7 PP eine Einladung

una tarjeta de **invitación** III 7 PP eine Einladungskarte

invitar a alguien I 7B jdn. einladen

ir (irr.) I 4A, PP gehen

ir a casa de alguien I 4A zu jdm. nach Hause gehen

ir (irr.) a hacer algo I 5B etw. tun werden

ir (irr.) de excursión II 1, PP einen Ausflug machen

ir (irr.) en (+Verkehrsmittel) II 1, PP mit einem Verkehrsmittel fahren

ir (irr.) (+ gerundio) III 3 etw. nach und nach / immer mehr tun

¿Quién **va** ahora? I 7A, PP Wer ist jetzt dran?

irse (irr.) I 6 (weg)gehen

irregular <III 2, 8> unregelmäßig

una **isla** II 1, 11 eine Insel

a la **izquierda** I 4B links

J

un **jaguar** <III 8, 3> ein Jaguar

un **jardín** I 7B ein Garten

un **jersey** (pl. jerséis) I 6, 10 ein Sweatshirt, ein Pullover

¡**Jo**! II 4 He!

joven (pl. jóvenes) I 5A jung

un / una **joven** (pl. jóvenes) I 7A ein junger Mann, eine junge Frau; ein / eine Jugendliche

los **jóvenes** I 7A die Jugendlichen

judío, -a III 4, PP jüdisch

un **juego** I 1 ein Spiel

No es un **juego**. I 1 Das ist kein Kinderspiel.

un juego de **ajedrez** <III 4, 9> ein Schachspiel

jueves (m.) I 5A, PP Donnerstag

un **jugador** I 5A ein Spieler

jugar (-ue-; g-gu) (a) algo / con alguien I 5B etw. / mit jdm. spielen

julio (m.) I 7B, PP Juli

junio (m.) I 7B, PP Juni

junto, -a I 4B gemeinsam, zusammen

el sentido de la **justicia** <III 5, 2> der Gerechtigkeitssinn

justificar (c-qu) algo <III 7, 1> etw. begründen

justo, -a III 6 gerecht

el comercio **justo** <III 8, 8> der faire Handel

K

un **kayak** II 1 ein Kayak

un **kilo** I 7A, PP ein Kilo

un **kilómetro** II 5, PP ein Kilometer

un **kilómetro** cuadrado <III GC> ein Quadratkilometer

estar (irr.) a ... **kilómetros** II 5 ... Kilometer entfernt sein

kitsch III 7 kitschig

L

la I 1 die (bestimmter Artikel, sg.)

la que III 3 die(jenige), welche

la II 3 sie (Akkusativpron. f. sg.)

un **ladino**, una **ladina** <III 8, 1> (in Guatemala) ein Mestize, eine Mestizin (Mischling aus Weißen und Indígenas)

un **lado** I 4B, PP eine Seite

al **lado** de I 4B, PP neben

a su **lado** I 7A neben ihm / ihr

un **lago** II 8, PP ein See

un **lápiz** I 3A, 10 ein Bleistift

un **lápiz** de color I 3A, 10 ein Buntstift

largo, -a I 5B, PP lang

las II 3 sie (Akkusativpron. f. pl.)

las que III 3 die(jenigen), welche (f. pl.)

las II 3 sie (Akkusativpron. f. pl.)

es una **lástima** III 6 es ist bedauerlich / traurig

¡Qué **lástima**! I 7B Schade!

el **latín** <III 4, 4> Latein; die lateinische Sprache

latino, -a <III GC> hier: lateinamerikanisch

Latinoamérica (f.) <III 7, TA> Lateinamerika

un **latinoamericano**, una **latinoamericana** III 7 ein Lateinamerikaner, eine Lateinamerikanerin

lavar algo I 8A, PP etw. waschen

lavar los platos I 8A, 6 spülen, (Geschirr) abwaschen

lavarse I 6, PP sich waschen

lavarse los dientes I 6, PP sich die Zähne putzen

le I 8A ihm / ihr (Dativpron.)

una técnica de **lectura** <III 4, 12> eine Lesetechnik

leer algo I 3A etw. lesen

lejos (de) I 4B, PP weit weg / entfernt (von)

una **lengua** I 5A, PP eine Sprache

una escuela de **lengua** <III GC> eine Sprachschule

(la) **lengua** y literatura I 5A, PP Spanisch (Schulfach, wie das Fach Deutsch in Deutschland)

un **león** III 1 ein Löwe

les I 8A ihnen (Dativpron.)

una **letra** <III 5, 2> ein Buchstabe

levantarse I 6, PP aufstehen

una **leyenda** III 4 eine Legende

libre II 3 frei

el tiempo **libre** I 5A die Freizeit

un **libro** I 3A ein Buch

el **libro** del alumno <III 2, 11> das Schülerbuch

un **libro** de estudio <III 1, MA> ein Schulbuch

un **limón** I 7A, PP eine Zitrone

limpiar algo I 8A, 6 etw. putzen

limpiarse algo II 3 sich (etw.) waschen

lindo, -a II 9 hübsch

una **línea** (de autobús, de metro) II 4, 12 eine (Bus-, U-Bahn-)Linie <III 1, 9> eine Zeile

una **lista** I 5B eine Liste

la **literatura** I 5A, PP die Literatur

la **literatura** universal <III GC> die Weltliteratur

una **llamada** II 9 ein Anruf

Llaman. I 8B Es läutet.

llamar a alguien I 3B jdn. rufen, jdn. anrufen

te **llamas** I 1, PP du heißt

me **llamo** I 1, PP ich heiße

llamar (por teléfono) I 3B jdn. anrufen

llamarse I 6 heißen

llamar algo a alguien II 6 jdn. etw. nennen

llamar la atención a alguien III 4 jdm. auffallen
llamativo, -a III 5 auffällig
llano, -a <III 4, 12> flach
la **llegada** II 3 die Ankunft
  <III 6, 3> das Ziel
llegar (g-gu) I 2A ankommen
llenarse <III PM 1> sich füllen
(estar) **lleno, -a** I 6 voll (sein)
llevar algo I 2A, PP etw. tragen
  llevar algo / a alguien I 7B etw. / jdn. mitnehmen
  llevar algo a alguien II 7 jdm. etw. bringen
  llevar II 5 sein (+ Zeitraum)
  llevar (+ Zeitraum) (+ gerundio) III 3 etw. schon seit (+ Zeitraum) tun
llorar I 7B weinen
llover (-ue-) II 1 regnen
la **lluvia** II 2 der Regen
lo II 3 ihn (Akkusativpron.)
  II 4 das (neutrales Pronomen)
  lo mejor de **lo** mejor II 4 das Beste vom Besten
  lo siento I 5A es tut mir leid
  lo que III 4 das, was
(estar) **loco, -a** III 1 verrückt (sein)
  tener (irr.) **loco, -a** a alguien III 1 jdn. verrückt machen
una **locución** <III 2, 5> ein feststehender Ausdruck
lógico, -a III 6 logisch
Londres <III PM 3> London
los, **las** I 2A die (bestimmter Artikel, pl.)
  los Alonso I 8B die Familie Alonso, die Alonsos
  los (+ Wochentage) I 5A Montags, Dienstags, ...
  los que III 3 die(jenigen), welche (m. pl.)
  los II 3 sie (Akkusativpron. m. pl.)
un billete de **lotería** III 1, PP ein Lotterie-los
luchador, -ora <III 5, 2> kämpferisch
luchar contra alguien III 4 gegen jdn. kämpfen
Hasta **luego**. I 3B Bis später.
un **lugar** I 4B ein Ort, ein Platz
  el **lugar** de nacimiento <III 1, PP 6> der Geburtsort
lunes (m.) I 5A, PP Montag
la **luz** I 8B das Licht

M

la **madera** <III 8, MA> das Holz
la **madre** I 3A, PP die Mutter
la Comunidad de **Madrid** III 1 Madrid (als autonome Region)
un **madrileño**, una
  madrileña <III PM 1> ein Einwohner / eine Einwohnerin von Madrid
una **madrina** III 7 PP eine Taufpatin; eine Trauzeugin

un **madroño** <III 3, MA> ein Erdbeer-baum
mágico, -a <III 6, MA> magisch
el **maíz** <III PM 3> der Mais
mal (adv.) I 3B schlecht (adv.)
  (hacer) **mal** tiempo II 1 schlechtes Wetter (sein)
¡**Maldita** sea! II 5 Verflixt!, Verflucht!
una **maleta** I 8A, PP ein Koffer
malo, -a I 8A schlecht
  III 1 unartig, böse
la **mamá** I 4A die Mama (auch als Anrede)
mañana I 3B morgen
la **mañana** I 4A der Morgen
  por la **mañana** I 5A morgens
mandar(le) algo a alguien I 8A, PP jdm. etw. schicken, senden
  mandar algo a alguien III 2 jdm. etw. befehlen; das Sagen haben
la **manera** <III 5, 12> die Art und Weise
una **mano** (f.) I 5B eine Hand
la **mantequilla** I 7A, 7 die Butter
una **manzana** I 7A, PP ein Apfel
un **mapa** <III PM 2> eine Landkarte
maquillar(se) <III 2, 14> (sich) schminken
una **máquina** <III 6, 4> hier: ein elektrisches Gerät
  una **máquina** de bebidas II 5 ein Getränkeautomat
el **mar** I 2A, PP das Meer
  el nivel del **mar** <III GC> der Meeres-spiegel
  la **mar** <III PM 2, 5> das Meer (poet.), die See
una **maravilla** <III 4, TA> ein Wunder, ein Wunderwerk
(estar) **marcado, -a** por <III GC> geprägt (sein) von
marcar (c-qu) algo <III 2, 7> etw. markieren, etw. unterstreichen
el **marido** II 7, PP der Ehemann
un **marisco** II 3 eine Meeresfrucht
una **marisquería** II 3 ein Spezialitäten-restaurant für Meeresfrüchte
marrón I 6 braun
martes (m.) I 5A, PP Dienstag
marzo (m.) I 7B, PP März
más I 5B mehr
  ¿Algo **más**? I 7A, PP Noch etwas?
  cada vez **más** (+ adj. / sust.) III 1 immer mehr
  más (+ adj.) que II 6, PP (Steigerungs-form der Adjektive) mehr
(las) **matemáticas** I 5A, PP Mathematik (Schulfach)
  un problema de **matemáticas** <III 1, MA> eine Mathematikaufgabe
un **matemático**, una **matemática** <III 4, MA> ein Mathematiker, eine Mathematikerin
un **matrimonio** III 3 ein Ehepaar

un / una **maya** <III 8, 1> eine Angehöriger / eine Angehörige des Maya-Volkes
mayo (m.) I 7B, PP Mai
el / la **mayor** I 4B der / die Ältere
mayor II 8 alt; älter
el / la **mayor** ... <III GC> der / die / das größte ...
la **mayoría** III 5, 7 die Mehrheit, die meisten
una **mazorca** <III 8, MA> ein Maiskolben
me I 8A mir (Dativpron.)
  II 3 mich (Akkusativpron.)
  Me pone ... I 7A, PP Ich möchte ... / Geben Sie mir ...
mediano, -a <III 8, 5> mittelgroß
la **medicina** <III GC> die Medizin
  una **medicina** <III PM 3, 2> ein Medikament
un **médico**, una **médica** <III 6, 7> ein Arzt, eine Ärztin
medio, -a I 7A halbe, -r, -s
  <III 4, 12> Durchschnitts-
la Edad **Media** <III GC> das Mittelalter
(el) **mediodía** II 1 (der) Mittag,
  a **mediodía** II 1 mittags
mediterráneo, -a <III GC> mediterran, Mittelmeer-
  el mar **Mediterráneo** <III 4, 12> das Mittelmeer
mejor I 4A beste, -r, -s
  a lo **mejor** I 3B vielleicht
  lo **mejor** de lo **mejor** II 4 das Beste vom Besten
de **memoria** <III PM 2> auswendig
menos II 4 weniger
  menos (+ adj.)
  que II 6, PP (Steigerungsform der Adjektive) weniger
  menos mal I 5B zum Glück
un **mensaje** I 2B eine Nachricht
un **mercado** I 7A, PP ein Markt
el **merengue** <III GC> der Merengue (lat. am. Tanz)
un **mes** I 5A ein Monat
una **mesa** I 8A, 6 ein Tisch
  poner la **mesa** I 8A, 6 den Tisch decken
un **metal** III GC ein Metall
meter algo en algo I 8B, PP etw. in etw. (hinein)stecken, etw. in etw. (hinein) legen
  meter un gol <III 5, 11> ein Tor schießen
meterse con alguien <III 5, 12> jdn. ärgern
el **metro** I 3A die U-Bahn
un **metro** II 5 ein Meter
mexicano, -a <III GC> mexikanisch
una **mezcla** <III GC> eine Mischung
una **mezquita** III 4, PP eine Moschee
mi I 3A mein, meine (sg.)
un **micrófono** <III 2, 14> ein Mikrofon
el **miedo** III 4 die Angst
mientras (+ verbo) II 6 während (+ Verb)

miércoles *(m.)* I 5A, PP Mittwoch

¡mierda! *(vulg.)* <III 5, 2> Scheiße! *(vulg.)*

mil II 5, PP tausend

(un) millón *(pl. millones)* II 9 (eine) Million

una mina III GC eine Mine, ein Bergwerk

una minifalda <III 5, 6> ein Minirock

la edad mínima <III 6, 7> das Mindestalter

un ministro, una ministra III 8, 4 ein Minister, eine Ministerin

un minuto II 4 eine Minute

mío, -a; el mío, la mía III 7 (das) meine, -r, -s; von mir

mirad I 5B schaut (mal)

mirar algo / a alguien I 3A schauen, etw. / jdn. anschauen

mis I 3A meine *(pl.)*

una misa III 7 PP eine Messe

la miseria III 8, 4 das Elend, die Armut

una zona de miseria III 8, 4 ein Elendsviertel

mismo, -a II 4, PP der-, die-, dasselbe

ahora mismo I 5B jetzt gleich, jetzt sofort

un misterio <III PM 3> ein Rätsel

la mitad III 5, 7 die Hälfte

un mito <III 8, MA> ein Mythos

una mochila III 8, 2 ein Rucksack

la moda <III 2, 8> die Mode

estar de moda <III 2, 8> modern / in sein

un modelo <III 5, 7> ein Modell, ein Vorbild

moderno, -a I 4B modern

(estar) mojado, -a II 2 nass (sein)

molar a alguien *(fam.)* III 1, PP jdm. sehr gefallen

molestar a alguien II 3 jdn. stören

un momento II 3 ein Moment, ein Augenblick

una momia III 1 eine Mumie

mono, -a <III 5, 12> niedlich, süß

un mono <III 8, MA> ein Affe

un monopolio <III GC> ein Monopol

una montaña II 1, PP ein Berg, ein Gebirge

montar a caballo II 1 reiten

un montón (de) *(col.)* I 4B ein Haufen *(ugs.)*, sehr viele

un monumento II 1, 11 ein Denkmal, eine Sehenswürdigkeit

moreno, -a I 5B, PP dunkelhaarig

morir (-ue-/-u-) II 8 sterben

¡Qué morro! I 2B Ganz schön frech!

mostrar (-ue-) algo a alguien III 8, 4 jdm. etw. zeigen

un motor <III 4, 12> ein Motor

mover (-ue-) algo <III 8, 3> etw. bewegen

movido, -a <III GC> lebhaft

un móvil I 2A ein Handy, ein Mobiltelefon

un movimiento <III GC> eine Bewegung

un MP3 [emepe'tres] <II 10> ein MP3-Player

un muchacho, una muchacha III 6 ein Junge, ein Mädchen

mucho *(adv.)* I 2B viel, sehr

mucho, -a I 5A viel

mudarse III 1, PP umziehen

un mueble I 4B, PP ein Möbelstück

una tienda de muebles I 4B, PP ein Möbelgeschäft

la muerte III 8, 4 der Tod; der Todesfall

un muerto, una muerta <III 7, TA> ein Toter, eine Tote

una mujer I 7A eine Frau

la mujer <I 9, PP>; I 6 die Ehefrau

multicultural <III GC> multikulturell

una multinacional II 8 ein (internationaler) Konzern

respuestas múltiples <III 8, TA> Multiple Choice

multiplicarse <III 8, MA> sich vermehren

mundial <III GC> weltweit, Welt-

el mundo <I 9>; II 6 die Welt

el Primer Mundo III 6 die Erste Welt

el Tercer Mundo <III 6, 11> die Dritte Welt

una muñeca I 8B eine Puppe

un museo I 1 ein Museum

la música I 2A, PP die Musik

musical <III GC> Musik-

musulmán, musulmana <III 4, MA> moslemisch

muy *(adv.)* I 2B sehr

N

nacer (-zco) II 7, PP geboren werden

el nacimiento <III 1, PP 6> die Geburt

a nivel nacional <III 8, 5> auf Landesebene

un parque nacional <III PM 2> ein Nationalpark

la nacionalidad <III 6, 7> die Nationalität, die Staatsangehörigkeit

nada II 5 nichts

De eso nada. III 3 Nichts da!

nadar I 2A, PP schwimmen

nadie II 5 niemand

el náhuatl <III GC> Nahuatl *(eine Sprache der Ureinwohner Mittelamerikas)*

naranja I 6, 10 orange

una naranja I 7A, PP eine Orange

un naranjo <III PM 2, 5> ein Orangenbaum

una reserva natural III 8, 1 ein Naturschutzgebiet

un parque natural <III GC> ein Naturschutzgebiet

la naturaleza <III PM 3> die Natur

(las) ciencias de la naturaleza I 5A, PP Naturwissenschaften *(Schulfach)*

naturalmente II 8 natürlich *(adv.)*

la Navidad III 3 (das) Weihnachten

(las) Navidades II 5 Weihnachten, die Weihnachtszeit

necesario, -a III 6 notwendig

la necesidad <III 6, MA> die Notwendigkeit

necesitar algo I 2A etw. brauchen, etw. benötigen

negativo, -a <III 5, 2> negativ

el imperativo negativo <III 8, 2> der verneinte Imperativ

en negrita <III 2, 5> fettgedruckt

negro, -a I 6, 10 schwarz

nervioso, -a II 1 nervös

nevar (-ie-) II 1, 8 schneien

ni ... ni II 5 weder ... noch

Ni idea. I 2B Keine Ahnung.

la niebla II 1, 8 der Nebel

hay niebla II 1, 8 es ist nebelig

un nieto, una nieta I 3A, PP ein Enkel, eine Enkelin

los nietos I 3A, PP die Enkel

la nieve <III PM 2> der Schnee

ningún, ninguno, -a II 6 keine, -r, -s

un niño, una niña I 4B ein kleiner Junge, ein kleines Mädchen, ein Kind

un niño de la calle III 6 ein Straßenkind

a nivel nacional <III 8, 5> auf Landesebene

el nivel del mar <III GC> der Meeresspiegel

no I 1 nein

I 1 nicht *(Verneinung)*

No es verdad. I 2B Das ist nicht wahr. / Das stimmt nicht.

una noche I 6 eine Nacht

Buenas noches. I 3B, 4 Guten Abend. Gute Nacht

nombrar algo <III 4, TA> etw. nennen

nombrar <III GC> ernennen

un nombre I 3B, PP ein Name

normal I 4B normal

el norte II 8, PP der Norden

nos I 8A uns *(Dativpron.)*

II 3 uns *(Akkusativpron.)*

nosotros, -as I 2B wir

una nota <III 4, MA> eine Note

tomar nota <III 2, 16> Notizen machen

notar algo / a alguien III 1 etw. / jdn. bemerken

una noticia I 3B eine Nachricht

novecientos, -as II 5, PP neunhundert

una novela <III 7, 6> ein Roman

noveno, -a II 2 neunte, -r, -s

noventa I 3B, PP neunzig

los noventa <III GC> die Neunziger Jahre

noviembre *(m.)* I 7B, PP November

un novio, una novia II 4, PP ein fester Freund, eine feste Freundin

II 4, PP ein Verlobter, eine Verlobte

III 7 PP eine Braut, ein Bräutigam

los novios III 7 PP das Brautpaar

nublar algo <III 8, MA> etw. trüben

nuestro, -a I 3B unser, unsere *(sg.)*

nuestro; el **nuestro**, la **nuestra** III 7 (das) unsere, -r, -s; von uns

nuestros, -as I 3B unsere *(pl.)*

nueve I 3B, PP neun

nuevo, -a II 3 neu

de **nuevo** II 8 erneut

un **número** I 3B, PP eine Zahl, eine Nummer

<III 8, 5> eine Anzahl

un **número** de teléfono I 3B, PP eine Telefonnummer

numeroso, -a <III GC> zahlreich

nunca II 5 niemals

O

o I 3B oder

ó II 5 oder *(zwischen zwei Zahlen)*

un **objeto** <III PM 1>; <III 5, TA> ein Objekt, ein Gegenstand

un pronombre de **objeto** <III 1, 8> ein Objektpronomen *(Dativ, Akkusativ)*

obligar (g-gu) a alguien a hacer algo <III PM 3> jdn. zwingen etw. zu tun

una **obra** I 4, PP ein (Kunst)Werk

una **obra** de teatro I 5A ein Theaterstück

un **obrero**, una **obrera** III 6 ein Arbeiter, eine Arbeiterin

observar algo / a alguien III 4 etw. / jdn. beobachten

un **observatorio** III GC ein Observatorium

el **Occidente** <III 4, PP> der Okzident, das Abendland

Oceanía *(f.)* III 4, PP Ozeanien

un **océano** <III 4, 12> ein Ozean

el **Océano** Atlántico <III 4, 12> der Atlantik

ochenta I 3B, PP achtzig

ocho I 3B, PP acht

ochocientos, -as II 5, PP achthundert

octavo, -a II 2 achte, -r, -s

octubre *(m.)* I 7B, PP Oktober

odiar algo / a alguien I 4B etw. / jdn. hassen

el **oeste** II 8, PP der Westen

una **oferta** <III GC> ein Angebot

oficial <III 3, MA> offiziell

una **oficina** de turismo II 4 ein Tourismusbüro, eine Touristeninformation

un **oficio** III 6 ein Beruf

ofrecer (-zco) algo a alguien II 7 jdm. etw. anbieten

oír *(irr.)* algo I 6 etw. hören

el **ojo** I 6 das Auge

el aceite de **oliva** <III GC> das Olivenöl

olvidar algo / a alguien II 6 etw. / jdn. vergessen

once I 3B, PP elf

una **ONG** III 5 eine NGO, eine Nichtregierungsorganisation

una **opinión** <III 2, 8>; III 7 eine Meinung

(la) **optativa** I 5A, PP das Wahlpflichtfach

optimista III 3 optimistisch

un **ordenador** I 8A ein Computer

ordenar algo I 8A, PP etw. aufräumen

<III 1, TA> etw. ordnen

dar *(irr.)* **órdenes** <III 2, 14> Anweisungen geben

un **organismo** <III 3, MA> ein Organismus, eine Behörde

una **organización** de ayuda <III 6, 13> eine Hilfsorganisation

organizar (z-c) algo <III 3, TA>; III 8, 2 etw. organisieren

el **Oriente** <III 4, PP> der Orient

el **origen** <III GC> der Ursprung

original <III 7, MA> originell

un **original** III 8, 2 ein Original

os I 8A euch *(Dativpron.)*

II 3 euch *(Akkusativpron.)*

un **oso** <III 3, MA> ein Bär

el **otoño** II 9, 9 der Herbst

otro, -a *(adj. + pron.)* I 7B ein andere, -r, -s, noch ein, -e, -r, -s

otra vez I 7B noch einmal, wieder

oye I 3A hör mal

un / una **oyente** <III GC> ein Hörer, eine Hörerin

P

la **paciencia** III 5, PP die Geduld

(no) tener *(irr.)* **paciencia** III 5, PP (un)geduldig sein, (keine) Geduld haben

el **padre** I 3A, PP der Vater

los **padres** I 3A, PP die Eltern

un **padrino**, una **madrina** III 7 PP ein Taufpate, eine Taufpatin; ein Trauzeuge, eine Trauzeugin

una **paella** I 1 eine Paella *(span. Reisgericht)*

la **paga** III 1, PP das Taschengeld

pagar (g-gu) (algo) I 7A (etw.) (be)zahlen

una **página** <III 1, PP 1> eine Seite

una **página** web <III 2, 10> eine Website

un **país** I 8A ein Land

un **paisaje** III 4, PP eine Landschaft

un **pájaro** <III 8, MA> ein Vogel

una **palabra** II 4, PP Wort

una **palabra** clave <III 2, 4> ein Schlüsselwort

un **palacio** III 4, PP ein Palast, ein Schloss

el **pan** I 7A, PP das Brot

una barra de **pan** III 1, PP eine Baguette

una **panadería** I 4B, PP eine Bäckerei

una **pandilla** III 6 eine Bande, eine Gang

un **pantalón** I 6 eine Hose

no entender (-ie-) ni **papa** III 1 nur Bahnhof verstehen

el **papá** I 7B der Papa *(auch als Anrede)*

los **papás** *(lat. am.)* III 7 die Eltern *(lat. am.)*

un **papel** I 3A ein Papier

I 5B eine Rolle *(im Theaterstück)*

III 6 ein Dokument

una **papelería** I 4B, PP ein Schreibwarengeschäft

un **par** de I 4B einige

para I 5B für

para (+ inf.) I 7A um ... zu

¿**para** qué? II 3 wofür?

una **parada** II 4, 12 eine Haltestelle

un **paraíso** III 8, 2 ein Paradies

parar II 5 anhalten

parecer(le) (-zco) algo a alguien I 8A jdm. etw. erscheinen, jdm. wie etw. vorkommen

una **pareja** <III 2, 8>; III 4 ein Paar

III 5 ein Partner, eine Partnerin

en **parejas** <III 2, 8> zu zweit

un **paréntesis** <III 1, 4> eine Klammer

un / una **pariente** II 8 ein Verwandter, eine Verwandte

un **parque** I 4B, PP ein Park

un **parque** de atracciones <III PM 2> ein Vergnügungspark

un **parque** nacional <III PM 2> ein Nationalpark

un **parque** natural <III GC> ein Naturschutzgebiet

un **parque** zoológico <III 1, MA> ein Zoo

un **párrafo** <III 2, MA> ein Paragraf, ein Abschnitt

una **parte** I 8B ein Teil

una **parte** de I 8B ein Teil von

en **parte** <III 8, 10> teilweise

por **parte** de <III GC> von seiten, durch

las **partes** del cuerpo <III GC> die Körperteile

participar en algo III 3 an etw. teilnehmen

un **partido** I 4A, PP ein Spiel *(beim Sport)*

a **partir** de <III PM 3> von ... an

ser *(irr.)* una **pasada** *(col.)* II 1 der Hammer sein

pasado, -a II 7 vergangene, -s, -r, letzte, -r, -s

el **pasado** <III 1, TA> die Vergangenheit

los **tiempos** del pasado <III 2, 13> die (Vergangenheits)Zeiten

un **pasaporte** III 8, 2 ein Reisepass

pasar I 2A verbringen

II 2 passieren, geschehen

pasar *(tren)* II 5 (durch)fahren, vorbeikommen *(Zug)*

pasar algo a alguien <II 10> jdm. etw. (hinüber)reichen, jdm. etw. geben

pasar la aspiradora I 8A, 6 staubsaugen

pasar (por algo) I 4B (an etw.) vorbeigehen

pasarlo bien III 1 Spaß haben

pasarse I 7B zu weit gehen

pasear <III GC> spazierengehen

un **paseo** II 4, PP eine Promenade, eine Allee

III 6 ein Spaziergang

un **pasillo** I 4A, 5 ein Flur, ein Gang

una **pata** <III 8, MA> ein Fuß, eine Pfote

un **patio** I 5B ein (Schul)Hof

el **patrimonio** <III 4, 12> das Erbe

el **Patrimonio** de la Humanidad <III GC> das Weltkulturerbe

la **paz** III 4 der Friede

pedir (-i-/-i-) algo II 3 etw. bestellen

pedir (-i-/-i-) algo a alguien III 1, PP jdn. um etw. bitten

no **pegar** (g-gu) a alguien (col) <III 5, 12> jdm. nicht stehen

una **peli** III 2 ein Film (Kurzform)

una **película** III 1 ein Film

peligroso,-a II 4 gefährlich

el **pelo** I 5B, PP die Haare

tomar el **pelo** a alguien III 2 jdn. auf den Arm nehmen

una **pelota** <III GC> ein Ball

una **peña** II 6 eine Clique

un **pendiente** III 2 ein Ohrring

la **Península** Ibérica <III GC> die Iberische Halbinsel

pensar (-ie-) en algo I 5A an etw. denken

pensar (-ie-) hacer algo I 5A etw. vorhaben, etw. zu tun beabsichtigen

pensar (-ie-) que… I 7B denken/ meinen, dass …

peor II 6 schlimmer

pequeño,-a I 4B klein

perder (-ie-) algo/a alguien II 6 etw./jdn. verlieren

perder (-ie-) (el autobús) II 5 (den Bus) verpassen

perderse (-ie-) algo III 8, 2 etw. verpassen, sich etw. entgehen lassen

una **pérdida** <III 4, 6> ein Verlust

Perdón. I 4B, PP Entschuldigung.

Perdona. I 5A Entschuldige.

perdonar(le) (algo) a alguien <I 9> jdm. (etw.) verzeihen

perfecto,-a I 5A perfekt

el pretérito **perfecto** <III 1, PP 4> das Perfekt

un **periódico** II 9, PP eine Zeitung

un **periodo** <III GC> ein Zeitraum

una **perla** <III 4, MA> eine Perle

un **permiso** de trabajo II 8 eine Arbeitserlaubnis

pero I 2A aber

un **perro** I 3A ein Hund

un **perro** policía <III 1, PP 5> ein Polizeihund

una **persona** I 8A eine Person

personal <III 5, 2> persönlich, individuell

una **peseta** III 1, PP eine Pesete (frühere spanische Währung)

un **pez** (pl. peces) <III GC> ein Fisch

picante I 7A scharf

a **pie** <III 2, MA> zu Fuß

una **pierna** II 1 ein Bein

un **pijama** I 6, PP ein Pyjama, ein Schlafanzug

pillar algo/a alguien III 8, 2 etw./jdn. treffen, etw./jdn. erwischen

un **pimiento** I 7A eine Paprika(schote)

me importa un **pimiento** (col.) <III 2, MA> das ist mir ganz egal

una **piña** <III 8, 10> eine Ananas

pintar algo II 4 etw. malen

un **pintor**, una **pintora** II 4, PP ein Maler, eine Malerin

una **pirámide** <III PM 3> eine Pyramide

los **Pirineos** II 1 die Pyrenäen

un **piso** I 8A eine Wohnung, ein Stockwerk

una **pista** de carreras <III GC> eine Rennstrecke

una **pistola** <III 6, MA> eine Pistole

un **pitido** II 5 ein Pfiff

una **pizarra** I 3A, 10 eine Tafel

un **plan** III 8, 2 ein Plan

planchar algo I 8A, PP etw. bügeln

planificar (c-qu) algo <III 5, 11> etw. planen

un **plano** II 4 ein Plan

(la) educación **plástica** y visual I 5A, PP Kunsterziehung (Schulfach)

las Artes **Plásticas** <III GC> die bildenden Künste

el **plástico** <III PM 2> das Plastik

una cáscara de **plátano** <II 2, 13> eine Bananenschale

un **plato** I 8A, 6 ein Teller

II 3, PP ein Gericht

el segundo **plato** II 3, PP das Hauptgericht

el primer **plato** II 3, PP die Vorspeise

lavar los **platos** I 8A, 6 spülen, (Geschirr) abwaschen

la **playa** I 1 der Strand

una **plaza** I 3B, PP ein Platz

una **pluma** I 3A, 10 ein Füller

el pretérito **pluscuamperfecto** <III 4, 3> das Pluscuamperfekt

la **población** <III 8, 5> die Bevölkerung

la estructura de la **población** <III 8, 5> die Bevölkerungsstruktur

poblado,-a <III GC> bewohnt, bevölkerungsreich

pobre II 9 arm

pobre (delante del sust.) III 2, 10 arm, bedauernswert

la **pobreza** III 6 die Armut

poco (adv.) I 2B wenig (adv.)

poco,-a I 5A wenig

un **poco** I 7B ein bisschen

poder (irr.) hacer algo I 5B etw. tun können

un **poema** <III PM 2> ein Gedicht

una **poesía** <III GC> ein Gedicht

un **poeta** <III PM 2> ein Dichter

un/una **policía** I 5B ein Polizist, eine Polizistin

un perro **policía** <III 1, PP 5> ein Polizeihund

político,-a <III GC> politisch

un **político**, una **política** <III 3, MA> ein Politiker, eine Politikerin

quitar el **polvo** I 8A, 6 abstauben

polvoriento,-a <III 1, MA> verstaubt

poner (irr.) algo I 8B, PP etw. setzen, stellen, legen

ponen (una película) I 4A, PP Es läuft … (im Kino), sie zeigen (einen Film)

Me **pone**… I 7A, PP Ich möchte bitte…

¿Qué te **pongo**? I 7A, PP Was möchtest du?/Was darf es sein?

poner la mesa I 8A, 6 den Tisch decken

ponerse (irr.) algo I 6, PP (sich) etw. anziehen

ponerse (irr.) (+ adj.) II 8 werden

ponerse (irr.) a hacer algo III 4 anfangen etw. zu tun

popular <III PM 3, 3> populär, beliebt

por III 2 wegen

III 4 durch

hacer algo **por** alguien III 3 etw. für jdn./anstelle von jdm. tun

un … **por** ciento III 5, 7 … Prozent

por cierto I 5A apropos, übrigens

por desgracia III 7 leider

por eso I 3B deswegen, deshalb

por favor I 2A bitte

por fin I 5B endlich

por la tarde I 4A, PP nachmittags

por (+ Poss.pron.) cuenta II 9 auf eigene Faust

¿**por** qué? I 2B warum?

por suerte II 3 zum Glück

por supuesto III 7 selbstverständlich

un **porcentaje** <III 5, 7> ein Prozentsatz

porque I 2B weil

un **portero** I 5A ein Torwart

una **pose** <III 2, MA> eine Pose

un pronombre **posesivo** <III 7, 5> ein Possessivpronomen

una **posibilidad** III 1 eine Möglichkeit

posible <III 5, 8> möglich

una **posición** <III 2, 11> eine Position

positivo,-a III 1 positiv

una **postal** II 1 eine Postkarte

un **póster** I 7B ein Poster

el **postre** II 3, PP der Nachtisch

el agua (f.) **potable** III 8, 4 das Trinkwasser

practicar (c-qu) algo I 2A, PP etw. üben

practicar (c-qu) deporte I 2A, PP Sport treiben

práctico,-a <III GC> praktisch

el **precio** II 5, PP der Preis

precioso,-a I 7B wunderschön

preferido,-a I 4B Lieblings-, bevorzugt

preferir (-ie-/-i-) algo (a algo/a alguien)/ **preferir** hacer algo I 5A etw./jdn. lieber mögen (als etw./jdn.); etw. lieber tun

una **pregunta** II 2 eine Frage

preguntar algo / a alguien **I 3A** etw. / jdn. fragen

un **premio** <III 3, TA> ein Preis, ein Gewinn

(estar) **preocupado, -a** II 2, PP besorgt (sein)

preocuparse II 5 sich Sorgen machen

preparar algo I 8A, PP etw. vorbereiten
 preparar la comida I 8A, 6 das Essen zubereiten

una **preposición** <III 6, 13> eine Präposition

una **presentación** <III 1, TA> eine Präsentation, eine Vorstellung, ein (kleines) Referat

presentar algo / alguien a alguien II 4 etw. / jdn. jdm. vorstellen

presentarse <III 6, MA> auftauchen

el **presente** <III 1, TA> die Gegenwart

un **presidente**, una **presidenta** II 7 ein Präsident, eine Präsidentin
 el **Presidente** del Gobierno <III GC> der Regierungschef

el **pretérito** perfecto <III 1, PP 4> das Perfekt
 el **pretérito** indefinido <III 1, PP 4> das Indefinido
 el **pretérito** imperfecto <III 1, 4> das Imperfekt
 el **pretérito** pluscuamperfecto <III 4, 3> das Pluscuamperfekt

la **primavera** II 9, 9 der Frühling

primer; **primero, -a** II 2 erste, -r, -s
 Primero (1°) II 2 die erste Klasse der Sekundarstufe (entspricht der 7. Klasse in Deutschland)
 la **Primera** Comunión II 4 die Erste Heilige Kommunion, die Erstkommunion
 el **Primer** Mundo III 6 die Erste Welt
 el **primer** plato I 3, PP die Vorspeise

primero (adv.) I 3B zuerst

un **primo**, una **prima** I 1 ein Cousin, eine Cousine

una **princesa** I 6 eine Prinzessin

principal I 5B Haupt-

un **príncipe** I 6 ein Prinz

el **principio** II 9 der Beginn, der Anfang
 a **principios** de (+ Zeitraum) II 7, PP Anfang (+ Zeitraum)

privado, -a <III GC> privat

probar (-ue-) algo I 7B etw. probieren

probarse (-ue-) algo I 6 etw. probieren, etw. anprobieren

un **problema** (m.) I 5A ein Problem
 un **problema** de matemáticas <III 1, MA> eine Mathematikaufgabe

un **producto** <III 8, 6> ein Produkt

un **productor** <III 8, 7> ein Produzent

un / una **profe** (col.) I 5A ein Lehrer, eine Lehrerin

una **profesión** <III 2, TA> ein Beruf

un **profesor**, una **profesora** I 2B ein Lehrer, eine Lehrerin

la sala de **profesores** III 1 das Lehrerzimmer

la **profundidad** <III GC> die Tiefe

un **programa** II 9, PP eine Sendung

el **progreso** <III 2, MA> der Fortschritt

prometer algo a alguien <II 10> jdm. etw. versprechen

un **pronombre** de objeto <III 1, 8> ein Objektpronomen (Dativ, Akkusativ)
 un **pronombre** relativo <III 3, 9> ein Relativpronomen
 un **pronombre** posesivo <III 7, 5> ein Possessivpronomen

pronto I 5A bald
 hasta **pronto** I 5A bis bald

pronunciar algo I 3A etw. aussprechen

propio, -a III 6 eigene, -r, -s

proponer(le) (irr.) algo a alguien I 8B jdm. etw. vorschlagen

una **propuesta** <III 3, TA> ein Vorschlag

una **provincia** III 1 eine Provinz

próximo, -a II 5 nächste, -r, -s

un **proyecto** II 9 ein Projekt

una **prueba** <III 2, 12> eine Probe, ein Test

un **pub** II 9 eine Bar (lat. am.)

publicar (c-qu) algo <III PM 2, 4> etw. veröffentlichen

la **publicidad** II 4 die Werbung

el **público** <I 9> das Publikum

público, -a <III GC> öffentlich

¡Pucha! II 8 Hoppla!; Na so was! (argentin. Ausruf)

un **pueblo** I 1 ein Dorf, ein kleiner Ort

una **puerta** I 3B eine Tür

un **puerto** III 8, 1 ein Hafen

pues I 4A also, nun

un **puesto** I 7A ein (Markt)Stand

un **punto** <III 4, MA>; III 5 ein Punkt
 estar a **punto** de hacer algo <III 1, MA> im Begriff sein, etw. zu tun
 y **punto** III 3 und Schluss

puro, -a <III 8, 9> rein, bloß, pur

Q

que I 4B der, die, das (Relativpron.)
 I 7B dass
 es **que** I 4A es ist (nämlich) so, dass… / das kommt daher, dass…

el / la / los / las **que** III 3 der- / die- / das(jenige), welche, -r, -s; die(jenigen), welche

lo **que** III 4 das, was

… **que** viene I 5A kommende, -r, -s …, nächste, -r, -s …

¿qué…? I 1 was…?
 ¿Por **qué**? I 2B Warum?
 ¿**Qué** es? I 1 Was ist das?
 ¿**Qué** pasa? I 2A Was ist los? Was passiert?
 ¿**Qué** tal? I 3B Wie geht's?

¿**Qué** te pongo? I 7A, PP Was möchtest du? / Was darf es sein?

¡Qué …! I 4B Wie…!, Was für…!
 ¡Qué lástima! I 7B Schade! Wie schade!
 ¡Qué rollo! (col.) II 5 Wie blöd! (ugs.)
 ¡Qué va! I 7A Ach was! / Keine Rede!

quedar con alguien I 4A sich mit jdm. verabreden

quedar genial a alguien <III 5, 12> jdm. hervorragend stehen

quedarse II 1, PP bleiben

quejarse de algo / alguien II 2 sich über etw. / jdn. beschweren

querer (-ie-) (hacer) algo I 5A etw. (tun) wollen

querido, -a III 1 lieb; liebe, -r (Anrede)
 <III GC> beliebt

el **queso** I 7A der Käse

un **quetzal** <III 8, 3> ein Quetzal (Vogel in Mittelamerika; Wappentier Guatemalas)

¿quién?, (pl. ¿quienes?) I 2A Wer?
 ¿Quién va ahora? I 7A, PP Wer ist jetzt dran?

quince I 3B, PP fünfzehn

un **quinceañero**, una **quinceañera** III 7 ein 15-Jähriger, eine 15-Jährige

quinientos, -as II 5, PP fünfhundert

quinto, -a II 2 fünfte, -r, -s

un **quiosco** III 1, PP ein Kiosk

quitar algo (a alguien) I 8B, PP (jdm.) etw. wegnehmen, etw. wegtun, etw. entfernen
 quitar el polvo I 8A, 6 abstauben

R

rabioso, -a <III 2, MA> wütend

radial <III GC> strahlenförmig

la **radio** II 9, PP (das) Radio

rápido (adv.) I 3A schnell

raro, -a I 7B seltsam, komisch

una **rata** <III 8, 9> eine Ratte

un **rato** I 2A ein Augenblick, eine Weile

una **raza** <III 6, 7> eine Rasse

una **razón** III 6 ein Grund, eine Ursache
 tener (irr.) **razón** I 8A Recht haben

una **reacción** <III 1, 5> eine Reaktion

reaccionar a algo <III 2, 9> auf etw. reagieren

realizar (z-c) algo <III PM 3> etw. ausführen

realmente <III 2, TA> wirklich (adv.)

rebelarse <III PM 3> rebellieren, sich auflehnen

una **receta** <III 4, 11> ein Rezept

recibir algo I 8A etw. empfangen, etw. bekommen

recomendar (-ie-) algo a alguien III 5 jdm. etw. empfehlen

reconocer (-zco) algo <III 6, 7> etw. anerkennen

recordar (-ue-) algo I 5B sich an etw. erinnern

el **recreo** I 5A die Pause

todo **recto** I 4B, PP geradeaus

un **recuerdo** <III 7, MA> eine Erinnerung

una **red** <III 3, 4> ein Netz

una **red** de vocabulario <III 7, 4> ein Vokabelnetz

una **redacción** II 2 ein Aufsatz

un **refresco** <I 9> ein Erfrischungsgetränk

regalar algo I 7A etw. schenken

un **regalo** I 7B ein Geschenk

el **reggaeton** III 7 der Reggaeton *(lat. am. Musikrichtung)*

una **región** <III 4, PP> eine Region, eine Gegend

una **regla** <III 2, 5> eine Regel

regular I 3B, 4 mittelmäßig, es geht so

una **reina** III 4 eine Königin

reinar <III 4, MA> regieren, herrschen

un **reino** <III GC> ein Reich

reírse *(irr.)* de algo / alguien III 2 über etw. / jdn. lachen

<III 5, 12> jdn. auslachen

una **relación** <III 3, 8> eine Beziehung

un pronombre **relativo** <III 3, 9> ein Relativpronomen

(la) **religión** I 5A, PP (die) Religion *(Schulfach)*

un **reloj** <III GC> eine Uhr

renacentista <III GC> aus der Renaissance

el **Renacimiento** <III GC> die Renaissance

repartir(se) algo <III 3, TA> (sich) etw. aufteilen

de **repente** II 9 plötzlich

repetir (-i-/-i-) algo II 3 etw. wiederholen

replicar algo <III 1, MA> etw. zurückgeben, etw. antworten

un **reportero**, una **reportera** <III 6, PP> ein Reporter, eine Reporterin

un / una **representante** <III 2, TA> ein Vertreter, eine Vertreterin

representar algo <III 2, 4> etw. vorspielen, etw. aufführen

una **reserva** (natural) III 8, 1 ein Naturschutzgebiet

la **residencia** <III GC> die Residenz, der Wohnsitz

respetar algo / a alguien <III 5, 7> jdn. / etw. respektieren

responder algo a alguien II 1 jdm. etw. antworten

responsabilizarse (z-c) de algo / alguien <III 6, MA> für etw. / jdn. Verantwortung übernehmen

responsable III 5, PP verantwortungsbewusst

una **respuesta** I 2B eine Antwort

respuestas múltiples <III 8, TA> Multiple Choice

un **restaurante** I 3B ein Restaurant

un **resultado** <III 1, 2> ein Resultat, ein Ergebnis

un **resumen** <III 3, 1> eine Zusammenfassung

resumir algo <III 1, 12> etw. zusammenfassen

retirarse <III 8, MA> sich zurückziehen

un **revisor**, una **revisora** II 5 ein Schaffner, eine Schaffnerin

una **revista** II 9, PP eine Zeitschrift

una **revolución** <III GC> eine Revolution

revolucionario, -a <III GC> revolutionär

un **revolucionario**, una **revolucionaria** <III GC> ein Revolutionär, eine Revolutionärin

un **rey**, una **reina** III 4 ein König, eine Königin

los **Reyes** Católicos III 4 die Katholischen Könige

(estar) **rico, -a** I 4B lecker (sein)

(ser) **rico, -a** II 7 reich (sein)

ridículo, -a III 7 lächerlich

un **río** I 1, 11 ein Fluss

la **riqueza** <III 6, 4>; <III 8, 4> der Reichtum

el **ritmo** <III GC> der Rhythmus

el **rock** <III GC> die Rockmusik

el **rodaje** <III 2, 14> die Dreharbeiten

rodar (-ue-) III 3 drehen *(Film)*

(estar) **rodeado, -a** de III 8, 1 umgeben (sein) von

rogar (-ue-; g-gu) algo a alguien <III 3, MA> jdn. um etw. bitten

rojo, -a I 6 rot

¡Qué **rollo**! *(col.)* II 5 Wie blöd! *(ugs.)*

romperse la cabeza III 1 sich den Kopf zerbrechen

la **ropa** I 4B die Kleidung

rosa I 6 rosa

una **rosa** II 4 eine Rose

(estar) **roto, -a** II 1 gebrochen (sein), kaputt (sein)

rubio, -a I 5B, PP blond

el **ruido** II 3 der Lärm

una **ruina** III 8, 2 eine Ruine

una **ruta** III 8, 2 eine Route, ein Weg

S

sábado *(m.)* I 5A Samstag

saber *(irr.)* algo I 3B etw. wissen

saber *(irr.)* hacer algo I 6 etw. tun können *(gelernt haben)*

sacar (c-qu) algo I 6 etw. (heraus)nehmen

una **sala** III 4 ein Saal

una **sala** de estar I 4A ein (kleines) Wohnzimmer

la **sala** de profesores III 1 das Lehrerzimmer

la **salida** II 5, PP die Abfahrt, die Abfahrtszeit

<III 6, 3> der Start

<III PM 1> der Ausgang

salir (salgo) I 4A weggehen; ausgehen; verlassen

un **salón** de actos <I 9, PP> eine Aula, ein Veranstaltungsraum

la **salsa** III 7 Salsa *(lat. am. Tanz)*

saludar(le) a alguien <I 9>; II 7 jdn. grüßen

un **saludo** II 1 ein Gruß

un **sándwich**, *(pl.* -es) I 7B ein Sandwich

la Semana **Santa** <III GC> die Karwoche *(Woche vor Ostern)*

una **sardina** <III 6, 4> eine Sardine

una **sección** <III 5, 11> ein Abschnitt, eine Rubrik

seco, -a III GC trocken

un **secreto** III 6 ein Geheimnis

un **sector** económico <III PM 2> ein Wirtschaftssektor

la **sed** I 7B der Durst

seguir (-i-/-i-; gu-g) (+ *gerundio)* II 3 mit etw. fortfahren, weiterhin etw. tun

seguir (-i-/-i-; gu-g) a alguien III 4 jdm. folgen

según II 4 entsprechend, nach, laut

segundo, -a II 2 zweite, -r, -s

segundo (2°) II 2 die zweite Klasse der Sekundarstufe *(entspricht der 8. Klasse in Deutschland)*

el **segundo** plato II 3, PP das Hauptgericht

seguro *(adv.)* <III 1, TA> sicher *(adv.)*

seguro, -a III 8, 2 sicher

(estar) **seguro, -a** <II 10> sicher (sein)

seis I 3B, PP sechs

seiscientos, -as II 5, PP sechshundert

una **selva** II 8, PP ein (Regen)Wald

una **semana** I 5A, PP eine Woche

un fin de **semana** II 9 ein Wochenende

la **Semana** Santa <III GC> die Karwoche *(Woche vor Ostern)*

señalar algo / a alguien <III 4, 10> auf etw. / jdn. zeigen

un **señor** *(abrev. Sr.)* I 4B ein Herr

una **señora** *(abrev. Sra.)* I 4B eine Frau, eine Dame

la **sensibilidad** <III 5, 2> die Sensibilität, die Feinfühligkeit

estar *(irr.)* **sentado, -a** II 5 sitzen

sentarse (-ie-) <I 9>; II 3 sich (hin)setzen

el **sentido** de la justicia <III 5, 2> der Gerechtigkeitssinn

un **sentimiento** <III 2, MA> ein Gefühl

sentirse (-ie-/-i-) (+ *adj.)* II 2, PP sich fühlen

lo **siento** I 5A es tut mir leid

separarse de alguien III 2 sich von jdm. trennen

septiembre *(m.)* I 7B, PP September

séptimo, -a II 2 siebte, -r, -s

ser *(irr.)* I 1, PP sein

ser *(irr.)* de I 1, PP kommen aus, stammen aus

ser *(irr.)* de algo I 5A Fan von etw. sein

serio, -a II 7 ernst

servir (-i-/-i-) para II 3 nützen zu, nützlich / gut sein für

sesenta I 3B, PP sechzig

setecientos, -as II 5, PP siebenhundert

setenta I 3B, PP siebzig

el **sexo** III 5 das Geschlecht, der Sex

sexto,-a II 2 sechste,-r,-s

si II 5 ob

   III 8 wenn, falls

sí I 1 ja

siempre I 1 immer

   el / la / los / las … de **siempre** I 4A
   übliche,-r,-s

una **sierra** III 4, PP eine Bergkette

siete I 3B, PP sieben

un **siglo** <III GC> ein Jahrhundert

un **significado** II 4, PP eine Bedeutung

significar (c-qu) algo I 2A etw. bedeuten

siguiente I 6, PP folgende,-r,-s

una **sílaba** <III 2, 5> eine Silbe

una **silla** I 8B, PP ein Stuhl

un **símbolo** <III GC> ein Symbol

similar <III 8, 5> ähnlich

simpático,-a I 5A sympathisch, nett

sin II 1 ohne

   sin duda II 6 ohne Zweifel, zweifellos

   sin embargo III 3 dennoch

un análisis **sintáctico** <III 1, MA> eine
   Satzanalyse

ni **siquiera** III 1 nicht einmal

un **sitio** I 8B, PP ein Platz, ein Ort

una **situación** <III 1, PP 4> eine Situation

(estar) **situado,-a** III 8, 1 gelegen (sein)

sobre I 7B über

   sobre todo I 2B, PP vor allem

el **sobrino**, la **sobrina** I 3A, PP der Neffe,
   die Nichte

social III 6 sozial, gesellschaftlich

¡**Socorro**! III 2 Hilfe!

el **sol** I 2A, PP die Sonne

   unas gafas de **sol** I 2A, PP eine Sonnenbrille

   tomar el **sol** I 2A, PP sich sonnen

   hace **sol** II 1 die Sonne scheint

un **soldado** <III GC> ein Soldat

solo,-a I 6 allein

   solo,-a (delante del sust.) III 2, 10 einzig

sólo I 3B nur

una **solución** II 7 eine Lösung

solucionar algo <III 1, 13>; III 6 etw. lösen
   (Problem, Aufgabe)

un **solvente** III 6 ein Lösungsmittel

sonar (-ue-) I 6 klingeln

soñar (-ue-) con algo / alguien I 5B von
   etw. / jdm. träumen

   soñar (-ue-) (con) hacer algo I 5B davon
   träumen, etw. zu tun

soportar algo / a alguien I 7B etw. / jdn.
   ertragen, etw. / jdn. aushalten

sorprender a alguien (con algo)
   <III 7, MA> jdn. (mit etw.) überraschen

(estar) **sorprendido,-a** I 6 überrascht
   (sein)

una **sorpresa** I 7A eine Überraschung

el **sorteo** <III 3, TA> die Ziehung (der
   Lotterie)

su I 3A sein, seine, ihr, ihre, Ihr, Ihre (sg.)

sus I 3B seine, ihre, Ihre (pl.)

subir (algo) II 6 (etw.) hinaufgehen

   III 5 etw. erhöhen

   subirse a algo II 4, 12 einsteigen

subrayado,-a <III 7, 5> unterstrichen

subtropical <III GC> subtropisch

el **suelo** I 8A, 6 der Boden

la **suerte** I 5A das Glück

   por **suerte** II 3 zum Glück

suficiente III 6 genügend

sujetar algo / a alguien III 4 etw. / jdn.
   festhalten

sumar algo III 5 etw. zusammenzählen

súper- III 7 unheimlich, super

un **supermercado** I 4A ein Supermarkt

por **supuesto** III 7 selbstverständlich

el **sur** I 8, PP der Süden

el **surf** I 2A, PP das Surfen

surgir (g-j) <III 8, MA> auftauchen

sus I 3B seine, ihre, Ihre (pl.)

un **sustantivo** <III 2, 5> ein Substantiv

suyo,-a; el **suyo**, la **suya** III 7 (das)
   seine,-r,-s; von ihm; (das) ihre,-r,-s; von
   ihr / von ihnen / von Ihnen

T

una **tabla** <III 1, PP 4> eine Tabelle

un **tablón** de anuncios I 5B ein
   Schwarzes Brett, ein Anschlagbrett

¿Qué **tal**? I 3B Wie geht's?

   tal cual <III 5, 2> genau so

un **taller** I 4A, PP eine Werkstatt, ein
   Workshop

también I 1, PP auch

   a mí / ti **también** I 2B, PP mir / dir auch

tampoco II 5 auch nicht

   a mí **tampoco** I 2B, PP mir auch nicht

tan I 8A so

una **tapa** I 3, PP ein Häppchen, ein
   kleines Gericht

la **tarde** I 4A, PP der Nachmittag

   Buenas **tardes**. I 3B, 4 Guten Tag (nachmittags)

   por la **tarde** I 4A, PP nachmittags

   esta **tarde** I 7A heute Nachmittag

tarde (adv.) II 1 spät (adv.)

una **tarea** <III 2, MA> eine Aufgabe

una **tarjeta** III 7 PP eine Karte

   una **tarjeta** de invitación III 7 PP eine
   Einladungskarte

una **tarta** I 7A eine Torte, ein Kuchen

te I 8A dir (Dativpron.)

   II 3 dich (Akkusativpron.)

una obra de **teatro** I 5A ein Theaterstück

una **técnica** de lectura <III 4, 12> eine
   Lesetechnik

(la) **tecnología** I 5A, PP Technik (Schulfach)

   una **tecnología** III 1 eine Technik, eine
   Technologie

un **tejado** II 4, PP ein Dach

el **tejido** III GC der Stoff, das Weben

la **tele** III 1 das Fernsehen (Kurzwort)

un **telefilme** <III 1, MA> ein Fernsehfilm

un **teléfono** I 3B, PP ein Telefon, eine
   Telefonnummer

   un número de **teléfono** I 3B, PP eine
   Telefonnummer

la **televisión** I 4A das Fernsehen

un **tema** <III 1, 1> ein Thema

la **temperatura** <III 4, 12> die Temperatur

templado,-a III 8, 1 gemäßigt (Klima)

un **templo** <III PM 3> ein Tempel

¡**Ten** cuidado! I 8B Pass auf! Vorsicht!

una **tendencia** <III 5, 12> eine Tendenz,
   ein Trend

tener (irr.) algo I 5A etw. haben

   tengo, tienes, tiene I 3A, PP ich habe,
   du hast, er / sie hat

   tener (irr.) ganas de hacer algo III 5
   Lust haben etw. zu tun

   tener (irr.) hambre II 3 Hunger haben

   tener (irr.) loco,-a a alguien III 1 jdn.
   verrückt machen

   tener (irr.) que hacer algo I 8A, PP etw.
   tun müssen

el **tenis** I 2A, PP (das) Tennis

una **teoría** <III PM 3> eine Theorie

tercer,-o,-a II 2 dritte,-r,-s

   el **Tercer** Mundo <III 6, 11> die Dritte
   Welt

un **tercio** III 5, 7 ein Drittel

una **terminación** III 3 eine Endung

(estar) **terminado,-a** II 4, PP vollendet
   (sein)

terminar (algo) I 3B zu Ende gehen,
   (etw.) beenden

terrible I 7B schrecklich, furchtbar

un **territorio** <III PM 3> ein Territorium,
   ein Gebiet

un **tesoro** III 4 ein Schatz

un **texto** <III 1, PP 1> ein Text

a **ti** también I 8B dir auch

   la **tía** (col.) II 1 hey du, Mensch
   (umgangssprachl. Anrede)

el **tiempo** I 5A die Zeit

   II 1 das Wetter

   (hacer) mal **tiempo** II 1 schlechtes
   Wetter (sein)

   el **tiempo** libre I 5A die Freizeit

   los **tiempos** verbales <III 1, PP 4> die
   Tempora, die Zeiten des Verbs

   los **tiempos** del pasado <III 2, 13> die
   (Vergangenheits)Zeiten

una **tienda** I 4B, PP ein Geschäft, ein
   Laden

   una **tienda** de campaña II 1, PP ein Zelt

   una **tienda** de muebles I 4B, PP ein
   Möbelgeschäft

   una **tienda** de ropa I 4B, PP ein
   Bekleidungsgeschäft

la **tierra** II 8, PP das Land, die Ländereien

unas **tijeras** III 2 eine Schere

un **timbre** III 1 eine Klingel

tímido,-a III 5 schüchtern

el **tío**, la **tía** I 2A der Onkel, die Tante

el **tío** (col.) **II 1** Mensch; hey du (umgangssprachl. Anrede)

los **tíos** **I 2A** Onkel und Tante

típico, -a <III 2, 5>; **III 7** typisch

un **tipo** **I 5B** ein Typ

tirar el dado <III 8, 3> würfeln

tirar la basura **I 8A, 6** den Abfall wegwerfen

un **título** <III 3, 1> ein Titel, eine Überschrift

tocar (c-qu) algo **II 6** spielen (Lied, Musikinstrument)

tocar (c-qu) a alguien **III 3** gewinnen, drankommen

todavía **I 2B** noch

todo **I 5A** alles

¿Es **todo**? **I 7A, PP** Ist das alles?

todo el mundo <I 9> alle, jedermann

todo el..., **toda** la... **I 5B** der/die ganze...

todos los..., **todas** las... **I 5B** alle..., jede, -r, -s

todo recto **I 4B, PP** geradeaus

tolerante **III 5** tolerant

la **toma** <III GC> die Einnahme, die Eroberung

tomar algo **I 2B** etw. nehmen, auch: etw. zu sich nehmen, essen und trinken

tomar el sol **I 2A, PP** sich sonnen

tomar nota <III 2, 16> Notizen machen

tomar el pelo a alguien **III 2** jdn. auf den Arm nehmen

tomar la iniciativa <III 2, 6> die Initiative ergreifen

un **tomate** **III 1** eine Tomate

tomemos ... **III 6** nehmen wir ..., lasst uns ... nehmen

un **tono** <III 4, MA> ein Ton

una **tontería** **I 5B** eine Dummheit

una **tormenta** **II 1, 8** ein Gewitter

una **torre** <III 3, MA> ein Turm, ein Hochhaus

una **tortilla** **I 4A** eine Tortilla (Omelett aus Kartoffeln und Eiern)

en **total** **I 7A** alles zusammen

trabajar **I 2A, PP** arbeiten

el **trabajo** **I 5B** die Arbeit

un permiso de **trabajo** **II 8** eine Arbeitserlaubnis

una **tradición** <III 7, PP> eine Tradition

tradicional <III GC> traditionell

traducir (-zco) algo <III 2, 10> etw. übersetzen

traer (irr.) algo <I 9>; **II 3, PP** etw. (mit) bringen, etw. (her)bringen

el **tráfico** **III 8, 4** der Verkehr

un **traje** **I 6** ein Anzug

un **traje** (típico) **III 8, 4** eine Tracht

tranquilo, -a **I 5B** ruhig

una **transformación** <III 5, 12> eine Verwandlung

transformar algo <III 4, 7> etw. umformen

---

un **trapo** **III 6** ein Lappen, ein Lumpen

trece **I 3B, PP** dreizehn

treinta **I 3B, PP** dreißig

un **tren** **II 1, PP** ein Zug

ir (irr.) en **tren** **II 1, PP** mit dem Zug fahren

una estación de **tren** **II 1** ein Bahnhof

tres **I 3A, PP** drei

trescientos, -as **II 5, PP** dreihundert

(estar) **triste** **I 6** traurig (sein)

triunfar en la **vida** <III 5, 7> im Leben Erfolg haben

tropical <III GC> tropisch

tu **I 3A** dein, deine (sg.)

tú **I 2B** du

el **turismo** <III PM 2> der Tourismus

una oficina de **turismo** **II 4** eine Touristeninformation, ein Tourismusbüro

el Instituto Guatemalteco de **Turismo** <III 8, 1> das guatemaltekische Fremdenverkehrsamt

un/una **turista** **II 4** ein Tourist, eine Touristin

turístico, -a <III GC> touristisch

tus **I 3A** deine (pl.)

una **tutoría** **I 5A, PP** eine Klassenleiterstunde

tuyo, -a; el **tuyo**, la **tuya** **III 7** (das) deine, -r, -s; von dir

U

últimamente **II 8** in letzter Zeit

último, -a **I 7A** letzte, -r, -s

II 3 neueste, -r, -s

un, **una** **I 1** ein, eine (unbestimmter Artikel, sg.)

único, -a **III 2** einzig

<III GC> einzigartig

una **unidad** <III PM 1> eine Einheit, eine Lektion

(los) Estados **Unidos** **II 8** (die) USA

un **uniforme** **I 5B** eine Uniform

unir algo <III 1, 11> etw. verbinden

la literatura **universal** <III GC> die Weltliteratur

una **universidad** **I 5B** eine Universität

uno **I 3B, PP** eins

unos, -as **II 2** einige

II 5 ungefähr

usar algo <III 1, PP 2>; **III 7** etw. verwenden

usted, -es **I 7A** Sie (Höflichkeitsform, sg./pl.)

útil <III 1, PP 4>; **III 5, PP** nützlich

una **uva** **II 8** eine Traube

V

una **vaca** **II 8** eine Kuh

las **vacaciones** **I 2A, PP** die Ferien

(estar) **vacío, -a** **I 6** leer (sein)

vago, -a **III 2** faul; ein Faulpelz

un **vagón** **II 5** ein Wagen, ein Waggon

la **vainilla** <III PM 3, 2> die Vanille

Vale. **I 3A** In Ordnung./Ok.

---

un **valle** **III 4, PP** ein Tal

el **valor** **III 8, 2** der Wert

de **valor** **III 8, 2** wertvoll

un **vals** **III 7** ein Walzer

unos **vaqueros** **I 6, 10** eine Jeans

variado, -a <III GC> verschiedenartig

la **variedad** <III GC> die Vielfalt

varios, -as **II 8** mehrere; verschiedene

un **vaso** **II 3** ein Glas

un **vecino**, una **vecina** **II 2** ein Nachbar, eine Nachbarin

veinte **I 3B, PP** zwanzig

veinti... **I 3B, PP** ...undzwanzig

una **vela** **III 7 PP** eine Kerze

el **venado** <III 8, MA> der Hirsch, das Wild

un **vendedor**, una **vendedora** **I 7A, PP** ein Verkäufer, eine Verkäuferin

vender algo **I 4B** etw. verkaufen

¡**Venga**! **I 3B** Komm schon!

venir (irr.) **I 5A** kommen

el ... que **viene** **I 5A** (am/im) kommenden (+ Zeitangabe)

te veo **venir** **I 8A** Ich weiß, worauf du hinaus willst.

venir (irr.) a buscar algo/a alguien **II 5** etw./jdn. abholen

una **ventana** **I 8B, PP** ein Fenster

ver algo/a alguien **I 4A** etw./jdn. sehen

a **ver** **I 2A** (lass) mal sehen

verse (irr.) <III 5, 12> sich fühlen, sich vorkommen

el **verano** **I 2A** der Sommer

los tiempos **verbales** <III 1, PP 4> die Zeiten des Verbs

una construcción **verbal** <III 3, 5> eine Verbkonstruktion

un **verbo** <III 1, 4> ein Verb

la **verdad** **I 2A** die Wahrheit

¿**verdad**? **I 2A** nicht wahr?

No es **verdad**. **I 2B** Das ist nicht wahr./ Das stimmt nicht.

de **verdad** **I 3A** wirklich

verdadero, -a **II 9** wahr, richtig

verde **I 5B** grün

una zona **verde** **I 4B** eine Grünzone

la **verdura** **I 7A** das Gemüse

una **versión** <III 1, MA> eine Version, eine Fassung

un **vestido** **I 6** ein Kleid

vestir (-i-/-i-) <III 5, 12> (sich) anziehen

una **vez** **I 7B** einmal

esta **vez** **I 7B** dieses Mal

cada **vez** más (+ adj./sust.) **III 1** immer (+ Steigerungsform des Adj.), immer mehr (+ Subst.)

de **vez** en cuando **III 5** ab und zu, manchmal

viajar **II 1, PP** reisen

un **viaje** **II 1, PP** eine Reise, eine Fahrt

la **vida** **I 6, PP** das Leben

un estilo de **vida** <III 5, PP> ein Lebensstil

triunfar en la **vida** <III 5, 7> im Leben Erfolg haben

un **vídeo** I 1 ein Video(film)

viejo, -a I 6 alt

el **viento** II 1, 8 der Wind

hacer *(irr.)* **viento** II 1, 8 windig sein

viernes *(m.)* I 5A, PP Freitag

el **vino** II 3 der Wein

la **violencia** III 6 die Gewalt

un **virrey** <III GC> ein Vizekönig

virtual <III 1, MA> virtuell

una **visita** guiada III 4 eine Führung

un / una **visitante** <III 4, 12> ein Besucher, eine Besucherin

visitar algo / a alguien I 2A, PP etw. / jdn. besuchen

la **vista** III 8, 2 die Sicht, das Sehen, der Blick

a la **vista** III 8, 2 sichtbar, (gut) zu sehen

(la) educación plástica y **visual** I 5A, PP Kunsterziehung *(Schulfach)*

vivir I 3A wohnen, leben

el **vocabulario** <III 1, TA> der Wortschatz, das Vokabular

una red de **vocabulario** <III 7, 4> ein Vokabelnetz

un **volcán** III 8, 1 ein Vulkan

un **voluntario**, una **voluntaria** III 6 ein Freiwilliger, eine Freiwillige

volver (-ue-) I 5B zurückkommen, zurück-kehren

volver (-ue-) a hacer algo III 4 etw. wieder tun

vos II 8 *Anrede für die 2. Person Sg. (in Arg., Urug., Par., Mittelamerika)*

vosotros, -as I 2B ihr

en **voz** alta <III PM 2, 5> mit lauter Stimme

la **vuelta** II 5, PP die Rückfahrt

vuestro, -a I 3B euer, eure *(sg.)*

vuestro, -a; el **vuestro**, la **vuestra** III 7 (das) eure, -r, -s; von euch

vuestros, -as I 3B eure *(pl.)*

W

una página **web** <III 2, 10> eine Website

Y

y I 1 und

ya I 3A schon

¡**Ya** basta! I 3A Es reicht jetzt!

yo I 2B ich

Z

un **zapato** I 6, 10 der Schuh

una **zona** verde I 4B eine Grünzone

una **zona** de miseria III 8, 4 ein Elends-viertel

▮ alemán – español

A

ab und zu III 5 de vez en cuando

<III 1, MA> de cuando en cuando

abbiegen I 4B, PP girar

eine **Abbildung** <III 7, TA> una ilustración

Guten **Abend.** I 3B, 4 Buenas noches.

zu **Abend** essen I 4A cenar

ein **Abendessen** II 6 una cena

das **Abendland** <III 4, PP> el Occidente

ein **Abenteuer** <III 4, 5> una aventura

abenteuerlustig III 5 aventurero, -a

aber I 2A pero

die **Abfahrt**, die **Abfahrtszeit** II 5, PP la salida

den **Abfall** wegwerfen I 8A, 6 tirar la basura

etw. / jdn. **abholen** II 5 venir *(irr.)* a buscar algo / a alguien

eine **Abiturfeier** III 7 PP una fiesta de graduación

ein **Abschied** <I 9> una despedida

etw. **abschneiden** III 2 cortar algo

ein **Abschnitt** <III 5, 11> una sección

<III 2, MA> un párrafo

etw. **abschreiben** <III 1, PP 4> copiar algo

abstauben I 8A, 6 quitar el polvo

(Geschirr) **abwaschen** I 8A, 6 lavar los platos

ein **Abwasserkanal** <III 6, MA> una cloaca

Ach Gott! I 7B ¡Hala!

Ach, komm. *(Ausruf)* I 4A Anda.

Ach was! I 7A ¡Qué va!

acht I 3B, PP ocho

achte, -r, -s II 2 octavo, -a

achthundert II 5, PP ochocientos, -as

achtzig I 3B, PP ochenta

ein **Adjektiv** <III 2, 5> un adjetivo

eine **Adresse** I 2B, PP una dirección

ein **Affe** <III 8, MA> un mono

Afrika III 4, PP África *(f.)*

ähnlich <III 8, 5> similar

Keine **Ahnung.** I 2B Ni idea.

die **Aktion** <III 1, PP 5> la acción

aktiv III 5 activo, -a

ein **Akzent** III 1 un acento

etw. jdn. **akzeptieren** <II 10> aceptar algo / a alguien

der **Alkohol** III 5 el alcohol

alle … I 5B todos los …, todas las …

<I 9> todo el mundo

eine **Allee** I 3B, PP una avenida *(abrev. avda.)*

II 4, PP un paseo

allein I 6 solo, -a

alles I 5A todo

Ist das **alles**? I 7A, PP ¿Es todo?

im **Allgemeinen** <III 2, 5> en general

die **Alonsos** I 8B los Alonso

als I 6 cuando

also I 4A pues

alt I 7A antiguo, -a *(bei Sachen)*

II 6 viejo, -a

ein **alter** Mann, eine **alte** Frau III 1, PP un anciano, una anciana

… Jahre **alt** werden II 8 cumplir … años

alt; **älter** II 8 mayor

das **Alter** II 9 la edad

der / die **Ältere** I 4B el / la mayor

eine **Alternative** <III 5, 11> una alter-nativa

am *(+ Wochentag)* I 5A el *(+ Wochentag)*

am Strand I 1 en la playa

das **Ambiente** II 6 el ambiente

Amerika III 4, PP América *(f.)*

amerikanisch <III 5, 12> americano, -a

sich **amüsieren** I 6, PP divertirse (-ie-/-i-)

an I 1 en

an der Costa Brava I 1 de la Costa Brava

eine **Ananas** <III 8, 10> una piña

anbei <III 2, 5> adjunto

jdm. etw. **anbieten** II 7 ofrecer (-zco) algo a alguien

Andalusien III 3 Andalucía *(f.)*

ein **Andalusier**, eine **Andalusierin** II 1 un andaluz, una andaluza

ein **andere, -r, -s** I 7B otro, -a *(adj. + pron.)*

die **anderen** I 4B los / las demás

etw. (ver)**ändern** I 8A cambiar algo

anders I 7A diferente

III 1 distinto, -a

eine **Änderung** <III 2, 5> un cambio

etw. **anerkennen** <III 6, 7> reconocer (-zco) algo

der **Anfang** II 2 el comienzo

II 9 el principio

Anfang *(+ Zeitraum)* **II 7, PP** a principios de *(+ Zeitraum)*

etw. (zu tun) **anfangen** **I 5A** empezar (-ie-; z-c) (a hacer) algo
III 1, PP comenzar (-ie-; z-c) algo

anfangen etw. zu tun **III 4** ponerse *(irr.)* a hacer algo

eine **Angabe** **<III 8, 3>** una indicación

etw. **angeben** **<III 1, 13>** indicar (c-qu) algo

ein **Angebot** **<III GC>** una oferta

angehängt **II 8** adjunto,-a

eine **Angelegenheit** **III 2** un asunto

angenehm **<III 1, MA>** agradable

ein **Angestellter**, eine **Angestellte** **III 4** un empleado, una empleada

die **Angst** **III 4** el miedo

anhalten **II 5** parar

ein **Anhänger**, eine **Anhängerin** **<III GC>** un aficionado, una aficionada

ankommen **I 2A** llegar (g-gu)

eine **Ankündigung** **I 5B** un anuncio

die **Ankunft** **II 3** la llegada

(etw.) **annehmen** **III 7** imaginar (algo)

etw. **anprobieren** **I 6** probarse (-ue-) algo

Anrede für die 2. Person Sg. *(in Arg., Urug., Par., Mittelamerika)* **II 8** vos

ein **Anruf** **I 9** una llamada

jdn. **anrufen** **I 3B** llamar (por teléfono)

etw. **anschalten** **III 1** encender (-ie-) algo

etw./jdn. **anschauen** **I 3A** mirar algo/a alguien

ein **Anschlagbrett** **I 5B** un tablón de anuncios

etw. **anstelle** von jdm. tun **III 3** hacer algo por alguien

eine **Antwort** **I 2B** una respuesta

jdm. etw. **antworten** **I 2A** contestar algo a alguien
II 1 responder algo a alguien
<III 1, MA> replicar algo

Anweisungen geben **<III 2, 14>** dar *(irr.)* órdenes

eine **Anzahl** **<III 8, 5>** un número

(sich) etw. **anziehen** **I 6, PP** ponerse *(irr.)* algo
(sich) **anziehen** **<III 5, 12>** vestir (-i-/-i-)

ein **Anzug** **I 6** un traje

etw. **anzünden** **III 7** encender (-ie-) algo

ein **Apfel** **I 7A, PP** una manzana

eine **Apotheke** **I 4B, PP** una farmacia

ein **Apparat** **III 1** un aparato

ein **Appartment(haus)** **<III PM 2>** un apartamento

applaudieren **<I 9>** aplaudir

April **I 7B, PP** abril *(m.)*

apropos **I 5A** por cierto

arabisch **III 4, PP** árabe

die **Arbeit** **I 5B** el trabajo
Arbeit machen **I 8A** dar *(irr.)* trabajo

arbeiten **I 2A, PP** trabajar

ein **Arbeiter**, eine **Arbeiterin** **III 6** un obrero, una obrera

eine **Arbeitserlaubnis** **II 8** un permiso de trabajo

ein **Archäologe**, eine **Archäologin** **<III PM 3>** un arqueólogo, una arqueóloga

archäologisch **<III GC>** arqueológico,-a

ein **Architekt**, eine **Architektin** **II 4, PP** un arquitecto, una arquitecta

die **Architektur** **<III GC>** la arquitectura

Argentinien **II 7** Argentina *(f.)*

ein **Argentinier**, eine **Argentinierin** **II 7** un argentino, una argentina

argentinisch **II 7** argentino,-a

sich über etw. **ärgern** **III 1** enfadarse por algo
jdn. **ärgern** **<III 5, 12>** meterse con alguien

ein **Argument** **<III 1, MA>** un argumento

argumentieren **<III 2, TA>** argumentar

arm **II 9** pobre
III 2, 10 pobre *(delante del sust.)*

jdn. auf den **Arm** nehmen **III 2** tomar el pelo a alguien

die **Armut** **III 6** la pobreza
III 8, 4 la miseria

eine **Art** von **<III GC>** una especie de

eine **Art** **<III GC>** un género
die **Art** und Weise **<III 1, 12>** la forma
<III 5, 12> la manera

ein (Zeitungs)**Artikel** **II 9, PP** un artículo

ein **Arzt**, eine **Ärztin** **<III 6, 7>** un médico, una médica

Asien **III 4, PP** Asia *(f.)*

der **Atlantik** **<III 4, 12>** el Océano Atlántico

attraktiv **<III 5, 2>** atractivo,-a

auch **I 1, PP** también
auch nicht **II 5** tampoco

auf **I 1** en
I 8B, PP encima de
auf diese Weise **I 5A** así
auf eigene Faust **II 9** por *(+ Poss.pron.)* cuenta
Auf Wiedersehen. **I 2A** Adiós.
auf zu … **III 1** a por

etw. **aufbewahren** **III 8, 2** guardar algo

jdm. **auffallen** **III 4** llamar la atención a alguien

auffällig **III 5** llamativo,-a

etw. **aufführen** **<III 2, 4>** representar algo

eine **Aufgabe** **<III 2, MA>** una tarea

auflegen *(Telefon)* **II 5** colgar (-ue-; g-gu)

sich **auflehnen** **<III PM 3>** rebelarse

aufmerksam **III 1** atento,-a

die **Aufmerksamkeit** **<III 5, 12>** la atención

etw. **aufnehmen** **<III GC>** grabar algo

etw. **aufräumen** **I 8A, PP** ordenar algo

aufregend **III 5** emocionante

ein **Aufsatz** **II 2** una redacción

etw. **aufschreiben** **<III 1, 2>** apuntar algo

aufstehen **I 6, PP** levantarse

auftauchen **<III 6, MA>** presentarse
<III 8, MA> surgir (g-j)

(sich) etw. **aufteilen** **<III 3, TA>** repartir(se) algo

der **Auftritt** **<I 9, PP>** la aparición

aufwachen **I 6, PP** despertarse (-ie-)

aufwachsen **II 8** crecer (-zco)

das **Auge** **I 6** el ojo

ein **Augenblick** **I 2A** un rato
II 3 un momento

August **I 7B, PP** agosto *(m.)*

eine **Aula** **<I 9, PP>** un salón de actos

aus **I 1** desde

ein **Ausdruck** **<III 1, PP 4>** una expresión
ein feststehender **Ausdruck** **<III 2, 5>** una locución

etw. **ausdrücken** **<III 2, 11>** expresar algo

ausdrucksvoll **<III GC>** expresivo,-a

ausflippen *(ugs.)* **<III PM 2>** alucinar *(col.)*

ein **Ausflug** **II 1, PP** una excursión

einen **Ausflug** machen **II 1, PP** ir *(irr.)* de excursión
II 1, PP hacer *(irr.)* una excursión

die **Ausfuhren** **<III 8, 6>** las exportaciones

etw. **ausführen** **<III PM 3>** realizar (z-c) algo

der **Ausgang** **<III PM 1>** la salida

etw. **ausgeben** **III 7** gastar(se) algo

ausgehen **I 4A** salir (salgo)

etw./jdn. **aushalten** **I 7B** soportar algo/a alguien

jdn. **auslachen** **<III 5, 12>** reírse *(irr.)* de alguien

das **Ausland** **III 5** el extranjero

ein **Ausländer**, eine **Ausländerin** **II 7** un extranjero, una extranjera

jdm. etw. **ausmachen** **I 8A** importar(le) a alguien

ausreichen **<III 8, 9>** bastar

etw. **ausschalten** **III 1** apagar (g-gu) algo

ausschließlich **<III PM 3>** exclusivamente

das **Aussehen**, das **Äußere** **III 2** el aspecto

außerdem **I 4A, PP** además

etw. **aussprechen** **I 3A** pronunciar algo

aus etw. **aussteigen** **II 4, 12** bajar(se) de algo

eine **Ausstellung** **III 4** una exposición

ein (Schüler)**Austausch** **I 8A, PP** un intercambio

etw. **auswählen** **III 3** elegir (-i-/-i-; g-j) algo

auswendig **<III PM 2>** de memoria

ein **Auszug** **<III 1, 14>** un fragmento

das **Auto** **II 1, PP** el coche

die **Autobahn** **II 5, PP** una autopista

ein **Autobus** **II 5, PP** un autobús

eine **autonome** Region *(entspricht etwa: Bundesland)* **II 1, 11** una comunidad autónoma

ein **Autor**, eine **Autorin** **<III 2, Estr.>** un autor, una autora

ein **Avatar** III 2 un avatar
eine **Avocado** I 2B un aguacate

B

ein **Baby** II 7, PP un bebé
eine **Bäckerei** I 4B, PP una panadería
ein **Badezimmer** I 4A, 5 un cuarto de
baño
eine **Baguette** III 1, PP una barra de pan
ein **Bahnhof** II 1 una estación de tren
nur **Bahnhof** verstehen III 1 no entender (-ie-) ni papa
bald I 5A pronto
bis **bald** I 5A hasta pronto
ein **Ball** III 7 PP un baile *(Tanz)*
<III GC> una pelota
eine **Bananenschale** <I 2, 13> una
cáscara de plátano
eine **Bande** III 6 una pandilla
eine **Bank** I 4B, PP un banco
eine (Spieler)**Bank** *(Fußball)* II 4 un
banquillo
eine **Bar** I 3A un bar
II 9 un pub *(lat. am.)*
ein **Bär** <III 3, MA> un oso
der **Barock** <III GC> el Barroco
barock <III GC> barroco,-a
ein **Bart** III 4 una barba
basierend auf <III PM 3> basado,-a en
das **Basketball** I 5B el baloncesto
ein **Bauer**, eine **Bäuerin** <I 9, PP> un
campesino, una campesina
ein **Baum** <III GC> un árbol
ein **Baustil** III 8, 1 un estilo
etw. zu tun **beabsichtigen** I 5A pensar
(-ie-) hacer algo
es ist **bedauerlich** III 6 es una lástima
bedauernswert III 2, 10 pobre *(delante
del sust.)*
etw. **bedeuten** I 2A significar (c-qu) algo
die **Bedeutung** *(Wichtigkeit)* II 2 la
importancia
eine **Bedeutung** II 4, PP un significado
(die) **Bedingungssätze** <III 8, 2> (las)
frases condicionales
ein **Beduine**, eine **Beduinin** <I 9, PP> un
beduino, una beduina
beeindruckt (sein) II 2, PP (estar)
impresionado,-a
etw. **beenden** I 3B terminar algo
jdm. etw. **befehlen** III 2 mandar algo a
alguien
sich **befinden** I 4A estar *(irr.)*
sich an einem Ort **befinden** III 6 encontrarse (-ue-) en un lugar
eine **Begegnung** <III 2, MA> un
encuentro
jdn. **begeistern** I 8A encantar(le) a
alguien
<III PM 1> fascinar a alguien
begeistert (sein) II 2, PP (estar)
ilusionado,-a
der **Beginn** II 2 el comienzo

II 9 el principio
etw. (zu tun) **beginnen** I 5A empezar
(-ie-; z-c) (a hacer) algo
III 1, PP comenzar (-ie-; z-c) (a hacer)
algo
<III PM 3> iniciar algo
im **Begriff** sein, etw. zu tun <III 1, MA>
estar a punto de hacer algo
etw. **begründen** <III 7, 1> justificar (c-qu)
algo
die **Begrüßung** <III 2, 1> la bienvenida
etw. **behalten** III 3 guardar algo
jdn. **beherrschen** <III 2, MA> dominar a
alguien
eine **Behörde** <III 3, MA> un organismo
bei *(in der Nähe)* I 4B, PP cerca (de)
jdm. etw. **beibringen** I 8A enseñar(le)
algo a alguien
beigefügt II 8 adjunto,-a
ein **Bein** II 1 una pierna
beinahe I 5A casi
ein **Beispiel** I 8A un ejemplo
zum **Beispiel** I 8A por ejemplo
bekannt I 5A conocido,-a
ein **Bekleidungsgeschäft** I 4B, PP una
tienda de ropa
etw. **bekommen** I 8A recibir algo
ein **belegtes** Brötchen I 3A un bocadillo
Belgien <III 4, 3> Bélgica *(f.)*
beliebt <III GC> querido,-a
<III PM 3, 3> popular
etw. / jdn. **bemerken** III 1 notar algo / a
alguien
III 4 darse *(irr.)* cuenta de algo
etw. **benötigen** I 2A necesitar algo
etw. / jdn. **beobachten** III 4 observar
algo / a alguien
jdm. etw. **berechnen** III 1, PP cobrar algo
a alguien
ein **Berg** II 1, PP una montaña
eine **Bergkette** III 4, PP una sierra
ein **Bergwerk** III GC una mina
ein **Beruf** II 8 III 6 un oficio
<III 2, TA> una profesión
berühmt II 4, PP famoso,-a
eine **Beschäftigung** I 5A una actividad
etw. **beschließen** II 5 decidir algo
jdm. etw. **beschreiben** II 4, PP describir
algo a alguien
sich über etw. / jdn. **beschweren** II 2
quejarse de algo / alguien
beschwerlich II 2 duro,-a
eine **Besonderheit** <III PM 1> una
curiosidad
besonders I 7B especial
besorgt (sein) II 2, PP (estar) preocupado,-a
ein **Bestandteil** <III GC> un elemento
das **Beste** vom **Besten** II 4 lo mejor de lo
mejor
beste,-r,-s I 4A mejor
etw. **bestellen** II 3 pedir (-i-/-i-) algo

etw. / jdn. **besuchen** I 2A, PP visitar
algo / a alguien
ein **Besucher**, eine **Besucherin** <III 4, 12>
un / una visitante
etw. **betrachten** <III 6, MA> contemplar
algo
ein **Betreff** *(im Brief)* III 2 un asunto
ein **Bett** I 6 una cama
ins **Bett** gehen I 6, PP acostarse (-ue-)
ein **Beutel** I 8B una bolsa
die **Bevölkerung** <III 8, 5> la población
bevölkerungsreich <III GC> poblado,-a
die **Bevölkerungsstruktur** <III 8, 5> la
estructura de la población
bevor II 4 antes de *(+ inf.)*
bevorzugt I 4B preferido,-a
etw. **bewegen** <III 8, 3> mover (-ue-) algo
eine **Bewegung** <III GC> un movimiento
bewohnt <III GC> poblado,-a
etw. **bezahlen** I 7A pagar (g-gu) algo
eine **Beziehung** <III 3, 8> una relación
eine **Bibliothek** I 4A, PP una biblioteca
ein **Bild** <III 1, MA> una imagen
etw. **bilden** <III 1, 3> formar algo
die **bildenden** Künste <III GC> las Artes
Plásticas
die **Bildung** <III 6, 13> la educación
billig I 7A, PP barato,-a
eine **Biografie** <III 1, PP 6> una biografía
bis I 3B hasta
<III 2, 6>; III 3 hasta que *(Konj.)*
III 5 dentro de *(zeitl.)*
Bis bald. I 5A Hasta Pronto.
Bis später. I 3B Hasta luego.
ein **bisschen** I 7B un poco
bitte I 2A por favor
jdn. um etw. **bitten** III 1, PP pedir (-i-/-i-)
algo a alguien
<III 3, MA> rogar (-ue-; g-gu) algo a
alguien
blau I 6, 10 azul
bleiben II 1, PP quedarse
ein **Bleistift** I 3A, 10 un lápiz
der **Blick** III 8, 2 la vista
blind III 1, PP ciego,-a
Wie **blöd**! *(ugs.)* II 5 ¡Qué rollo! *(col.)*
blond I 5B, PP rubio,-a
bloß <III 8, 9> puro,-a
eine **Blume** <III 8, 10> una flor
eine **Bluse** I 6, 10 una blusa
der **Boden** I 8A, 6 el suelo
Bolivien <III GC> Bolivia *(f.)*
Bologna <III GC> Bolonia *(f.)*
ein **Bonbon** <III GC> un caramelo
böse (sein) I 6 (estar) enfadado,-a
böse <III 8, 9> malo,-a
etw. **brauchen** I 2A necesitar algo
braun I 6 marrón
die **Braut** III 7 PP la novia
der **Bräutigam** III 7 PP el novio
das **Brautpaar** III 7 PP los novios
brav III 1 bueno,-a
Bravo! <I 9> ¡Bravo!

die **Breite** <III GC> el ancho
ein **Brief** II 7 una carta
eine **Brille** I 5B, PP unas gafas
etw. (mit)**bringen**, etw. (her)**bringen** <I 9>;
 II 3, PP traer (irr.) algo
 jdm. etw. **bringen** II 7 llevar algo a
 alguien
das **Brot** I 7A, PP el pan
ein belegtes **Brötchen** I 3A un bocadillo
ein **Bruder** I 1 un hermano
ein **Brunnen** <III GC> una fuente
ein **Buch** I 3A un libro
eine **Bücherei** I 4A, PP una biblioteca
ein **Buchstabe** <III 5, 2> una letra
etw. **bügeln** I 8A, PP planchar algo
ein **Buntstift** I 3A, 10 un lápiz de color
eine **Burg** III 4, PP un castillo
ein **Bürgerkrieg** <III GC> una guerra civil
ein **Bursche** III 2 un chaval
ein (Auto)**Bus** II 5, PP un autobús
die **Butter** I 7A, 7 la mantequilla

C

ein **Café** (mit Churros als Spezialitäten)
 III 1, PP una churrería
ein **Casting** III 2 un casting
eine **CD** I 2A un cedé
ein **Cent** I 7A, PP un céntimo
chaotisch sein I 2A ser un desastre (col.)
der **Charakter** <III 2, TA> el carácter
jdn. **charakterisieren** <III 5, 3> caracterizar a alguien
ein **Chat-Forum** <III 7, 1> un foro
mit jdm. **chatten** II 9 chatear con alguien
der **Chili** I 7A el chile
christlich III 4, PP cristiano,-a
Christoph Kolumbus II 4 Cristóbal Colón
eine **Clique** II 6 una peña
ein **Comic** II 9 un cómic
ein **Computer** I 8A un ordenador
die **Costa** Brava I 1 la Costa Brava
ein **Cousin**, eine **Cousine** I 1 un primo,
 una prima
eine **Creme** III 8, 2 una crema

D

da (dort) I 4B ahí
da (weil) III 1 como (Konj.)
ein **Dach** II 4, PP un tejado
eine **Dame** I 4B una señora (abrev. Sra.)
danach I 2A después
dank (prep.) II 2 gracias a
danke I 4A gracias
 danke für I 5A gracias por
dann I 2B entonces …
darüber hinaus <III 5, 12> encima
das I 5B eso
 II 4 lo (neutrales Pronomen)
das, was III 4 lo que
dass I 7B que
eine **Datei** II 8 un archivo
die **Daten** <III 8, 5> los datos
ein **Datum** II 7 una fecha
dauern <III PM 3> durar

etw. **dazugeben** I 7A echar algo
eine **Debatte** <III 2, TA> un debate
ein **Defekt** <III 5, 2> un defecto
dein, **deine** (sg.) I 3A tu
 deine (pl.) I 3A tus
 (das) **deine,-r,-s**; von dir III 7 tuyo,-a; el
 tuyo, la tuya
die **Dekoration** III 7 PP la decoración
ein **Delfin** <III PM 2> un delfín
an etw. **denken** I 5A pensar (-ie-) en algo
 denken, dass … I 7B pensar (-ie-)
 que…
ein **Denkmal** II 1, 11 un monumento
dennoch III 3 sin embargo
jdn. **deprimieren** <III 1, MA> deprimir a
 alguien
deprimiert (sein) II 2, PP (estar)
 deprimido,-a
der, **die**, **das** (bestimmter Artikel, sg.) I 1
 el, la
der, **die**, **das** (Relativpron.) I 4B que
der-/die-/das(jenige), welche,-r,-s;
 die(jenigen), welche III 3 el/la/los/las
 que
der-, **die-**, **dasselbe** II 4, PP mismo,-a
der/die ganze… I 5B todo el…, toda
 la…
deshalb, **deswegen** I 3B por eso
ein **Detail** <III 2, 15> un detalle
Deutsch, die **deutsche** Sprache I 2A el
 alemán
deutsche,-r,-s I 8A alemán, alemana
ein **Deutscher**, eine **Deutsche** I 2B, PP
 un alemán, una alemana
Deutschland I 3B Alemania (f.)
Dezember I 7B, PP diciembre (m.)
ein **Dialekt** <III GC> un dialecto
ein **Dialog** <III 2, 8>; III 3 un diálogo
dich (Akkusativpron.) I 3 te
ein **Dichter** <III PM 2> un poeta
dick I 5B, PP gordo,-a
die (bestimmter Artikel, pl.) I 2A los, las
die(jenige), welche III 3 la que
die(jenigen), welche III 3 las que (f. pl.)
 III 3 los que (m. pl.)
Dienstag I 5A, PP martes (m.)
dies (neutrales Demonstrativpron.) II 2
 esto
dies ist I 1 éste es, ésta es
diese,-r,-s dort I 7A ese, esa, esos, esas
 (adj.)
 I 7A ése, ésa, ésos, ésas (pron.)
diese,-r,-s hier I 7A este, esta, estos,
 estas (adj.)
 I 7A éste, ésta, éstos, éstas (pron.)
diesen (+ Wochentag) I 5A el (+ Wochentag)
eine **Diktatur** <III GC> una dictadura
etw. **diktieren** <III 4, MA> dictar algo
ein **Ding** I 4B una cosa
dir (Dativpron.) I 8A te
dir auch I 8B a ti también
die **Direktion** <III 1, MA> la dirección

ein **Direktor**, eine **Direktorin** <III 1, 8>;
 III 6 un director, una directora
eine **Diskothek** III 7 una disco
 <III GC> una discoteca
eine **Diskussion** <III 1, MA> una
 discusión
 <III 2, TA> un debate
etw. mit jdm. **diskutieren** I 7B discutir
 algo con alguien
ein **Distrikt** <III GC> un distrito
ein **Dokument** III 6 un papel
 III 8, 2 un documento
ein **Dokumentarfilm** <III 1, MA> un
 documental
ein **Dollar** III 6 un dólar
ein **Dom** III 4, PP una catedral
Donnerstag I 5A, PP jueves (m.)
doppelt <III 1, 3> doble
ein **Dorf** I 1 un pueblo
dort I 4A allí
 II 9 acá (lat. am.)
ein **Drache** II 4, PP un dragón
 (Spielzeug) <III 7, TA> un barrilete
 (lat. am)
drankommen III 5 tocar (c-qu) a alguien
draußen II 5 fuera
die **Dreharbeiten** <III 2, 14> el rodaje
drehen (Film) III 3 rodar (-ue-)
drei I 3A, PP tres
dreihundert II 5, PP trescientos,-as
dreißig I 3B, PP treinta
dreizehn I 3B, PP trece
ein **Drittel** III 5, 7 un tercio
dritte,-r,-s II 2 tercer, tercero,-a
 die **Dritte** Welt <III 6, 11> el Tercer
 Mundo
eine **Droge** III 6 una droga
du I 2B tú
 du heißt I 1, PP te llamas
 Du meine Güte! I 7B ¡Hala!
eine **Dummheit** I 5B una tontería
dunkelhaarig I 5B, PP moreno,-a
durch III 4 por
 <III GC> por parte de
durchfahren (Zug) II 5 pasar (tren)
Durchschnitts- <III 4, 12> medio,-a
der **Durst** I 7B la sed
(sich) **duschen** I 6, PP ducharse
ein **Dutzend** III 3 una docena
eine **DVD** III 1 un DVD
 ein **DVD-Player** III 1 un DVD

E

eine **Ecke** I 4B, PP una esquina
das ist mir ganz **egal** <III 2, MA> me
 importa un pimiento (col.)
die **Ehefrau** <I 9, PP>; II 6 la mujer
der **Ehemann** II 7, PP el marido
ein **Ehepaar** III 3 un matrimonio
ehrgeizig III 5, PP ambicioso,-a
ein **Ei** I 7A, 7 un huevo
eigene,-r,-s III 6 propio,-a

auf **eigene** Faust II 9 por (+ Poss.pron.)
cuenta

eine **Eigenschaft** <III 5, 2> una característica

ein, **eine** (unbestimmter Artikel, sg.) I 1
un, una

ein **Eindruck** <III 8, 4> una impresión

der **Einfluss** <III GC> la influencia

etw. **einführen** <III 8, 10> importar algo

eine **Einheit** <III PM 1> una unidad

einhundert II 5, PP cien

einhunderteins II 5, PP ciento uno

einhundertzehn II 5, PP ciento diez

einige I 4B un par de
II 2 unos, -as

einkaufen (Lebensmittel) I 7A hacer (irr.)
la compra

jdn. **einladen** I 7B invitar a alguien

eine **Einladung** III 7 PP una invitación

eine **Einladungskarte** III 7 PP una tarjeta
de invitación

einmal I 7B una vez

die **Einnahme** <III GC> la toma

eine **Einrichtung** <III GC> una institución

eins I 3B, PP uno

einschlafen I 6 dormirse (-ue-/-u-)

einsteigen II 4, 12 subirse a algo

eintreten (in) I 3B entrar (en)

eine **Eintrittskarte** I 7B una entrada

ein **Einwanderer**, eine **Einwanderin**
<III 3, 7> un / una inmigrante

ein **Einwohner**, eine **Einwohnerin** II 8, PP
un / una habitante

ein **Einwohner** / eine **Einwohnerin** von
Barcelona II 4, PP un barcelonés, una
barcelonesa

ein **Einwohner** / eine **Einwohnerin** von
Madrid <III PM 1> un madrileño, una
madrileña

eine **Einzelheit** <III 2, 15> un detalle

einzig III 2 único, -a
III 2, 10 solo, -a (delante del sust.)

einzigartig <III GC> único, -a

ein **Eis** I 1 un helado

ein **Element** <III GC> un elemento

das **Elend** III 8, 4 la miseria

ein **Elendsviertel** III 8, 4 una zona de
miseria

elf I 3B, PP once

die **Eltern** I 3A, PP los padres
III 7 los papás (lat. am)

eine **E-Mail** I 3B un correo electrónico
I 3B un e-mail

ein **Emigrant**, eine **Emigrantin** II 7
un / una emigrante

etw. **empfangen** I 8A recibir algo

jdm. etw. **empfehlen** III 5 recomendar
(-ie-) algo a alguien

das **Ende** II 2 el final
Ende (+ Zeitraum) II 7, PP a finales de
los años…

zu **Ende** gehen I 3B terminar

enden II 2 acabar

endlich I 5B por fin

eine **Endung** III 3 una terminación

energisch <III 5, 2> decidido, -a

ein **Engel** <I 9, PP> un ángel

Englisch (Schulfach) I 5A, PP (el) inglés

ein **Enkel**, eine **Enkelin** I 3A, PP un nieto,
una nieta

die **Enkel** I 3A, PP los nietos

etw. **entdecken** III 4 descubrir algo

etw. **entfernen** I 8B, PP quitar algo

entfernt I 4B, PP lejos (de)
… Kilometer **entfernt** sein II 5 estar
(irr.) a … kilómetros

sich etw. **entgehen** lassen III 8, 3
perderse (-ie-) algo

etw. **entscheiden** I 5 decidir algo

eine **Entscheidung** II 7 una decisión

entschlossen <III 5, 2> decidido, -a

Entschuldige. I 5A Perdona.

Entschuldigung. I 4B, PP Perdón.

entsprechend II 4 según

entsprechende, -r, -s <III 1, 3> correspondiente

eine **Epoche** <III 1, MA> una época

er I 2B él

das **Erbe** <III 4, 12> el patrimonio

ein **Erdbeerbaum** <III 3, MA> un
madroño

eine **Erdbeere** III 7 una fresa

Erdkunde (Schulfach) I 5A, PP (la)
geografía

die **Erdnuss** <III PM 3, 2> el cacahuete

ein **Ereignis** <III GC> un acontecimiento

etw. **erfahren** I 7B enterarse de algo

etw. **erfinden** <III 2, 11> inventar algo

der **Erfolg** III 5, PP el éxito
im Leben **Erfolg** haben <III 5, 7>
triunfar en la vida

erfolgreich / **erfolglos** sein III 5, PP (no)
tener (irr.) éxito

etw. **erforschen** III GC investigar algo

erfreut (sein) I 7A (estar) encantado, -a

ein **Ergebnis** <III 1, 2> un resultado

die Initiative **ergreifen** <III 2, 6> tomar la
iniciativa

etw. **erhalten** III GC conservar algo

etw. **erhöhen** III 5 subir algo

sich an etw. / jdn. **erinnern** I 5B recordar
(-ue-) algo
III 1 acordarse (-ue-) de algo / alguien

eine **Erinnerung** <III 7, MA> un recuerdo

jdm. etw. **erklären** II 4 explicar (c-qu)
algo a alguien

eine **Erklärung** III 1 una explicación

jdm. etw. **erläutern** <III 6, MA> aclarar
algo a alguien

jdn. **ermorden** III 6 asesinar a alguien

ernennen <III GC> nombrar

erneut II 8 de nuevo

im **Ernst** I 5B en serio

ernst II 7 serio, -a

die **Eroberung** <III GC> la toma

etw. **erraten** <III 1, PP 6> adivinar (algo)

etw. **erreichen** III 6 conseguir (-i-/-i-; gu-g)
algo

etw. **erschaffen** III 2 crear algo

die **Erschaffung** <III 8, MA> la creación

erscheinen <III GC> aparecer (-zco)
jdm. etw. **erscheinen** I 8A parecer(le)
(-zco) algo a alguien

eine **Erscheinung** <III GC> un fenómeno

erschöpft (sein) <I 9>; II 1 (estar)
agotado, -a

erschrocken (sein) II 2, PP (estar)
asombrado, -a

etw. durch etw. **ersetzen** <III 1, MA>
cambiar algo por algo

erstaunt (sein) II 2, PP (estar)
asombrado, -a

erste, -r, -s II 2 primer, primero, -a
die **Erste** Heilige Kommunion II 4 la
Primera Comunión
die **erste** Klasse der Sekundarstufe (entspricht der 7. Klasse in Deutschland)
II 2 primero (1º)
die **Erste** Welt III 6 el Primer Mundo

die **Erstkommunion** II 4 la Primera
Comunión

etw. / jdn. **ertragen** I 7B soportar algo / a
alguien

ein **Erwachsener**, eine **Erwachsene**
<III 5, 7> un adulto, una adulta

etw. / jdn. **erwarten** I 2B esperar algo / a
alguien

etw. / jdn. **erwischen** III 8, 2 pillar algo / a
alguien

jdm. (von) etw. **erzählen** I 5B contar
(-ue-) algo a alguien

die **Erziehung** <III 6, 13> la educación

es gibt I 4B, PP hay
es ist (nämlich) so, dass… I 4A es que
Es läuft … (im Kino) I 4A, PP Ponen …

etw. **essen** I 2B tomar algo
I 3A comer algo
zu Abend **essen** I 4A cenar

das **Essen** I 8A, 6 la comida
das **Essen** zubereiten I 8A, 6 preparar
la comida

ein **Esszimmer** I 4A, 5 un comedor

eine **Ethnie** <III 8, 1> una etnia

ethnisch <III 8, 5> etnico, -a

etwas I 3A algo
Noch **etwas**? I 7A, PP ¿Algo más?

euch (Dativpron.) I 8A os
(Akkusativpron.) II 3 os

euer, **eure** (sg.) I 3B vuestro, -a
eure (pl.) I 3B vuestros, -as
(das) **eure, -r, -s**; von **euch** III 7
vuestro, -a; el vuestro, la vuestra

ein **Euro** I 7A, PP un euro [euro]

Europa II 8 Europa [europa] (f.)

ein **Europäer**, eine **Europäerin** <III 7, 10>
un europeo, una europea

europäisch <III PM 3> europeo, -a

exakt <III 4, MA> exacto, -a

ein **Examen** <III 2, 5> un examen

eine **Examensfeier** III 7 PP una fiesta de graduación

existieren III 6 existir

exotisch <III GC> exótico,-a

ein **Experte** <III 6, 2> un experto

der **Export** <III 8, 6> las exportaciones

etw. **exportieren** II 8 exportar algo

extrem III GC extremo,-a

F

eine **Fabrik** <III PM 3, 2> una fábrica

mit einem Verkehrsmittel **fahren** II 1, PP ir *(irr.)* en + *Verkehrsmittel*

mit dem Fahrrad / Auto / Zug **fahren** II 1, PP ir *(irr.)* en bicicleta / coche / tren

eine **Fahrkarte** II 5 un billete

der **Fahrplan** II 1 el horario

das **Fahrrad** II 1, PP la bicicleta

eine **Fahrt** II 1, PP un viaje

der **faire** Handel <III 8, 8> el comercio justo

ein **Faktor** <III 8, 6> un factor

fallen II 1 caerse (me caigo)

falls III 8, 2 si

falsch <III 1, 2> falso,-a

familiär III 6 familiar

eine **Familie** I 3A, PP una familia

die **Familie** Alonso I 8B los Alonso

Familien- III 6 familiar

ein **Familienname** <III 1, PP 6> un apellido

ein **Fan** <III 2, 5> un fan

Fan von etw. sein I 5A ser *(irr.)* de algo

fantastisch <III PM 1> fantástico,-a

eine **Farbe** I 6 un color

eine **Fassade** I 4, PP una fachada

eine **Fassung** <III 1, MA> una versión

fast I 5A casi

jdn. **faszinieren** <III PM 1> fascinar a alguien

faszinierend <III PM 2> fascinante

faul III 2 vago,-a

ein **Faulpelz** III 2 vago,-a

auf eigene **Faust** II 9 por (+ *Poss.pron.*) cuenta

FC Barcelona *Fußballclub von Barcelona* II 4 el Barça

Februar I 7B, PP febrero *(m.)*

fehlen I 5B faltar

ein **Fehler** I 7B un error

<III 5, 2> un defecto

eine **Feier** I 7B una fiesta

etw. **feiern** I 7A celebrar algo

ein **Feigling** II 5 un / una cobardica

die **Feinfühligkeit** <III 5, 2> la sensibilidad

ein **Feld** <III 1, 6> una casilla

ein **Fenster** I 8B, PP una ventana

die **Ferien** I 2A, PP las vacaciones

ein **Ferienlager** II 1, PP una colonia

eine **Ferienwohnung** <III PM 2> un apartamento

das **Fernsehen** I 4A la televisión

III 1 la tele *(Kurzwort)*

ein **Fernsehfilm** <III 1, MA> un telefilme

fertig I 8B ya está

ein **Fest** I 7B una fiesta

ein **fester** Freund, eine **feste** Freundin II 4, PP un novio, una novia

mein (**fester**) Freund, meine (**feste**) Freundin III 5 mi chico, mi chica

ein **Festessen** III 7 PP un banquete

etw. / jdn. **festhalten** III 4 sujetar algo / a alguien

fettgedruckt <III 2, 5> en negrita

ein **Feuer** II 1 un fuego

(das) **Fieber** III 1, PP la fiebre

ein **Film** III 1 una película

III 2 una peli *(Kurzform)*

etw. **finanzieren** <III GC> financiar algo

etw. **finden** I 6 encontrar (-ue-) algo

III 4 descubrir algo

ein **Finger** II 3 un dedo

ein **Fisch** <III GC> un pez *(pl. peces)*

flach <III 4, 12> llano,-a

der **Flamenco** *(Tanz)* <III GC> el flamenco

ein **Flamingo** <III GC> un flamenco

eine **Flasche** III 8, 2 una botella

das **Fleisch** I 7A la carne

fliegen II 1, PP ir *(irr.)* en avión

ein **Flughafen** I 8A, PP un aeropuerto

ein **Flugticket** I 8A, PP un billete de avión

ein **Flugzeug** II 1, PP un avión

ein **Flur** I 4A, 5 un pasillo

ein **Fluss** II 1, 11 un río

eine **Flut** <III 8, MA> un diluvio

jdm. **folgen** III 4 seguir (-i-/-i-; gu-g) a alguien

folgende, -r, -s I 6, PP siguiente

eine **Form** <III 1, PP 5> una forma

Formel beim Abnehmen des Telefons *(wörtl. Sagen Sie mir!)* I 4A ¡Dígame!

ein **Formular** <III 5, 8> un formulario

etw. **formulieren** <III 3, 7> formular algo

fortfahren etw. zu tun II 3 seguir (-i-/-i-; gu-g) (+ *gerundio*)

der **Fortschritt** <III 2, MA> el progreso

etw. **fortsetzen** <III 6, PP> continuar (-úo-) algo

ein (Chat)**Forum** <III 7, 1> un foro

ein **Foto** I 5A una foto

ein **Fotoapparat** III 8, 2 una cámara de fotos

ein **Fotograf**, eine **Fotografin** <III 5, TA> un fotógrafo, una fotógrafa

etw. / jdn. **fotografieren** <III 5, TA> fotografiar algo / a alguien

eine **Fotokopie** III 8, 2 una fotocopia

ein **Fotoroman** <III 5, 12> una fotonovela

eine **Frage** II 2 una pregunta

ein **Fragebogen** <III 5, 2> un cuestionario

etw. / jdn. **fragen** I 3A preguntar algo / a alguien

eine **Frau** I 4B una señora *(abrev. Sra.)*

I 7A una mujer

eine alte **Frau** III 1, PP una anciana

eine junge **Frau** I 1 una chica

III 2 una chavala

III 6 una muchacha

Ganz schön **frech**! I 2B ¡Qué morro!

frei II 3 libre

Freitag I 5A, PP viernes *(m.)*

ein **Freiwilliger**, eine **Freiwillige** III 6 un voluntario, una voluntaria

die **Freizeit** I 5A el tiempo libre

das guatemaltekische **Fremdenverkehrs-amt** <III 8, 1> el Instituto Guatemalteco de Turismo

die **Freude** III 6 la alegría

sich **freuen** über / auf II 2, PP alegrarse de (+ *inf. / subst.*)

ein **Freund**, eine **Freundin** I 2A un amigo, una amiga

III 2 un / una colega *(col.)*

der (**feste**) **Freund**, die (**feste**) **Freundin** II 4, PP el novio, la novia

mein (**fester**) **Freund**, meine (**feste**) **Freundin** III 5 mi chico, mi chica

der **Friede** III 4 la paz

frisch <III 8, 10> fresco,-a

frittiert <III PM 2> frito,-a

froh (sein) I 6 (estar) contento,-a

fröhlich III 5 alegre

fröhlich (sein) I 6 (estar) contento,-a

II 2, PP (estar) animado,-a

die **Frucht** I 7A la fruta

die **Fruchtbarkeit** III GC la fertilidad

früher I 1 antes

frühere, -r, -s III 2, 10 antiguo,-a *(delante del sust.)*

der **Frühling** II 9, 9 la primavera

ein **Frühstück** I 7B un desayuno

etw. **frühstücken** I 6, PP desayunar algo

sich **fühlen** II 2, PP sentirse (-ie-/-i-) (+ *adj.*)

<III 5, 12> verse *(irr.)*

ein **Führer**, eine **Führerin** II 4 un / una guía

eine **Führung** III 4 una visita guiada

sich **füllen** <III PM 1> llenarse

ein **Füller** I 3A, 10 una pluma

fünf I 3B, PP cinco

fünfhundert II 5, PP quinientos,-as

fünfte, -r, -s II 2 quinto,-a

fünfzehn I 3B, PP quince

ein **15-Jähriger**, eine **15-Jährige** III 7 un quinceañero, una quinceañera

fünfzig I 3B, PP cincuenta

funktionieren III 1 funcionar

für I 5B para

<III 2, TA> a favor de

etw. **für** jdn. tun III 3 hacer algo por alguien

furchtbar I 7B terrible

ein **Fuß** <III 8, MA> una pata

zu **Fuß** <III 2, MA> a pie

der **Fußball** I 2A, PP el fútbol

ein **Fußballfeld** II 4 un campo de fútbol

Diccionario

G

Galizien II 1 Galicia (f.)

galizisch II 8 gallego

ein Galizier, eine Galizierin (in vielen lat. am. Ländern auch Bezeichnung für die Spanier allgemein) II 8 un gallego, una gallega

ein Gang I 4A, 5 un pasillo

eine Gang III 6 una pandilla

der/die ganze... I 5B todo el..., toda la...

eine Garnele <III 8, 10> una gamba

ein Garten I 7B un jardín

eine Gattung <III GC> un género

frittiertes Spritzgebäck III 3 un churro

ein Gebäude I 4B un edificio

gebaut <III GC> construido,-a

geben I 8A dar(le) (irr.) algo a alguien

jdm. etw. geben <II 10> pasar algo a alguien

Geben sie mir ... I 7A, PP Me pone ...

ein Gebiet <III PM 3> un territorio

ein Gebirge II 1, PP una montaña

eine Gebirgskette, ein Gebirgszug II 8, PP una cordillera

geboren werden II 7, PP nacer (-zco)

gebraten <III PM 2> frito,-a

gebrochen (sein) II 1 (estar) roto,-a

die Geburt <III 1, PP 6> el nacimiento

das Geburtsdatum <III 1, PP 6> la fecha de nacimiento

der Geburtsort <III 1, PP 6> el lugar de nacimiento

der Geburtstag I 6 el cumpleaños

ein Gedicht <III PM 2> un poema
<III GC> una poesía

gedrängt <III 6, 4> apretado,-a

die Geduld III 5, PP la paciencia

(un)geduldig sein, (keine) Geduld haben III 5, PP (no) tener (irr.) paciencia

gefährlich III 4 peligroso,-a

jdm. gefallen I 8A gustar(le) a alguien

mir gefällt/gefallen I 2B, PP me gusta, me gustan

dir gefällt/gefallen I 2B, PP te gusta, te gustan

jdm. sehr gut gefallen I 8A encantar(le) a alguien
III 1, PP molar a alguien (fam.)

ein Gefallen III 3 un favor

ein Gefängnis III 6 una cárcel

ein Gefühl <III 2, MA> un sentimiento

gegen <III 2, TA> en contra de

eine Gegend III 4, PP> una región
die ländliche Gegend II 1, PP el campo

ein Gegensatz <III 4, 12> un contraste

ein Gegenstand <III PM 1>; <III 5, TA> un objeto

im Gegenteil <III 6, 13> al contrario
ganz im Gegenteil <III 2, 12> todo lo contrario

gegenüber (von) I 4B, PP enfrente de

die Gegenwart <III 1, TA> el presente

ein Geheimnis III 6 un secreto

gehen I 4A, PP ir (irr.)

(weg)gehen I 6 irse (irr.)

zu weit gehen I 7B pasarse

es geht so I 3B, 4 regular

ein Geizhals <III 5, 12> un/una cutre (col.)

gekürzt <III 2, 5> acortado,-a

gelangweilt (sein) II 2, PP (estar) aburrido,-a

gelb I 6, 10 amarillo,-a

das Geld II 3 el dinero

ein Geldschein III 8, 2 un billete

gelegen (sein) III 8, 1 (estar) situado,-a

ein Gemälde II 4 un cuadro

gemäßigt (Klima) III 8, 1 templado,-a

gemeinsam I 4B junto,-a

das Gemüse I 7A la verdura

genau so <III 5, 2> tal cual
genau um ... Uhr I 4A a la(s) ... en punto

die Genauigkeit <III PM 3> la exactitud

genauso (wie) I 5B igual (que)

genial I 4A genial

(etw.) genießen III 7 disfrutar (de algo)

genügend III 6 suficiente

geografisch <III GC> geográfico,-a

geprägt (sein) von <III GC> (estar) marcado,-a por

gerade etw. getan haben I 8A acabar de hacer algo

geradeaus I 4B, PP todo recto

ein Gerät III 1 un aparato
ein elektrisches Gerät <III 6, 4> una máquina

gerecht III 6 justo,-a

der Gerechtigkeitssinn <III 5, 2> el sentido de la justicia

ein Gericht III 3, PP un plato
ein kleines Gericht III 3, PP una tapa

das Gerundium <III 3, 5> el gerundio

ein Geschäft I 4B, PP una tienda

geschehen II 2 pasar

ein Geschenk I 7B un regalo

Geschichte (Schulfach) I 5A, PP (la) historia

das Geschlecht III 5 el sexo

der Geschmack <III GC> el gusto por

die Geschwister I 2A los hermanos

gesellschaftlich III 6 social

das Gesicht III 1 la cara

ein Gespräch I 2A una conversación

gestern II 7 ayer

ein Getränk I 2A una bebida
die Erfrischungsgetränk <I 9> un refresco

ein Getränkeautomat II 5 una máquina de bebidas

das Getreide <III PM 2> los cereales

die Gewalt III 6 la violencia

gewarnt (sein) <III 4, MA> (estar) avisado,-a

ein Gewinn <III 3, TA> un premio

gewinnen III 3 tocar (c-qu) a alguien

ein Gewitter III 1, 8 una tormenta

es gibt I 4B, PP hay

gigantisch <III 7, TA> gigante

eine Gitarre <III GC> una guitarra

ein Glas II 3 un vaso

etw. glauben I 7A creer algo
glauben, dass ... I 7B creer que ...

gleich (wie) I 5B igual (que)

jetzt gleich I 5B ahora mismo

ein Glockenschlag <III GC> una campanada

das Glück I 5A la suerte
zum Glück I 5B menos mal
II 3 por suerte
das Glück, das Glücksgefühl III 6 la felicidad

glücklich III 6 feliz

ein Golfplatz <III GC> un campo de golf

gotisch <III GC> gótico,-a

(der) Gott II 6 (el) Dios
Mein Gott! II 6 ¡Dios mío!

eine Göttin III GC una diosa

ein Grad II 1 un grado
... Grad sein II 1 hacer (irr.) ... grados

ein Graf, eine Gräfin <III GC> un conde, una condesa

eine Grafik <III 1, MA> un esquema
<III 5, 7> un gráfico

ein Gramm I 7A, 7 un gramo

die Grammatik <III 4, 4> la gramática

ein Grammatiker, eine Grammatikerin <III GC> un gramático, una gramática

gratis <I 9, PP> gratis

grau I 6, 10 gris

eine Grenze II 8, PP una frontera

groß I 4B grande
III 2 gran (delante del sust.)
I 4B alto,-a
II 3 enorme

großartig I 4A, PP fenomenal
III 2 gran (delante del sust.)

die Großeltern I 3A, PP los abuelos

die Großmutter I 3A, PP la abuela

der/die/das größte ... <III GC> el/la mayor ...

der Großvater I 3A, PP el abuelo

großzügig III 5, PP generoso,-a

grün I 5B verde

ein Grund III 6 una razón

etw. gründen <III GC> fundar algo

eine Grundschule I 4B, PP un colegio

eine Grünzone I 4B una zona verde

eine Gruppe II 1 un grupo

ein Gruß II 1 un saludo

jdn. grüßen <I 9>; II 7 saludar(le) a alguien

ein Guatemalteke, eine Guatemaltekin III 1, PP un guatemalteco, una guatemalteca

guatemaltekisch III 7 guatemalteco,-a

das **guatemaltekische** Fremdenverkehrsamt <III 8, 1> el Instituto Guatemalteco
de Turismo
gut I 7A bueno,-a
I 2A bien *(adv.)*
(jdm.) **gut** gehen II 7 estar bien
gut sein für II 3 servir (-i-/-i-) para
gut zu sehen III 8, 2 a la vista
Guten Abend. **Gute** Nacht. I 3B, 4 Buenas
noches.
Guten Tag. I 3B Buenos días.
I 3B, 4 Buenas tardes. *(nachmittags)*
gutmütig III 1 bueno,-a
ein **Gymnasium** I 4B, PP un instituto
(Kurzform) III 2 un insti

H

die **Haare** I 5B, PP el pelo
haben *(als Hilfsverb)* I 7B haber *(irr.)*
etw. **haben** I 5A tener *(irr.)* algo
ich **habe** I 3A, PP tengo
du **hast** I 3A, PP tienes
ein **Hafen** II 8, 1 un puerto
halbe,-r,-s I 7A medio,-a
die Iberische **Halbinsel** <III GC> la
Península Ibérica
die **Hälfte** III 5, 7 la mitad
Hallo! I 1, PP ¡Hola!
eine **Haltestelle** II 4, 12 una parada
der **Hammer** sein II 1 ser *(irr.)* una
pasada *(col.)*
eine **Hand** I 5B una mano *(f.)*
der **Handel** <III GC> el comercio
der faire **Handel** <III 8, 8> el comercio
justo
die **Handlung** <III 1, PP 5> la acción
die **Handwerksarbeit** III 8, 1 la artesanía
ein **Handy** I 2A un móvil
ein **Häppchen** II 3, PP una tapa
hart II 2 duro,-a
etw./jdn. **hassen** I 4B odiar algo/a
alguien
hässlich I 5B, PP feo,-a
ein **Haufen** *(ugs.)* I 4B un montón (de)
(col.)
Haupt- I 5B principal
das **Hauptgericht** II 3, PP el segundo
plato
die **Hauptstadt** II 8, PP la capital
ein **Haus** I 4A una casa
die **Hausaufgaben** I 5A los deberes
zu **Hause** I 4A en casa
zu jdm. nach **Hause** gehen I 4A ir a
casa de alguien
eine **Hausfrau** III 1, PP un ama *(f.)* de
casa
He! II 4 ¡Jo!
ein **Heft** I 3A, 10 un cuaderno
die Erste **Heilige** Kommunion II 4 la
Primera Comunión
ein **Heim** III 6 un hogar
jdn. **heiraten** II 7, PP casarse con alguien
heiß III 8, 1 cálido,-a

heißen I 6 llamarse
ich **heiße** I 1, PP me llamo
jdm. **helfen** (etw. zu tun) I 5B ayudar a
alguien *(Akk.)* (a hacer algo)
ein **Hemd** I 6 una camisa
heranwachsen II 8 crecer (-zco)
ein **Heranwachsender**, eine **Heranwachsende** <III 2, MA> un/una
adolescente
etw. **herausnehmen** I 6 sacar (c-qu) algo
etw. **herbringen** II 3, PP traer *(irr.)* algo
der **Herbst** II 9, 9 el otoño
ein **Herr** I 4B un señor *(abrev.* Sr.)
herrlich II 6 espectacular
herrschen <III 4, MA> reinar
heute I 3B hoy
heute Nachmittag I 7A esta tarde
heutzutage II 8 actualmente
hey du *(umgangssprachl. Anrede)* II 1 tío,
tía *(col.)*
hier I 3A aquí
die **Hilfe** I 2A la ayuda
Hilfe! III 2 ¡Socorro!
eine **Hilfsorganisation** <III 6, 13> una
organización de ayuda
hinauf II 3 arriba
(etw.) **hinaufgehen** II 6 subir (algo)
hinein II 3 adentro
in etw. **hineinpassen** III 1 caber *(irr.)* en
algo
hineingehen (in) I 3B entrar (en)
etw. in etw. **hineinstecken, -legen** I 8B, PP
meter algo en algo
die **Hinfahrt** II 5, PP la ida
die **Hin- und Rückfahrt** II 5, PP la ida y
vuelta
sich **hinlegen** I 6, PP acostarse (-ue-)
hinter I 8B, PP detrás de
jdm. etw. **hinüberreichen** <II 10> pasar
algo a alguien
hinunter II 3 abajo
etw. **hinzufügen** <III 1, 10> añadir algo
der **Hirsch** <III 8, MA> el venado
historisch <III 4, 12> histórico,-a
die **Hitze** II 1 el calor
ein **Hobby** III 5 una afición
hoch *(adj.)* I 4B alto,-a
(adv.) II 3 arriba
hoch (gelegen) III 8, 1 elevado,-a
eine **Hochebene** III 8, 1 un altiplano
ein **Hochhaus** <III 3, MA> una torre
eine **Hochzeit** II 7, PP una boda
ein (Schul)**Hof** I 5B un patio
etw. **hoffen** III 2 esperar algo
die **Hoffnung** III 6 la esperanza
die **Höhe** III 8, 2 la altitud
<III PM 3, 3> la altura
eine **Höhle** <III GC> una cueva
eine **Höhlenwohnung** <III GC> una casa-
cueva
das **Holz** <III 8, MA> la madera
Hoppla! *(argentin. Ausruf)* II 8 ¡Pucha!
(argent.)

etw./jdn. **hören** I 2A, PP escuchar algo/a
alguien
etw. **hören** I 6 oír *(irr.)* algo
hör mal I 3A oye
ein **Hörer**, eine **Hörerin** <III GC> un/una
oyente
ein **Horoskop** <III 5, 2> un horóscopo
eine **Hose** I 6 un pantalón
ein **Hotel** II 1, PP un hotel
hübsch I 4B bonito,-a
I 5B, PP guapo,-a
II 9 lindo,-a
ein **hübsches** Mädchen sein <III 5, 12>
ser un bombón *(col.)*
ein **Hund** I 3A un perro
hundert I 3B, PP cien/ciento
der **Hunger** II 3 el hambre *(f.)*
Hunger haben II 3 tener *(irr.)* hambre
eine **Hypothese** <III 2, MF> una hipótesis

I

die **Iberische** Halbinsel <III GC> la
Península Ibérica
ich I 2B yo
Ich möchte … I 7A, PP Me pone…
Ich weiß, worauf du hinaus
willst. I 8A Te veo venir.
eine **Idee** I 2B una idea
eine **Identität** <III 2, 3> una identidad
ihm *(Dativpron.)* I 8A le
ihn *(Akkusativpron.)* II 3 lo
ihnen *(Dativpron.)* I 8A les
ihr I 2B vosotros,-as
ihr *(Dativpron.)* I 8A le
ihr, ihre *(sg.)* I 3A su
ihre *(pl.)* I 3B sus
(das) **ihre,-r,-s;** von **ihr**/von **ihnen**/von
Ihnen III 7 suya; la suya
das **seine**; von **ihm**, von **Ihnen** III 7 suyo;
el suyo
illegal III 6 ilegal
eine **Illustration** <III 7, TA> una
ilustración
etw. **illustrieren** <III 1, 3> ilustrar algo
im Jahr 19… (neunzehnhundert…)
II 7, PP en 19… (mil novecientos…)
im Jahr 20… (zweitausend…) II 7, PP
en 20…(dos mil…)
immer I 1 siempre
der, die, das gleiche wie **immer** I 4A
el/la/los/las … de siempre
immer *(+ Steigerungsform des Adj.)*,
immer mehr *(+ Subst.)* III 1 cada vez
más *(+ adj./sust.)*
der **Imperativ** <III 2, 11> el imperativo
der verneinte **Imperativ** <III 8, 2> el
imperativo negativo
das **Imperfekt** <III 1, 4> el pretérito
imperfecto
ein **Imperium** <III 3, MA> un imperio
etw. **importieren** <III 8, 10> importar algo
in I 1 en
in *(zeitl.)* III 5 dentro de

Diccionario

in der Nähe (von) I 4B cerca (de)

In Ordnung. I 3A Vale.

in sein <III 2, 8> estar de moda

das **Indefinido** <III 1, PP 4> el pretérito indefinido

Indien <III 4, 4> (la) India

individuell <III 5, 2> personal

die **Industrie** <III 8, 5> la industria

eine **Information** <III 1, PP 6>; III 3 una información

ein **Ingenieur**, eine **Ingenieurin** II 8 un ingeniero, una ingeniera

der **Inhalt** <III 2, 14> el contenido

die **Initiative** ergreifen <III 2, 6> tomar la iniciativa

ins Bett gehen I 6, PP acostarse (-ue-)

eine **Insel** II 1, 11 una isla

insgesamt I 7A en total

eine **Institution** <III GC> una institución

intelligent I 6 inteligente

interessant I 4B interesante

von **Interesse** <III PM 1> de interés

jdn. **interessieren** III 6 interesar a alguien

sich **interessieren** für <III 5, PP> interesarse por

international <III 1, 11> internacional

(das) **Internet** II 1 (el) Internet

irgendeine, -r, -s II 6 algún, alguno, -a

sich **irren** <III 4, MA> estar en un error

Ist das alles? I 7A, PP ¿Es todo?

Ist gut. I 7A Está bien.

da **ist** I 4B, PP hay

J

ja I 1 sí

eine **Jacke** I 6, 10 una cazadora

ein **Jaguar** <III 8, 3> un jaguar

ein **Jahr** I 8A un año

… **Jahre** alt sein I 8A tener (irr.) … años

… **Jahre** alt werden II 8 cumplir … años

eine **Jahreszeit** II 9, 9 una estación del año

ein **Jahrhundert** <III GC> un siglo

ein 15-**Jähriger**, eine 15-**Jährige** III 7 un quinceañero, una quinceañera

Januar I 7B, PP enero (m.)

eine **Jeans** I 6, 10 unos vaqueros

jede, -r, -s I 5B todos los …, todas las …

jemand II 4 alguien

jene, -r, -s I 7A aquél, aquélla, aquello, aquéllos, -as (pron.)

jetzt I 3A ahora

jetzt gleich, **jetzt** sofort I 5B ahora mismo

jüdisch III 4, PP judío, -a

die **Jugend** <III 2, MA> la adolescencia

eine **Jugendfreizeit** II 1, PP una colonia

eine **Jugendherberge** II 1, PP un albergue juvenil

ein **Jugendlicher**, eine **Jugendliche** I 7A un / una joven

die **Jugendlichen** I 7A los jóvenes

Juli I 7B, PP julio (m.)

jung I 5A joven (pl. jóvenes)

eine **junge** Frau I 7A una joven

III 2 una chavala

III 6 una muchacha

ein **junger** Mann I 7A un joven (pl. jóvenes)

ein **Junge** I 1 un chico

III 2 un chaval

III 6 un muchacho

ein kleiner **Junge** I 4B un niño

Juni I 7B, PP junio (m.)

Jura II 8 (el) Derecho

K

ein **Kaffee** <III 2, 12>; III 3 un café

der **Kakao** <III 8, 10> el cacao

ein **Kalender** <III PM 3> un calendario

ein **Kalif** <III 4, MA> un califa

Kalifornien III 7 California (f.)

kalt sein (Wetter) II 1 hacer (irr.) frío

die **Kälte** II 1 el frío

eine **Kamera** <III 2, 14> una cámara

gegen jdn. **kämpfen** III 4 luchar contra alguien

kämpferisch <III 5, 2> luchador, -ora

eine **Kappe** II 1, PP una gorra

kaputt (sein) II 1 (estar) roto, -a

der **Kardamom** (Gewürz) <III 8, 10> el cardamomo

eine **Karikatur** <III 6, 12> una caricatura

der **Karneval** <III 7, TA> el carnaval

eine **Karriere** <III GC> una carrera

eine **Karte** III 7 PP una tarjeta

die **Karwoche** (Woche vor Ostern) <III GC> la Semana Santa

der **Käse** I 7A el queso

ein **Kästchen** <III 1, 6> una casilla

Katalanisch (Sprache) II 4, PP (el) catalán

Katalonien II 4 Cataluña (f.)

eine **Katastrophe** I 1 un desastre

eine **Kathedrale** <III 4, PP> una catedral

die **Katholischen** Könige III 4 los Reyes Católicos

etw. **kaufen** I 2A, PP comprar algo

der **Kaviar** <III 8, 9> el caviar

ein **Kayak** II 1 un kayak

keine, -r, -s I 6 ningún, ninguno, -a

Keine Ahnung. I 2B Ni idea.

Keine Rede! I 7A ¡Qué va!

ein **Kellner**, eine **Kellnerin** II 3, PP un camarero, una camarera

etw. / jdn. **kennen**, **kennenlernen** I 8A, PP conocer (-zco) algo / a alguien

eine **Kerze** III 7 PP una vela

ein **Kilo** I 7A, PP un kilo

ein **Kilometer** II 5, PP un kilómetro

… **Kilometer** entfernt sein II 5 estar (irr.) a … kilómetros

ein **Kind** I 4B un niño, una niña

die **Kinder** I 3A, PP los hijos

ein **Kindergarten** III 1, PP una guardería

eine **Kinderkrippe** III 1, PP una guardería

Das ist kein **Kinderspiel**. I 1 No es un juego.

ein **Kino** I 4A, PP un cine

ein **Kiosk** III 1, PP un quiosco

eine **Kirche** II 4 una iglesia

kitschig III 7 kitsch

eine **Klammer** <III 1, 4> un paréntesis

klar <III 6, 7> claro, -a

klar (adv.) I 2A claro

klasse I 5A guay (col.)

eine **Klasse** I 5A una clase

die erste **Klasse** der Sekundarstufe (entspricht der 7. Klasse in Deutschland) II 2 1º (primero)

die zweite **Klasse** der Sekundarstufe (entspricht der 8. Klasse in Deutschland) II 2 2º (segundo)

ein **Klassenkamerad**, eine **Klassenkameradin** I 5B un compañero, una compañera (de clase)

eine **Klassenleiterstunde** I 5A, PP una tutoría

ein **Klassenzimmer** III 1 un aula

klatschen <I 9> aplaudir

ein **Kleid** I 6 un vestido

ein **Kleiderschrank** I 6 un armario

die **Kleidung** I 4B la ropa

klein I 4B pequeño, -a

I 5B, PP bajo, -a

ein **kleiner** Junge, ein **kleines** Mädchen I 4B un niño, una niña

das **Klima** <III 4, 12>; III 8, 1 el clima

eine **Klingel** III 1 un timbre

klingeln I 6 sonar (-ue-)

eine **Kloake** <III 6, MA> una cloaca

ein **Klub** III 7 un club

eine **Kneipe** I 3A un bar

ein **Koffer** I 8A, PP una maleta

die **Kohlensäure** II 3 el gas

eine **Kollage** <III PM 2, 5> un collage

Kolonial- III 8, 1 colonial

die **Kolonialzeit** <III GC> la colonia

aus der **Kolonialzeit** III 8, 1 colonial

eine **Kolonie** <III GC> una colonia

ein **Kolumbianer**, eine **Kolumbianerin** I 5B un colombiano, una colombiana

Kolumbien II 1 Colombia (f.)

Christoph **Kolumbus** II 4 Cristóbal Colón

komisch I 5B gracioso, -a (witzig)

I 7B raro, -a (seltsam)

kommen I 5A venir (irr.)

kommen aus I 1, PP ser (irr.) de

Komm schon! I 3B ¡Venga!

(an)**kommen** I 2A llegar (g-gu)

das **kommt** daher, dass … I 4A es que

kommende, -r, -s …, I 5A … que viene (am / im)

kommenden (+ Zeitangabe) I 5A el … que viene

die Erste Heilige **Kommunion** II 4 la Primera Comunión

komplett <III 1, 13> completo, -a

kompliziert III 1 complicado, -a

ein **Komponist**, eine **Komponistin** <III GC> un compositor, una compositora

ein **König**, eine **Königin** III 4 un rey, una reina

die Katholischen **Könige** III 4 los Reyes Católicos

eine **Königin** III 4 una reina

etw. **tun können** I 5B poder *(irr.)* hacer algo

I 6 saber *(irr.)* hacer algo *(gelernt haben)*

ein **Kontakt** <III 1, 6>; III 5 un contacto

kontaktfreudig III 5, PP comunicativo,-a

der **Kontext** <III 1, 13> el contexto

ein **Kontinent** II 8, PP un continente

etw. **kontrollieren** <III 1, 3> controlar algo

ein (internationaler) **Konzern** II 8 una multinacional

ein **Konzert** I 4A, PP un concierto

der **Kopf** II 5 la cabeza

sich den **Kopf** zerbrechen III 1 romperse la cabeza

etw. **kopieren** <III 1, PP 4> copiar algo

die **Körperteile** <III GC> las partes del cuerpo

etw. **korrigieren** <III 1, 5> corregir (-i-/-i-; g-j) algo

kosten I 7A, PP costar (-ue-)

Wie viel **kostet** das? I 7A, PP ¿Cuánto cuesta?

kräftig II 7 fuerte

krank II 7 enfermo,-a

krank werden II 7 caer (caigo) enfermo,-a

ein **Krankenhaus** II 1 un hospital

ein **Krankenpfleger** I 8A un enfermero

eine **Krankenschwester** I 8A una enfermera

eine **Krankheit** III 8, 2 una enfermedad

ein **Kreis** <III 3, 12> un círculo

ein **Krieg** III 4 una guerra

die **Kriminalität** III 8, 4 la criminalidad

die **Kritik** <III 5, 2> la crítica

jdn. **kritisieren** <III 5, 12> criticar (c-qu) a alguien

ein **Krokodil** <III GC> un cocodrilo

Kuba <III PM 2, 4> Cuba *(f.)*

kubanisch <III GC> cubano,-a

eine **Küche** I 4A una cocina

eine **Kugel** <III 3, TA> una bola

eine **Kuh** II 8 una vaca

eine **Kulisse** <III 2, 14> un decorado

eine **Kultur** III 4, PP una cultura

kulturell <III 4, 12>; III 8, 4 cultural

sich um jdn. **kümmern** III 1, PP cuidar a alguien

ein **Kumpel** III 2 un / una colega *(col.)*

die **Kunst** <III GC> el arte *(f.)*

die bildenden **Künste** <III GC> las Artes Plásticas

Kunsterziehung *(Schulfach)* I 5A, PP (la) educación plástica y visual

das **Kunsthandwerk** III 8, 1 la artesanía

ein **Künstler**, eine **Künstlerin** <III GC> un / una artista

ein **Kunstwerk** II 4, PP una obra

das **Kupfer** III GC el cobre

eine **Kuriosität** <III PM 1> una curiosidad

kurz I 5B, PP corto,-a

kurz und gut II 8 en fin

ein **Kurzfilm** III 3 un corto

ein **Kuss** *(auch Grußformel)* I 5A un beso

die **Küste** I 1 la costa

L

über etw. / jdn. **lachen** III 2 reírse *(irr.)* de algo / alguien

lächerlich III 7 ridículo,-a

ein **Laden** I 4B, PP una tienda

ein **Land** I 8A un país

II 1, PP el campo *(Gebiet)*

das **Land** II 8, PP la tierra *(Ländereien)*

die **ländliche** Gegend II 1, PP el campo

die **Ländereien** II 8, PP la tierra

auf **Landesebene** <III 8, 5> a nivel nacional

ein **Landgut**, ein **Landhaus** *(in Andalusien)* <III PM 2> un cortijo

eine **Landkarte** <III PM 2> un mapa

eine **Landschaft** III 4, PP un paisaje

eine **Landstraße** I 5, PP una carretera

die **Landwirtschaft** II 8, PP la agricultura

landwirtschaftlich <III 8, 6> agrícola

lang I 5B, PP largo,-a

sich bei etw. **langweilen** III 5 aburrirse con algo

langweilig II 6 aburrido,-a

ein **Lappen** III 6 un trapo

der **Lärm** II 3 el ruido

lass mal sehen I 2A a ver

jdm. etw. (über)**lassen** I 8B dejar algo a alguien

lasst uns … nehmen III 8 tomemos …

ein **Lastwagen** II 2 un camión

Latein, die **lateinische** Sprache <III 4, 4> el latín

Lateinamerika <III 7, TA> Latinoamérica *(f.)*

ein **Lateinamerikaner**, eine **Lateinamerikanerin** III 7 un lationamericano, una latinoamericana

lateinamerikanisch <III GC> latino,-a

eine **Laufbahn** II 8 una carrera

laufen II 5 correr

laut *(prep.)* II 4 según

laut III 5 alto,-a

sehr **laut** <III 4, MA> a gritos

mit lauter **Stimme** <III PM 2, 5> en voz alta

Es **läutet.** I 8B Llaman.

leben I 3A vivir

das **Leben** I 6, PP la vida

im **Leben** Erfolg haben <III 5, 7> triunfar en la vida

eine **Lebensgeschichte** <III 1, PP 6> una biografía

ein **Lebensstil** <III 5, PP> un estilo de vida

lebhaft (sein) II 2, PP (estar) animado,-a <III GC> movido,-a

lecker (sein) I 4B (estar) rico,-a

leer (sein) I 6 (estar) vacío,-a

eine **Legende** III 4 una leyenda

der **Lehm** <III 8, MA> el barro

ein **Lehrer**, eine **Lehrerin** I 2B un profesor, una profesora

I 5A un / una profe *(col.)*

das **Lehrerzimmer** III 1 la sala de profesores

leicht I 4B fácil

es tut mir **leid** I 5A lo siento

leider II 8 desgraciadamente

III 7 por desgracia

leise <III 4, MA> bajo,-a

die **Leitung** <III 1, MA> la dirección

eine **Lektion** <III PM 1> una unidad

etw. **lernen** I 2A, PP estudiar algo

I 3A aprender algo

etw. **lesen** I 3A leer algo

eine **Lesetechnik** <III 4, 12> una técnica de lectura

letzte,-r,-s I 7A último,-a

II 7 pasado,-a *(vergangen)*

letztendlich II 2 al final

in **letzter** Zeit II 8 últimamente

die **Leute** I 4B la gente

das **Licht** I 8B la luz

liebe,-r,-s *(auch als Anrede)* II 1 querido,-a

die **Liebe** <III 5, MA> el amor

etw. / jdn. **lieber** mögen (als etw. / jdn) I 5A preferir (-ie-/-i-) algo (a algo / alguien)

etw. **lieber** tun I 5A preferir hacer algo

Liebes! <III 5, 12> ¡Cariño!

Lieblings- I 4B preferido,-a

ein **Lied** I 2A una canción

eine (Bus-, U-Bahn-)**Linie** II 4, 12 una línea (de autobús, de metro)

links I 4B, PP a la izquierda

eine **Liste** I 5B una lista

die **Literatur** I 5A, PP la literatura

ein **LKW** II 2 un camión

logisch III 6 lógico,-a

London <III PM 3> Londres

ein **Losanteil** III 3 un décimo

etw. **lösen** *(Problem, Aufgabe)* <III 1, 13>; III 6 solucionar algo

eine **Lösung** II 7 una solución

ein **Lösungsmittel** III 6 un solvente

ein **Lotterielos** III 1, PP un billete de lotería

ein **Löwe** III 1 un león

ein **Lumpen** III 6 un trapo

Lust haben etw. zu tun III 5 tener *(irr.)* ganas de hacer algo

lustig I 4B divertido,-a

M

etw. **machen** I 3B hacer *(irr.)* algo
  Das **macht** nichts. I 8A No importa.
  jdn. verrückt **machen** III 1 tener *(irr.)*
  loco,-a a alguien
ein **Mädchen** I 1 una chica
  III 6 una muchacha
  ein kleines **Mädchen** I 4B una niña
ein Einwohner / eine Einwohnerin von
  Madrid <III PM 1> un madrileño, una
  madrileña
Madrid *(als autonome Region)* III 1 la
  Comunidad de Madrid
magisch <III 6, MA> mágico,-a
Mai I 7B, PP mayo *(m.)*
ein **Maiskolben** <III 8, MA> una mazorca
der **Mais** <III PM 3> el maíz
dieses **Mal** I 7B esta vez
etw. **malen** II 4 pintar algo
ein **Maler**, eine **Malerin** II 4, PP un pintor,
  una pintora
die **Mama** *(auch als Anrede)* I 4A la mamá
man muss I 8A hay que…
manchmal III 5 de vez en cuando
der **Mangel** an etw. III 6 la falta de algo
ein **Mann** II 6 un hombre
  ein alter **Mann** III 1, PP un anciano
eine **Mannschaft** I 5A un equipo
ein (leichter) **Mantel** I 6, 10 un abrigo
ein **Mäppchen** I 3A, 10 un estuche
etw. **markieren** <III 2, 7> marcar (c-qu)
  algo
ein **Markt** I 7A, PP un mercado
März I 7B, PP marzo *(m.)*
Mathematik *(Schulfach)* I 5A, PP (las)
  matemáticas
eine **Mathematikaufgabe** <III 1, MA> un
  problema de matemáticas
ein **Mathematiker**, eine **Mathematikerin**
  <III 4, MA> un matemático, una
  matemática
ein Angehöriger / eine Angehörige des
  Maya-Volkes <III 8, 1> un / una maya
ein **Medikament** <III PM 3, 2> una
  medicina
mediterran <III GC> mediterráneo,-a
die **Medizin** <III GC> la medicina
das **Meer** I 2A, PP el mar
das **Meer** *(poet.)* <III PM 2, 5> la mar
eine **Meeresfrucht** II 3 un marisco
der **Meeresspiegel** <III GC> el nivel del
  mar
eine **Meeresspinne** *(Delikatesse)* II 3 un
  centollo
das **Mehl** I 7A, 7 la harina
mehr I 5B más
  immer **mehr** *(+ Subst.)* III 1 cada vez
  más
mehrere II 8 varios,-as
die **Mehrheit** III 5, 7 la mayoría
mein, **meine** *(sg.)* I 3A mi
  meine *(pl.)* I 3A mis

(das) **meine, -r, -s**; von mir III 7 mío,-a;
  el mío, la mía
  Mein Gott! II 6 ¡Dios mío!
etw. **meinen** I 7A creer algo
meinen, dass … I 7B creer que …
  I 7B pensar (-ie-) que…
eine **Meinung** <III 2, 8>; III 7 una opinión
die **meisten** III 5, 7 la mayoría
eine **Menge** <III 5, 7> una cantidad
Mensch *(umgangssprachl. Anrede)* II 1
  tío / tía *(col.)*
der **Merengue** *(lat. am. Tanz)* <III GC> el
  merengue
ein **Merkmal** <III 5, 2> una característica
eine **Messe** III 7 PP una misa
(in Guatemala) ein **Mestize**, eine **Mestizin**
  (Mischling aus Weißen und Indígenas)
  <III 8, 1> un ladino, una ladina
ein **Metall** III GC un metal
ein **Meter** II 5 un metro
eine **Metzgerei** I 4B, PP una charcutería
mexikanisch <III GC> mexicano,-a
mich *(Akkusativpron.)* II 3 me
etw. **mieten** III 3 alquilar algo
ein **Mikrofon** <III 2, 14> un micrófono
(eine) **Million** II 9 (un) millón
  (pl. millones)
das **Mindestalter** <III 6, 7> la edad
  mínima
eine **Mine** III GC una mina
ein **Minirock** <III 5, 6> una minifalda
ein **Minister**, eine **Ministerin** III 8, 4 un
  ministro, una ministra
eine **Minute** II 4 un minuto
mir *(Dativpron.)* I 8A me
  mir auch I 2B, PP a mí también
  mir auch nicht I 2B, PP a mí tampoco
ein **Mischling** aus Schwarzen und
  Indígenas <III 8, 1> un / una garífuna
eine **Mischung** <III GC> una mezcla
mit I 2A con
etw. **mitbekommen** I 7B enterarse de
  algo
etw. **mitbringen** II 3, PP traer *(irr.)* algo
etw. / jdn. **mitnehmen** I 7B llevar algo / a
  alguien
ein **Mitschüler**, eine **Mitschülerin** I 5B un
  compañero, una compañera (de clase)
(der) **Mittag** II 1 (el) mediodía
mittags II 1 a mediodía
in die **Mitte** II 3 al centro
etw. **mitteilen** III 6 comentar algo
das **Mittelalter** <III GC> la Edad Media
Mittelamerika III 8, 4 Centroamérica *(f.)*
mittelgroß <III 8, 5> mediano,-a
mittelmäßig I 3B, 4 regular
das **Mittelmeer** <III 4, 12> el mar
  Mediterráneo
Mittelmeer- <III GC> mediterráneo,-a
Mittwoch I 5A, PP miércoles *(m.)*
ein **Möbelgeschäft** I 4B, PP una tienda
  de muebles
ein **Möbelstück** I 4B, PP un mueble

ein **Mobiltelefon** I 2A un móvil
Ich **möchte** bitte… I 7A, PP Me pone…
  Was **möchtest** du? I 7A, PP ¿Qué te
  pongo?
die **Mode** <III 2, 8> la moda
ein **Modell** <III 5, 7> un modelo
modern I 4B moderno,-a
  modern sein <III 2, 8> estar de moda
möglich <III 5, 8> posible
eine **Möglichkeit** III 1 una posibilidad
  eine andere **Möglichkeit** <III 5, 11> una
  alternativa
ein **Moment** II 3 un momento
ein **Monat** I 5A un mes
ein **Monopol** <III GC> un monopolio
Montag I 5A, PP lunes *(m.)*
Montags, Dienstags, … I 5A los *(+ Wochen-*
  tage)
morgen I 3B mañana
der **Morgen** I 4A la mañana
morgens I 5A por la mañana
eine **Moschee** III 4, PP una mezquita
moslemisch <III 4, MA> musulmán,
  musulmana
ein **Motor** <III 4, 12> un motor
ein **Motto** <III 6, TA> un eslogan
ein **MP3-Player** <II 10> un MP3 [emepe'tres]
eine **Mückenschutzcreme** III 8, 2 una
  crema antimosquitos
müde (sein) I 6 (estar) cansado,-a
ein **Müllfahrzeug** II 2 un camión de la
  basura
multikulturell <III GC> multicultural
Multiple Choice <III 8, TA> respuestas
  múltiples
eine **Mumie** III 1 una momia
ein **Museum** I 1 un museo
die **Musik** I 2A, PP la música
Musik- <III GC> musical
etw. **tun müssen** I 8A, PP tener *(irr.)* que
  hacer algo
  man **muss** I 8A hay que …
nur **Mut!** III 1 ¡ánimo!
die **Mutter** I 3A, PP la madre
ein **Mythos** <III 8, MA> un mito

N

na ja, **na** gut I 2A bueno
  Na so was! *(argentin. Ausruf)* II 8
  ¡Pucha!
nach I 4A a
  zu jdm. **nach** Hause gehen I 4A ir a casa
  de alguien
  etw. **nach** und **nach** tun III 3 ir *(irr.)*
  (+ gerundio)
ein **Nachbar**, eine **Nachbarin** II 2 un
  vecino, una vecina
nachdem II 4 después de *(+ inf.)*
der **Nachmittag** I 4A, PP la tarde
nachmittags I 4A, PP por la tarde
eine **Nachricht** I 2B un mensaje
  I 3B una noticia
nächste, -r, -s II 5 próximo,-a

eine **Nacht** I 6 una noche
    Gute **Nacht**. I 3B, 4 Buenas noches.
der **Nachtisch** II 3, PP el postre
in der **Nähe** (von) I 4B, PP cerca (de)
sich etw./ jdm. **nähern** III 1 acercarse
    (c-qu) a algo / alguien
Nahuatl (*eine Sprache der Ureinwohner*
    Mittelamerikas) <III GC> el náhuatl
ein **Name** I 3B, PP un nombre
nass (sein) II 2 (estar) mojado,-a
die **Nationalität** <III 6, 7> la nacionalidad
ein **Nationalpark** <III PM 2> un parque
    nacional
die **Natur** <III PM 3> la naturaleza
natürlich (*adv.*) I 2A claro
    II 8 naturalmente
ein **Naturschutzgebiet** III 8, 1 una
    reserva (natural)
    <III GC> un parque natural
Naturwissenschaften (*Schulfach*) I 5A, PP
    (las) ciencias de la naturaleza
der **Nebel** II 1, 8 la niebla
es ist **nebelig** II 1, 8 hay niebla
neben I 4B, PP al lado de
    neben ihm / ihr I 7A a su lado
der **Neffe** I 3A, PP el sobrino
negativ <III 5, 2> negativo,-a
etw. **nehmen** I 2B tomar algo
    etw. zu sich **nehmen** I 2B tomar algo
    jdn. auf den Arm **nehmen** III 2 tomar el
    pelo a alguien
    nehmen wir …, lasst uns … **nehmen**
    III 7 tomemos …
nein I 1 no
jdn. etw. **nennen** II 6 llamar algo a
    alguien
    etw. **nennen** <III 4, TA> nombrar algo
nervös II 1 nervioso,-a
nett I 4B amable
    I 5A simpático,-a
ein **Netz** <III 3, 4> una red
neu II 3 nuevo,-a
neueste, -r, -s II 3 último,-a
    das **neueste** Modell von … <III 8, 9>
    … del año
neugierig III 3 curioso,-a
neun I 3B, PP nueve
neunhundert II 5, PP novecientos, -as
neunte, -r, -s II 2 noveno,-a
neunzig I 3B, PP noventa
    die **Neunziger** Jahre <III GC> los
    noventa
eine **NGO** III 5 una ONG
nicht (*Verneinung*) I 1 no
    nicht einmal III 1 ni siquiera
    nicht wahr? I 2A ¿verdad?
die **Nichte** I 3A, PP la sobrina
eine **Nichtregierungsorganisation** III 5
    una ONG
nichts II 5 nada
    Nichts da! III 3 De eso nada.
niedlich <III 5, 12> mono,-a
niedrig I 4B bajo,-a

niemals II 5 nunca
niemand II 5 nadie
noch I 2B todavía
    noch ein(-e, -r, -s) I 7B otro,-os, otra,-as
    noch einmal I 7B otra vez
    Noch etwas? I 7A, PP ¿Algo más?
der **Norden** II 8, PP el norte
normal I 4B normal
eine **Note** <III 4, MA> una nota
etw. **notieren** <III 1, 2> apuntar algo
die **Notizen** <III 1, 5> los apuntes
    Notizen machen <III 2, 16> tomar nota
notwendig III 6 necesario,-a
die **Notwendigkeit** <III 6, MA> la necesi-
    dad
November I 7B, PP noviembre (*m.*)
null I 3B, PP cero
eine **Nummer** I 3B, PP un número
nun I 3B pues
nur I 3B sólo
    nur Bahnhof verstehen III 1 no
    entender (-ie-) ni papa
nützen zu III 3 servir (-i-/-i-) para
nützlich <III 1, PP 4>; III 5, PP útil
    nützlich sein für II 3 servir (-i-/-i-) para

O

ob II 5 si
ein **Objekt** <III 5, TA>; <III PM 1> un
    objeto
ein **Objektpronomen** (*Dativ, Akkusativ*)
    <III 1, 8> un pronombre de objeto
ein **Observatorium** III GC un observatorio
das **Obst** I 7A la fruta
obwohl III 4 aunque
oder I 3B o
    II 5 ó (*zwischen zwei Zahlen*)
öffentlich <III GC> público,-a
offiziell <III 3, MA> oficial
etw. **öffnen** I 3A abrir algo
ohne II 1 sin
    ohne Zweifel II 6 sin duda
ein **Ohrring** III 2 un pendiente
Ok. I 3A Vale.
Oktober I 7B, PP octubre (*m.*)
der **Okzident** <III 4, PP> el Occidente
das **Olivenöl** <III GC> el aceite de oliva
die **Oma** I 3A, PP la abuela
der **Onkel** I 2A el tío
    Onkel und Tante I 2A los tíos
der **Opa** I 3A, PP el abuelo
optimistisch III 3 optimista
orange I 6, 10 naranja
eine **Orange** I 7A, PP una naranja
ein **Orangenbaum** <III PM 2, 5> un
    naranjo
ordentlich II 6 como Dios manda
etw. **ordnen** <III 1, TA> ordenar algo
In **Ordnung**. I 3A Vale.
    I 7A Está bien.
etw. **organisieren** <III 3, TA>; III 8, 2
    organizar (z-c) algo

ein **Organismus** <III 3, MA> un
    organismo
der **Orient** <III 4, PP> el Oriente
ein **Original** III 8, 2 un original
originell <III 7, MA> original
ein **Ort** I 4B un lugar
    I 8B, PP un sitio
    ein kleiner **Ort** I 1 un pueblo
der **Osten** II 8, PP el este
ein **Ozean** <III 4, 12> un océano
Ozeanien III 4, PP Oceanía (*f.*)

P

ein **Paar** <III 2, 8>; III 4 una pareja
eine **Paella** (*span. Reisgericht*) I 1 una
    paella
ein **Palast** III 4, PP un palacio
panierte Tintenfischringe I 4A los
    calamares
der **Papa** (*auch als Anrede*) I 7B el papá
ein **Papier** I 3A un papel
eine **Paprika**(schote) I 7A un pimiento
ein **Paradies** III 8, 2 un paraíso
ein **Paragraf** <III 6, 2> un párrafo
ein **Park** I 4B, PP un parque
ein **Partner**, eine **Partnerin** III 5 una
    pareja
eine **Party** I 7B una fiesta
Pass auf! I 8B ¡Ten cuidado!
passend III 5 adecuado,-a
passieren II 2 pasar
eine **Pastete** (*galizische Spezialität*) II 1
    una empanada
die **Pause** I 5A el recreo
perfekt I 5A perfecto,-a
das **Perfekt** <III 1, PP 4> el pretérito
    perfecto
eine **Perle** <III 4, MA> una perla
eine **Person** I 8A una persona
persönlich <III 5, 2> personal
eine **Pesete** (*frühere spanische Währung*)
    III 1, PP una peseta
ein **Pferd** <I 9, PP>; II 1 un caballo
ein **Pfiff** II 5 un pitido
eine **Pfote** <III 8, MA> una pata
ein **Phänomen** <III GC> un fenómeno
die **Pharmazie** <III GC> la farmacia
eine **Phase** <III PM 3> una fase
die **Philosophie** <III GC> la filosofía
eine **Pistole** <III 6, MA> una pistola
ein **Plakat** II 2 un cartel
eine **Plakatwand** <III 6, MA> una
    cartelera
ein **Plan** (*Idee*) II 4 un plano
    (*Karte*) III 8, 2 un plan
etw. **planen** <III 5, 11> planificar (c-qu)
    algo
das **Plastik** <III PM 2> el plástico
ein **Platz** I 3B, PP una plaza
    I 4B un lugar
    I 8B, PP un sitio
ein MP3-**Player** <II 10> un MP3
    [emepe'tres]

ein DVD-**Player** III 2 un DVD

plötzlich II 9 de repente

das **Plusquamperfekt** <III 4, 3> el pretérito pluscuamperfecto

ein **Politiker**, eine **Politikerin** <III 3, MA> un político, una política

politisch <III GC> político,-a

ein **Polizeihund** <III 1, PP 5> un perro policía

ein **Polizist**, eine **Polizistin** I 5B un / una policía

populär <III PM 3, 3> popular

eine **Pose** <III 2, MA> una pose

eine **Position** <III 2, 11> una posición

positiv III 1 positivo,-a

ein **Possessivpronomen** <III 7, 5> un pronombre posesivo

ein **Poster** I 7B un póster

eine **Postkarte** II 1 una postal

praktisch <III GC> práctico,-a

eine **Präposition** <III 6, 13> una preposición

eine **Präsentation** <III 1, TA> una presentación

ein **Präsident**, eine **Präsidentin** II 7 un presidente, una presidenta

der **Preis** II 5, PP el precio

ein **Preis** <III 3, TA> un premio

ein **Prinz**, eine **Prinzessin** II 6 un príncipe, una princesa

privat <III GC> privado,-a

eine **Probe** I 5B un ensayo

<III 2, 12> una prueba

etw. (an)**probieren** I 6 probarse (-ue-) algo

etw. **probieren** I 7B probar (-ue-) algo

ein **Problem** I 5A un problema (m.)

ein **Produkt** <III 8, 6> un producto

ein **Produzent** <III 8, 7> un productor

ein **Projekt** II 9 un proyecto

eine **Promenade** II 4, PP un paseo

ein **Prospekt** II 4 un folleto

eine **Provinz** III 1 una provincia

... **Prozent** III 5, 7 un ... por ciento

ein **Prozentsatz** <III 5, 7> un porcentaje

jdn. **prüfen** <III GC> examinar a alguien

eine **Prüfung** <III 2, 5> un examen

das **Publikum** <I 9> el público

ein **Pullover** I 6, 10 un jersey (pl. jerséis)

ein **Punkt** <III 4, MA>; III 5 un punto

pünktlich um ... Uhr I 4A a la(s) ... en punto

eine **Puppe** I 8B una muñeca

pur <III 8, 9> puro,-a

etw. **putzen** I 8A, 6 limpiar algo

sich die Zähne **putzen** I 6, PP lavarse los dientes

ein **Pyjama** I 6, PP un pijama

eine **Pyramide** <III PM 3> una pirámide

die **Pyrenäen** II 1 los Pirineos

Q

ein **Quadratkilometer** <III GC> un kilómetro cuadrado

ein **Quetzal** (Vogel in Mittelamerika; Wappentier Guatemalas) <III 8, 3> un quetzal

R

ein **Radiergummi** I 3A, 10 una goma

(das) **Radio** II 9, PP la radio

eine **Rasse** <III 6, 7> una raza

ein **Rat** III 8, 2 un consejo

raten <III 1, PP 6> adivinar

ein **Rätsel** <III PM 3> un misterio

eine **Ratte** <III 8, 9> una rata

rauchen III 5 fumar

auf etw. **reagieren** <III 2, 9> reaccionar a algo

eine **Reaktion** <III 1, 5> una reacción

rebellieren <III PM 3> rebelarse

rechnen <III 4, MA> calcular

(das) **Recht** II 8 (el) Derecho

Recht haben I 8A tener (irr.) razón

rechts I 4B, PP a la derecha

(mit jdm.) **reden** I 2A, PP hablar (con alguien)

ein (kleines) **Referat** <III 1, TA> una presentación

ein **Regal** I 8B, PP una estantería

eine **Regel** <III 2, 5> una regla

der **Regen** II 2 la lluvia

ein **Regenwald** II 8, PP una selva

der **Reggaeton** (lat. am. Musikrichtung) III 7 el reggaeton

regieren <III 4, MA> reinar

eine **Regierung** III 8, 4 un gobierno

der **Regierungschef** <III GC> el Presidente del Gobierno

eine **Region** <III 4, PP> una región

eine autonome **Region** (entspricht etwa: Bundesland) II 1, 11 una Comunidad Autónoma

Madrid (als autonome **Region**) III 1 la Comunidad de Madrid

ein **Regisseur**, eine **Regisseurin** <III 2, 14> un director, una directora

<III PM 2, 4> un director de cine

regnen II 1 llover (-ue-)

reich II 7 rico,-a

ein **Reich** <III 3, MA> un imperio

<III GC> un reino

jdm. etw. (hinüber)**reichen** <II 10> pasar algo a alguien

Es **reicht** jetzt! I 3A ¡Ya basta!

der **Reichtum** <III 6, 4>; III 8, 4 la riqueza

eine **Reihe** <III 4, MA> una fila

rein <III 8, 9> puro,-a

eine **Reise** II 1, PP un viaje

ein **Reiseführer** (Buch) III 8, 2 una guía de viajes

reisen II 1, PP viajar

ein **Reisepass** III 8, 2 un pasaporte

reiten II 1 montar a caballo

ein **Relativpronomen** <III 3, 9> un pronombre relativo

(die) **Religion** (Schulfach) I 5A, PP (la) religión

die **Renaissance** <III GC> el Renacimiento

aus der **Renaissance** <III GC> renacentista

rennen II 5 correr

ein (Wett)**Rennen** <III GC> una carrera

eine **Rennstrecke** <III GC> una pista de carreras

ein **Rennwagen** <III GC> un automóvil (de carreras)

ein **Reporter**, eine **Reporterin** <III 6, PP> un reportero, una reportera

die **Residenz** <III GC> la residencia

jdn. / etw. **respektieren** <III 5, 7> respetar algo / a alguien

ein **Restaurant** I 3B un restaurante

ein **Resultat** <III 1, 2> un resultado

eine **Revolution** <III GC> una revolución

revolutionär <III GC> revolucionario,-a

ein **Revolutionär**, eine **Revolutionärin** <III GC> un revolucionario, una revolucionaria

ein **Rezept** <III 4, 11> una receta

der **Rhythmus** <III GC> el ritmo

richtig II 9 verdadero,-a

<III 1, PP 5> correcto,-a

in **Richtung** von III 4 hacia

riesig II 3 enorme

<III 7, TA> gigante

<III PM 3> gigantesco,-a

das **Rindfleisch** <III 8, 10> la carne de vaca

ein **Rock** I 6, 10 una falda

die **Rockmusik** <III GC> el rock

eine **Rolle** (im Theaterstück) I 5B un papel

ein **Roman** <III 7, 6> una novela

rosa I 6 rosa

eine **Rose** II 4 una rosa

rot I 6 rojo,-a

eine **Route** III 8, 2 una ruta

eine **Rubrik** <III 5, 11> una sección

die **Rückfahrt** II 5, PP la vuelta

ein **Rucksack** III 8, 2 una mochila

rücksichtslos III 5, PP desconsiderado,-a

jdn. **rufen** I 3B llamar a alguien

ruhig I 5B tranquilo,-a

eine **Ruine** III 8, 2 una ruina

S

ein **Saal** III 4 una sala

eine **Sache** I 4B una cosa

ein **Sachverhalt** III 2 un asunto

jdm. etw. **sagen** I 5B decir (irr.) algo a alguien

III 6 comentar algo

das **Sagen** haben III 2 mandar

Salsa (lat. am. Tanz) III 7 la salsa

eine **Sammlung** <III GC> una colección

Samstag I 5A sábado (m.)

ein **Sandwich** I 7B un sándwich, (*pl.* -es)

ein **Sänger**, eine **Sängerin** <III 8, 9> un / una cantante

eine **Sardine** <III 6, 4> una sardina

etw. **satt** haben III 2 estar harto, -a de algo

ein **Satz** <III 1, 3> una frase

eine **Satzanalyse** <III 1, MA> un análisis sintáctico

ein **Schachspiel** <III 4, 9> un juego de ajedrez

Schade! I 7B ¡Qué lástima!

etw. **schaffen** III 6 conseguir (-i-/-i-; gu-g) algo

ein **Schaffner**, eine **Schaffnerin** II 5 un revisor, una revisora

ein **Schal** I 6, 10 una bufanda

ein **Schälchen** II 3 un cuenco

eine **Schallplatte** <III GC> un disco

scharf I 7A picante

ein **Schatz** III 4 un tesoro

etw. / jdn. (an)**schauen** I 3A mirar algo / a alguien

ein **Schauspiel** <III PM 2> un espectáculo

ein **Schauspieler**, eine **Schauspielerin** <I 9>; III 2 un actor, una actriz

schaut (mal) I 5B mirad

die Sonne **scheint** II 1 hace sol

ein **Scheinwerfer** <III 2, 14> un foco

Scheiße! (*vulg.*) <III 5, 2> ¡mierda! (*vulg.*)

ein **Schema**, eine **Schemazeichnung** <III 1, MA> un esquema

etw. **schenken** I 7A regalar algo

eine **Schere** III 2 unas tijeras

ein **Scherz** III 2 una broma

jdm. etw. **schicken** I 8A, PP mandar(le) algo a alguien

II 8 enviar(le) (-ío) algo a alguien

ein Tor **schießen** <III 5, 11> meter un gol

ein **Schiff** I 7 un barco

mit jdm. **schimpfen** II 5 echar una bronca a alguien

ein **Schlafanzug** I 6, PP un pijama

schlafen I 6, PP dormir (-ue-/-u-)

ein **Schlafzimmer** I 4A, 5 un dormitorio

der **Schlamm** <III 8, MA> el barro

schlank I 5B, PP delgado, -a

schlecht I 8A malo, -a

I 3B mal (*adv.*)

schlechtes Wetter (sein) II 1 (hacer) mal tiempo

etw. **schließen** II 2 cerrar (-ie-) algo

schließlich II 2 al final

schlimmer II 6 peor

ein **Schloss** III 4, PP un palacio

und **Schluss** III 3 y punto

ein **Schlüsselwort** <III 2, 4> una palabra clave

(sich) **schminken** <III 2, 14> maquillar(se)

der **Schnee** <III PM 2> la nieve

etw. **schneiden** III 2 cortar algo

schneien II 1, 8 nevar (-ie-)

schnell I 3A rápido (*adv.*)

II 4 deprisa (*adv.*)

die **Schokolade** I 7A el chocolate

schon I 3A ya

schön I 4B bonito, -a

III 6 hermoso, -a

die **Schönheit** III 8, 1 la belleza

ein **Schrank** I 6 un armario

schrecklich II 4 fatal (*adv.*)

I 7B terrible

ein **Schrei** <III 4, MA> un grito

etw. / jdm. **schreiben** I 3A escribir algo / a alguien

ein **Schreibtisch** I 8B, PP un escritorio

ein **Schreibwarengeschäft** I 4B, PP una papelería

etw. **schreien** III 4 gritar algo

ein **Schriftsteller**, eine **Schriftstellerin** <III PM 1> un escritor, una escritora

schüchtern III 5 tímido, -a

der **Schuh** I 6, 10 un zapato

ein **Schulbuch** <III 1, MA> un libro de estudio

die **Schulden** III 7 las deudas

eine **Schule** III 1 un colegio

III 3 una escuela

ein **Schüler**, eine **Schülerin** I 5B un alumno, una alumna

ein **Schüleraustausch** I 8A, PP intercambio

das **Schülerbuch** <III 2, 11> el libro del alumno

ein **Schulhof** I 5B un patio

ein **Schuljahr** <III 2, PP> un curso

ein **Schulranzen**, eine **Schultasche** I 3A, 10 una cartera

eine kleine **Schüssel** II 3 un cuenco

schwarz I 6, 10 negro, -a

ein **Schwarzes** Brett I 5B un tablón de anuncios

jdm. **schwerfallen** <III 5, 12> costar (-ue-) horrores a alguien

eine **Schwester** I 1 una hermana

schwierig I 7A difícil

eine **Schwierigkeit** III 6 una dificultad

schwimmen I 2A, PP nadar

sechs I 3B, PP seis

sechshundert II 5, PP seiscientos, -as

sechste, -r, -s II 2 sexto, -a

sechzig I 3B, PP sesenta

ein **See** II 8, PP un lago

die **See** <III PM 2, 5> la mar

die **Seele** III 8, 1 el alma (*f.*)

etw. / jdn. **sehen** I 4A ver algo / a alguien

(lass) mal **sehen** I 2A a ver

das **Sehen** III 8, 2 la vista

eine **Sehenswürdigkeit** II 1, 11 un monumento

<III 4, 12> un atractivo

sehr I 2B mucho (*adv.*)

I 2B muy (*adv.*)

sehr viele I 4B un montón (de)

sein I 1, PP ser (*irr.*)

I 4A estar (*irr.*)

I 7B haber (*irr.*) (*als Hilfsverb*)

II 5 llevar (+ *Zeitraum*)

sein, seine (*sg.*) I 3A su

seine (*pl.*) I 3B sus

(das) **seine, -r, -s** III 7 suyo, -a; el suyo, la suya

seit III GC desde

etw. schon **seit** (+ *Zeitraum*) tun III 3 llevar (+ *Zeitraum*) (+ *gerundio*)

eine **Seite** I 4B, PP un lado

<III 1, PP 1> una página

von **seiten** <III GC> por parte de

selbstverständlich III 7 por supuesto

seltsam I 7B raro, -a

jdm. etw. **senden** I 8A, PP mandar algo a alguien

ein **Sender** II 9, PP una cadena

eine **Sendung** II 9, PP un programa

ein **Senior**, eine **Seniorin** III 1, PP un anciano, una anciana

die **Sensibilität** <III 5, 2> la sensibilidad

September I 7B, PP septiembre (*m.*)

etw. **setzen** I 8B, PP poner (*irr.*) algo

sich **setzen** <I 9>; II 3 sentarse (-ie-)

der **Sex** III 5 el sexo

ein **Shrimp** <III 8, 10> una gamba

sicher (*adv.*) <III 1, TA>; III 3 seguro (*adv.*)

sicher (sein) <II 10>; III 8, 2 (estar) seguro, -a

die **Sicht** III 8, 2 la vista

sichtbar III 8, 2 a la vista

Sie (*Höflichkeitsform, sg./pl.*) I 7A usted, -es

sie (*Akkusativpron. f. sg.*) II 3 la

sie (*Akkusativpron. f. pl.*) II 3 las

sie (*Akkusativpron. m. pl.*) II 3 los

sie (*pl.*) I 2B ellos, ellas

sie (*sg.*) I 2B ella

sieben I 3B, PP siete

siebenhundert II 5, PP setecientos, -as

siebte, -r, -s II 2 séptimo, -a

siebzig I 3B, PP setenta

eine **Silbe** <III 2, 5> una sílaba

(etw.) **singen** <III 3, MA> cantar (algo)

eine **Situation** <III 1, PP 4> una situación

sitzen II 5 estar (*irr.*) sentado, -a

ein **Skigebiet** <III GC> una estación de esquí

ein **Slogan** <III 6, TA> un eslogan

so I 5A así

I 8A tan

genau **so** <III 5, 2> tal cual

die **Socken** I 6, 10 los calcetines

sofort (*adv.*) II 4 enseguida (*adv.*)

jetzt **sofort** I 5B ahora mismo

sogar III 3 incluso

der **Sohn** I 3A, PP el hijo

ein / eine **solche, -r, -s** ... II 1 (un / una + *subst.*) así

ein **Soldat** <III GC> un soldado

der **Sommer** I 2A el verano

Diccionario

die **Sonne** I 2A, PP el sol
die **Sonne** scheint II 1 hace sol
sich **sonnen** I 2A, PP tomar el sol
eine **Sonnenbrille** I 2A, PP unas gafas de sol
Sonntag I 5A domingo (m.)
sich **Sorgen** machen II 5 preocuparse
sozial III 6 social
eine **Spalte** <III 3, 11> una columna
Spanien I 5A España (f.)
ein **Spanier**, eine **Spanierin** I 2B un español, una española
Spanisch, die **spanische** Sprache I 2A, PP (el) español
II 4, PP (el) castellano
Spanisch (Schulfach, wie das Fach Deutsch in Deutschland) I 5A, PP (la) lengua y literatura
spanisch I 8A, PP español,-a
die **spanische** Nationalbank III 1, PP el Banco de España
spanisch- (+ adj.) <III GC> hispano (+ adj.)
spannend III 5 emocionante
Spaß haben III 1 pasarlo bien
spät (adv.) II 1 tarde (adv.)
spazierengehen <III GC> pasear
ein **Spaziergang** III 6 un paseo
eine **Speisekarte** I 3, PP una carta
spektakulär II 6 espectacular
ein **Spezialitätenrestaurant** für Meeresfrüchte II 3 una marisquería
speziell I 7B especial
ein **Spiel** I 1 un juego
ein **Spiel** (beim Sport) I 4A, PP un partido
etw./mit jdm. **spielen** I 5B jugar (-ue-; g-gu) (a) algo/con alguien
spielen (Lied, Musikinstrument) II 6 tocar (c-qu) algo
ein **Spieler** I 5A un jugador
eine **Spielerbank** (Fußball) II 4 un banquillo
spontan <III 2, 5> espontáneo,-a
der **Sport** I 1 el deporte
Sport treiben I 2A, PP practicar (c-qu) deporte
Sportanlagen <III GC> instalaciones deportivas
eine **Sprache** I 5A, PP una lengua
II 7 un idioma
eine **Sprachschule** <III GC> una escuela de lengua
(mit jdm.) **sprechen** I 2A, PP hablar (con alguien)
ein **Sprecher**, eine **Sprecherin** <III 3, 2> un/una hablante
spülen I 8A, 6 lavar los platos
die **Staatsangehörigkeit** <III 6, 7> la nacionalidad
ein **Stadion** <III GC> un estadio
eine **Stadt** I 4B una ciudad
ein **Stadtviertel** I 4B, PP un barrio
stammen aus I 1, PP ser (irr.) de

ein (Markt)**Stand** I 7A un puesto
die **Standardsprache** <III 1, 13> la lengua estándar
eine **Stange** III 1, PP un barra
stark II 7 fuerte
die **Stärke** <III PM 2, 5> la fuerza
der **Start** <III 6, 3> la salida
eine **Statistik** <III 5, 7> una estadística
staubsaugen I 8A, 6 pasar la aspiradora
jdm. nicht **stehen** <III 5, 12> no pegar (g-gu) a alguien (col)
jdm. hervorragend **stehen** <III 5, 12> quedar genial a alguien
etw. **stellen** I 8B, PP poner (irr.) algo
sterben II 8 morir (-ue-/-u-)
eine **Stereoanlage** I 8B, PP un equipo de música
ein **Stil** <III 5, 12>; III 8, 1 un estilo
mit lauter **Stimme** <III PM 2, 5> en voz alta
Das **stimmt**. I 3A Es verdad.
Das **stimmt** nicht. I 2B No es verdad.
die **Stimmung** II 6 el ambiente
ein **Stockwerk** I 8A un piso
jdn. **stören** II 3 molestar a alguien
eine **Strafe** <III 8, MA> un castigo
strahlenförmig <III GC> radial
der **Strand** I 1 la playa
eine **Straße** I 3B, PP una calle
II 5, PP una carretera
Straßen- <III GC> callejero,-a
ein **Straßenkind** III 6 un niño de la calle
eine **Strategie** <III 1, Estr> una estrategia
streiten I 7B discutir
streng I 5A duro,-a
eine **Strophe** <III PM 2, 5> una estrofa
etw. **strukturieren** <III 5, 11> estructurar algo
ein **Student**, eine **Studentin** III 3 un/una estudiante
eine **Studie** <III PM 1> un estudio
etw. **studieren** I 2A, PP estudiar algo
ein **Studio** II 9 un estudio
eine **Studienrichtung** II 8 una carrera
das **Studium** <III GC> los estudios
ein **Stuhl** I 8B, PP una silla
eine **Stunde** I 4A una hora
ein **Stundenplan** I 5A, PP un horario
ein **Stylist**, eine **Stylistin** <III 5, 12> un/una estilista
ein **Substantiv** <III 2, 5> un sustantivo
subtropisch <III GC> subtropical
die **Suche** II 8 la búsqueda
etw./jdn. **suchen** I 2A buscar (c-qu) algo/a alguien
der **Süden** II 8, PP el sur
super III 7 súper-
ein **Supermarkt** I 4A un supermercado
das **Surfen** I 2A, PP el surf
süß <III 5, 12> mono,-a
ein **Sweatshirt** I 6, 10 un jersey (pl. jerséis)
ein **Symbol** <III GC> un símbolo

sympathisch I 5A simpático,-a
eine **Szene** <III 2, 4> una escena

T

eine **Tabelle** <III 1, PP 4> una tabla
eine **Tafel** I 3A, 10 una pizarra
ein **Tag** I 3B un día
eines **Tages** I 7 un día
Guten **Tag**. I 3B, 4 Buenas tardes. (nachmittags)
I 3B Buenos días.
ein **Tagebuch** I 7B un diario
ein **Tal** III 4, PP un valle
die **Tante** I 2A la tía
Tante und Onkel I 2A los tíos
ein **Tanz** <III PM 2>; III 7 PP un baile
tanzen I 7B bailar
das **Taschengeld** III 1, PP la paga
eine **Tätigkeit** I 5A una actividad
eine **Tatsache** <III 6, 4> un hecho
eine **Taufe** III 7 PP un bautizo
ein **Taufpate** III 7 PP un padrino
eine **Taufpatin** III 7 PP una madrina
tausend II 5, PP mil
ein **Team** I 5A un equipo
Technik (Schulfach) I 5A, PP (la) tecnología
eine **Technik**, eine **Technologie** III 1 una tecnología
ein **Teil** I 8B una parte
ein **Teil** von I 8B parte de
etw. (mit jdm.) **teilen** I 8A compartir algo (con alguien)
an etw. **teilnehmen** III 3 participar en algo
teilweise <III 8, 10> en parte
ein **Telefon** I 3B, PP un teléfono
eine **Telefonnummer** I 3B, PP un (número de) teléfono
das **Telekommunikationsgebäude** <III GC> el edificio de comunicaciones
ein **Teller** I 8A, 6 un plato
ein **Tempel** <III PM 3> un templo
die **Temperatur** <III 4, 12> la temperatura
die **Tempora** <III 1, PP 4> los tiempos verbales
eine **Tendenz** <III 5, 12> una tendencia
(das) **Tennis** I 2A, PP el tenis
ein **Territorium** <III PM 3> un territorio
ein **Test** <III 2, 12> una prueba
teuer II 3 caro,-a
ein **Text** <III 1, PP 1> un texto
ein **Theaterstück** I 5A una obra de teatro
ein **Thema** <III 1, 1> un tema
eine **Theorie** <III PM 3> una teoría
die **Tiefe** <III GC> la profundidad
ein **Tier** I 2B, PP un animal
panierte **Tintenfischringe** I 4A los calamares
ein **Tipp** III 8, 2 un consejo
ein **Tisch** I 8A, 6 una mesa
den **Tisch** decken I 8A, 6 poner la mesa
ein **Titel** <III 3, 1> un título

die **Tochter** I 3A, PP la hija
der **Tod** III 8, 4 la muerte
ein **Todesfall** III 8, 4 una muerte
tolerant III 5 tolerante
toll I 4A, PP fenomenal
  I 4A genial
  I 5A guay (col.)
  II 6 espectacular
  <III PM 1> fantástico,-a
  Toll! I 1 ¡Genial!
eine **Tomate** III 1 un tomate
ein **Ton** <I 4, MA> un tono
ein **Tor** <III 5, 11> un gol
  ein **Tor** schießen <III 5, 11> meter un
  gol
eine **Torte** I 7A una tarta
eine **Tortilla** (Omelett aus Kartoffeln und
  Eiern) I 4A una tortilla
ein **Torwart** I 5A un portero
ein **Toter**, eine **Tote** <III 7, TA> un muerto,
  una muerta
der **Tourismus** <III PM 2> el turismo
ein **Tourismusbüro** II 4 una oficina de
  turismo
ein **Tourist**, eine **Touristin** II 4 un / una
  turista
eine **Touristeninformation** II 4 una
  oficina de turismo
touristisch <III GC> turístico,-a
eine **Tracht** III 8, 4 un traje (típico)
eine **Tradition** <III 7, PP> una tradición
traditionell <III GC> tradicional
etw. **tragen** I 2A, PP llevar algo
eine **Traube** II 8 una uva
von etw. / jdm. **träumen** I 5B soñar (-ue-)
  con algo / alguien
  davon **träumen**, etw. zu tun I 5B soñar
  (con) (-ue-) hacer algo
traurig (sein) I 6 (estar) triste
es ist **traurig** III 6 es una lástima
ein **Trauzeuge** III 7 PP un padrino
eine **Trauzeugin** III 7 PP una madrina
etw. / jdn. **treffen** III 8, 2 pillar algo /
  a alguien
sich **treffen** (mit) II 2 encontrarse (-ue-)
  con
etw. / jdn. **treffen** III 8, 2 pillar algo /
  a alguien
ein **Trend** <I 5, 12> una tendencia
sich von jdm. **trennen** III 2 separarse de
  alguien
eine **Treppe** II 2 una escalera
ein **Treppenhaus** II 2 una escalera
etw. **trinken** I 2B tomar algo
  <I 9>; II 3 beber algo
ein **Trinkspruch** (auf) II 3 un brindis (por)
das **Trinkwasser** III 8, 4 el agua (f.)
  potable
trocken III GC seco,-a
tropisch <III GC> tropical
etw. **trüben** <III 8, MA> nublar algo
ein **T-Shirt** I 6, 10 una camiseta
etw. **tun** I 3B hacer (irr) algo

etw. **tun** können (gelernt haben) I 6
  saber (irr.) hacer algo
etw. **tun** werden I 5B ir (irr.) a hacer
  algo
etw. nach und nach / immer mehr
  tun III 3 ir (irr.) (+ gerundio)
etw. schon seit (+ Zeitraum)
  tun III 3 llevar (+ Zeitraum) (+ gerundio)
etw. wieder **tun** III 4 volver (-ue-) a
  hacer algo
eine **Tür** I 3B una puerta
ein **Turm** <III 3, MA> una torre
eine **Tüte** I 8B una bolsa
ein **Typ** I 5B un tipo
typisch <III 2, 5>; III 7 típico,-a

U

die **U-Bahn** I 3A el metro
etw. **üben** I 2A, PP practicar (c-qu) algo
über I 7B sobre
jdm. etw. **überlassen** I 8B dejar algo
  a alguien
für etw. / jdn. Verantwortung **übernehmen**
  <III 6, MA> responsabilizarse (z-c) de
  algo / alguien
etw. **überprüfen** <III 1, 3> controlar algo
etw. **überqueren** I 4B, PP cruzar (z-c) algo
jdn. mit etw. **überraschen** <III 7, MA>
  sorprender a alguien con algo
überrascht (sein) I 6 (estar) sorprendido,-a
eine **Überraschung** I 7A una sorpresa
eine **Überschrift** <III 3, 1> un título
etw. **übersetzen** <III 2, 10> traducir (-zco)
  algo
übliche, -r, -s I 4A el / la / los / las … de
  siempre
die **Übrigen** I 4B los / las demás
übrigens I 5A por cierto
eine **Übung** <III 1, PP 5> un ejercicio
eine **Uhr** <III GC> un reloj
um … zu I 7A para (+ inf.)
Um wieviel Uhr? I 4A ¿A qué hora?
eine **Umarmung** II 1 un abrazo
etw. **umfassen** <III GC> incluir (-y-) algo
etw. **umformen** <III 4, 7> transformar
  algo
eine **Umfrage** <III 5, 7> una encuesta
umgeben (sein) von III 8, 1 (estar)
  rodeado,-a de
ein **Umstand** <I 8, 6> un factor
  die **Umstände** <III 2, MA> las circunstancias
umsteigen II 4, 12 cambiar de línea,
  cambiarse de tren
die **Umweltverschmutzung** III 8, 4 la
  contaminación
sich **umziehen** <I 9> cambiarse
umziehen III 1, PP mudarse
unabhängig III 5, PP independiente
unartig III 1 malo,-a
unaufgeräumt (sein) I 8A (estar) desordenado,-a

unbekannt <III PM 3> desconocido,-a
und I 1 y
  und (vor i- oder hi-) I 8A e
ein **Unfall** II 1 un accidente
die **Ungeduld** II 8 la impaciencia
ungeduldig sein III 5, PP no tener (irr.)
  paciencia
ungefähr II 5 unos,-as
  <III 5, 7> aproximado,-a
unglaublich <III 5, 12> increíble
ungleich <III 6, 12> desigual
unheimlich (sehr) III 7 súper-
eine **Uniform** I 5B un uniforme
eine **Universität** I 5B una universidad
unmöglich sein I 2A ser un desastre (col.)
unordentlich (sein) (Raum) I 8A (estar)
  desordenado,-a
unregelmäßig <III 2, 8> irregular
uns (Dativpron.) I 8A nos
  (Akkusativpron.) II 3 nos
unser, unsere (sg.) I 3B nuestro,-a
  unsere (pl.) I 3B nuestros,-as
  (das) **unsere, -r, -s**; von **uns** III 7
  nuestro,-a; el nuestro, la nuestra
unten <III 5, 8> abajo
unter I 8B, PP debajo de
  II 7 entre
  <III 4, MA> bajo
  unter Mitwirkung von <I 9, PP> con la
  aparición de
ein **Unterrichtsfach** I 5A una asignatura
(der) **Unterricht**, eine **Unterrichtsstunde**
  I 5A una clase
ein **Unterschied** I 5B una diferencia
unterschiedlich I 7A diferente
  III 1 distinto,-a
etw. **unterstreichen** <III 2, 7> marcar
  (c-qu) algo
unterstrichen <III 7, 5> subrayado,-a
ein **Ureinwohner**, eine **Ureinwohnerin**
  III 6 un / una indígena
eine **Ursache** III 6 una razón
der **Ursprung** <III GC> el origen
(die) **USA** II 8 (los) Estados Unidos
ein **US-Amerikaner**, eine **US-Amerikanerin**
  <III GC> un / una estadounidense

V

die **Vanille** <III PM 3, 2> la vainilla
der **Vater** I 3A, PP el padre
sich mit jdm. **verabreden** I 4A quedar
  con alguien
sich von jdm. **verabschieden** II 3
  despedirse (-i-/-i-) de alguien
veraltet <III 1, MA> anticuado,-a
etw. **verändern** I 8A cambiar algo
etw. **veranschaulichen** <III 1, 3> ilustrar
  algo
ein **Veranstaltungsraum** <I 9, PP> un
  salón de actos
für etw. / jdn. **Verantwortung** übernehmen
  <III 6, MA> responsabilizarse (z-c) de
  algo / alguien

verantwortungsbewusst III 5, PP
responsable

jdn. verärgern <III PM 3> enfadar a
alguien

verärgert (sein) I 6 (estar) enfadado, -a

ein Verb <III 1, 4> ein Verb
die Zeiten des Verbs <III 1, PP 4> los
tiempos verbales

eine Verbkonstruktion <III 3, 5> una
construcción verbal

etw. verbessern <III 1, 5> corregir (-i-/-i-;
g-j) algo

etw. verbinden <III 1, 11> unir algo

ein Verbrechen III 6 un delito

verbringen I 2A pasar

etw. verdienen II 7 ganar algo

ein Verein III 6 una asociación
III 7 un club

die Vereinigten Staaten II 8 (los) Estados
Unidos

eine Vereinigung III 6 una asociación

Verflixt! I 5 ¡Maldita sea!

Verflucht! II 5 ¡Maldita sea!

vergangene, -s, -r II 7 pasado, -a

die Vergangenheit <III 1, TA> el pasado

die Vergangenheitszeiten <III 2, 13> los
tiempos del pasado

etw. / jdn. vergessen II 6 olvidar algo /
a alguien

etw. / jdn. mit etw. / jdm. vergleichen
<III 1, 5> comparar algo / a alguien con
algo / alguien

das Vergnügen <III GC> el gusto por

ein Vergnügungspark <III PM 2> un
parque de atracciones

verheiratet (sein) III 1, PP (estar)
casado, -a

etw. verkaufen I 4B vender algo

ein Verkäufer, eine Verkäuferin I 7A, PP
un vendedor, una vendedora

der Verkehr III 8, 4 el tráfico

von jdm. etw. verlangen (Geld) III 1, PP
cobrar algo a alguien

(einen Raum) verlassen I 4A salir (salgo)
de

etw. / jdn. verlassen III 4 abandonar
algo / a alguien

verliebt (sein) II 2, PP (estar) enamorado, -a

etw./jdn. verlieren II 6 perder (-ie-)
algo / a alguien

ein Verlobter, eine Verlobte II 4, PP un
novio, una novia

ein Verlust <III 4, 6> una pérdida

sich vermehren <III 8, MA> multiplicarse

jdm. etw. vermieten III 3 alquilar algo
a alguien

jdn. / etw. vermissen II 2, PP echar de
menos algo / a alguien

eine Vermutung <III 2, MF> una hipótesis

der verneinte Imperativ <III 8, 2> el
imperativo negativo

etw. veröffentlichen <III PM 2, 4>
publicar (c-qu) algo

etw. verpassen III 8, 2 perderse (-ie-)
algo

(den Bus) verpassen II 5 perder (-ie-)
(el autobús)

verrückt (sein) III 1 (estar) loco, -a
jdn. verrückt machen III 1 tener (irr.)
loco, -a a alguien

verschiedenartig <III GC> variado, -a

verschiedene II 8 varios, -as

verschmutzt (sein) (Umwelt) III 8, 4
(estar) contaminado, -a

verschuldet sein III 7 estar (irr.) con
deudas

verschwinden III 4 desaparecer (-zco)

eine Version <III 1, MA> una versión

jdm. etw. versprechen <II 10> prometer
algo a alguien

verständlich <III 6, 7> claro, -a

verständnisvoll III 5, PP comprensivo, -a

verstaubt <III 1, MA> polvoriento, -a

etw. verstecken III 4 esconder algo

etw. / jdn. verstehen I 3A comprender
algo / a alguien
I 5A entender (-ie-) algo / a alguien
nur Bahnhof verstehen III 1 no entender (-ie-) ni papa

ein Versuch <III 8, 12> un intento

etw. versuchen III 1 intentar algo

etw. / jdn. verteidigen <III 4, MA>
defender (-ie-) algo / a alguien

jdm. vertrauen III 5 confiar (-ío) en
alguien

ein Vertreter, eine Vertreterin <III 2, TA>
un / una representante

etw. verursachen III 8, 4 causar algo

etw. vervollständigen <III 1, PP 5>
completar algo

ein Verwaltungsbezirk <III GC> un
distrito

eine Verwandlung <III 5, 12> una transformación

ein Verwandter, eine Verwandte II 8 un /
una pariente

etw. verwenden <III 1, PP 2>; III 7 usar
algo

jdm. (etw.) verzeihen <I 9> perdonar(le)
(algo) a alguien

ein Video(film) I 1 un vídeo

die Viehzucht II 8, PP la ganadería

viel I 2B mucho (adv.)
I 5A mucho, -a
sehr viele I 4B un montón (de)

die Vielfalt <III GC> la variedad

vielleicht I 3B a lo mejor

vier I 3B, PP cuatro

vierhundert II 5, PP cuatrocientos, -as

ein Viertel III 5, 7 un cuarto

vierte, -r, -s II 2 cuarto, -a

vierzehn I 3B, PP catorce

vierzig I 3B, PP cuarenta

virtuell <III 1, MA> virtual

ein Vizekönig <III GC> un virrey

ein Vogel <III 8, MA> un pájaro
<III GC> un ave (f.)

ein Vokabelnetz <III 7, 4> una red de
vocabulario

das Vokabular <III 1, TA> el vocabulario

eine Volksgruppe <III 8, 1> una etnia

voll (sein) I 6 (estar) lleno, -a

vollendet (sein) II 4, PP (estar)
terminado, -a

vollständig <III 1, 13> completo, -a

von I 1, PP de
II 1 desde

von … an <III PM 3> a partir de

vor (örtl.) I 5B delante de
vor (zeitl.) II 7 hace (+ Zeitangabe)
vor allem I 2B, PP sobre todo

(an etw.) vorbeigehen I 4B pasar (por
algo)

vorbeikommen (Zug) II 5 pasar (tren)

etw. vorbereiten I 8A, PP preparar algo

ein Vorbild <III 5, 7> un modelo

die Vorfahren <III 8, 1> los ancestros

vorhaben etw. zu tun I 5A pensar (-ie-)
hacer algo
<III 5, 12> estar (irr.) dispuesto, -a a hacer
algo

ein Vorhang II 2 una cortina

vorher II 4 antes

vorherig, -e, -r, -s <III 6, 3> anterior

jdm. wie etw. vorkom-
men I 8A parecer(le) (-zco) algo a
alguien

sich vorkommen <III 5, 12> verse (irr.)

vorrücken <III 6, 3> avanzar (z-c)

ein Vorschlag <III 3, TA> una propuesta

jdm. etw. vorschlagen I 8B proponer(le)
(irr.) algo a alguien

die Vorsicht I 8B el cuidado
Vorsicht! I 8B ¡Ten cuidado!

die Vorspeise II 3, PP el primer plato

etw. vorspielen <III 2, 4> representar
algo

etw. / jdn. jdm. vorstellen II 4 presentar
algo / alguien a alguien

sich (etw.) vorstellen I 8A imaginarse
(algo)
III 7 imaginar (algo)
Stell dir (nur) vor. I 8A Imagínate.

eine Vorstellung <III 1, TA> una presentación

ein Vulkan III 8, 1 un volcán

W

wachsen II 8 crecer (-zco)

ein Wagen II 5 un vagón
ein (Renn)Wagen <III GC> un automóvil
(de carreras)

ein Waggon II 5 un vagón

etw. wählen II 3 elegir (-i-/-i-; g-j) algo

das Wahlpflichtfach I 5A, PP (la) optativa

wahr II 9 verdadero, -a
nicht wahr? I 2A ¿verdad?

Das ist nicht **wahr**. I 2B No es verdad.
Das ist **wahr**. I 3A Es verdad.
während II 6 durante *(+ subst.)*, mientras
 (+ verbo)
die **Wahrheit** I 2A la verdad
ein **Wald** III 8, 1 un bosque
 ein (Regen)**Wald** II 8, PP una selva
ein **Walzer** III 7 un vals
wandern II 1, PP caminar
wann? I 5A ¿cuándo?
warm III 8, 1 cálido,-a
die **Wärme** II 1 el calor
auf etw./jdn. **warten** I 2B esperar algo/
 a alguien
Warum? I 2B ¿Por qué?
was…? I 1 ¿qué…?
 Was ist das? I 1 ¿Qué es?
 Was ist los? **Was** passiert? I 2A ¿Qué
 pasa?
 Was möchtest du?/**Was** darf es
 sein? I 7A, PP ¿Qué te pongo?
 Was für …! I 4B ¡Qué …!
 das, **was** III 4 lo que
etw. **waschen** I 8A, PP lavar algo
 sich **waschen** I 6, PP lavarse
 sich (etw.) **waschen** II 3 limpiarse algo
das **Wasser** I 7A, 7 el agua *(f.)*
ein **Wasserfall** II 8, PP una catarata
ein **Wasserhahn** III 8, 2 un grifo
eine **Wassersportart** <III GC> un deporte
 acuático
eine **Website** <III 2, 10> una página web
das **Wechselgeld** III 8, 2 el cambio
ein **Wecker** I 6 un despertador
weder … noch II 5 ni … ni
ein **Weg** I 4B un camino
 III 8, 2 una ruta
wegen III 2 por
 <III GC> debido a
weggehen I 4A salir (salgo)
 I 6 irse *(irr.)*
jdm. etw. **wegnehmen** I 8B, PP quitar
 algo a alguien
etw. **wegtun** I 8B, PP quitar algo
den Abfall **wegwerfen** I 8A, 6 tirar la
 basura
Weihnachten II 5 (las) Navidades
 (das) **Weihnachten** III 3 la Navidad
 die **Weihnachtszeit** II 5 (las) Navidades
weil I 2B porque
 III 1 como *(Konj.)*
eine **Weile** I 2A un rato
der **Wein** II 3 el vino
weinen I 7B llorar
die Art und **Weise** <III 1, 12> la forma
 <III 5, 12> la manera
weiß I 6 blanco,-a
zu **weit** gehen I 7B pasarse
weit weg (von) I 4B, PP lejos (de)
weiterhin etw. tun II 3 seguir (-i-/-i-; gu-g)
 (+ gerundio)
welche,-r,-s I 4, PP cuál
die **Welt** <I 9>; II 6 el mundo

die Erste **Welt** III 9 el Primer Mundo
die Dritte **Welt** <III 6, 11> el Tercer
 Mundo
das **Weltkulturerbe** <III GC> el
 Patrimonio de la Humanidad
die **Weltliteratur** <III GC> la literatura
 universal
das **Weltreich** <III GC> el Imperio
weltweit, **Welt-** <III GC> mundial
wenig I 5A poco,-a
 I 2B poco *(adv.)*
weniger II 4 menos
wenigstens II 6 al menos
wenn III 8, 2 si
 (dann) **wenn** I 7B cuando
Wer? I 2A ¿quién?, *(pl. ¿quienes?)*
 Wer ist jetzt dran? I 7A, PP ¿Quién va
 ahora?
die **Werbung** II 4 la publicidad
werden II 8 ponerse *(irr.)* *(+ adj.)*
 III 3 hacerse *(irr.)* *(+ adj.)*
etw. **werfen** I 7A echar algo
ein (Kunst)**Werk** II 4, PP una obra
eine **Werkstatt** I 4A, PP un taller
der **Wert** III 8, 2 el valor
wertvoll III 8, 2 de valor
der **Westen** II 8, PP el oeste
ein **Wettbewerb** <III GC> un concurso
das **Wetter** II 1 el tiempo
 schlechtes **Wetter** (sein) II 1 (hacer) mal
 tiempo
ein **Wettrennen** <III GC> una carrera
wichtig I 4B importante
 jdm. **wichtig** sein I 8A importar(le) a
 alguien
die **Wichtigkeit** II 2 la importancia
wie? I 1, PP ¿cómo?
 Wie geht's? I 3B ¿Qué tal?
 Wie heißt du? I 1, PP ¿Cómo te llamas?
wie I 5B como
Wie…!, Was für…! I 4B ¡Qué…!
 Wie blöd! *(ugs.)* II 5 ¡Qué rollo! *(col.)*
 wie es sich gehört II 6 como Dios
 manda
wie viel?, **wie** viele? I 7A, PP ¿cuánto,-os?,
 ¿cuánta,-as?
wieder II 8 de nuevo
 etw. **wieder** tun III 4 volver (-ue-) a
 hacer algo
etw. **wiederholen** II 3 repetir (-i-/-i-) algo
das **Wild** <III 8, MA> el venado
willkommen II 6 bienvenido,-a
das **Willkommen** <III 2, 1> la bienvenida
der **Wind** II 1, 8 el viento
windig sein II 1, 8 hacer *(irr.)* viento
der **Winter** II 9, 9 el invierno
wir I 2B nosotros,-as
wirklich I 3A de verdad
 <III 2, TA> realmente *(adv.)*
die **Wirtschaft** <III 4, 12> la economía
wirtschaftlich <III 4, 12> económico,-a
ein **Wirtschaftssektor** <III PM 2> un
 sector económico

etw. **wissen** I 3B saber *(irr.)* algo
witzig I 5B gracioso,-a
wo II 6 donde
wo? I 3A ¿dónde?
eine **Woche** I 5A, PP una semana
ein **Wochenende** II 9 un fin de semana
wofür? II 3 ¿para qué?
woher? I 1, PP ¿de dónde?
wohin? I 4A, PP ¿adónde?
wohnen I 3A vivir
der **Wohnsitz** <III GC> la residencia
eine **Wohnung** I 8A un piso
ein (kleines) **Wohnzimmer** I 4A una sala
 de estar
etw. (tun) **wollen** I 5A querer (-ie-)
 (hacer) algo
ein **Workshop** I 4A, PP un taller
Wort II 4, PP una palabra
ein **Wörterbuch** I 8B un diccionario
der **Wortschatz** <III 1, TA> el vocabulario
wow! <III 5, 12> ¡guau!
ein **Wunder(werk)** <III 4, TA> una
 maravilla
wunderbar III 6 estupendo,-a
wunderschön I 7B precioso,-a
ein **Wunsch** <III 2, 11>; III 7 un deseo
etw. **wünschen** II 3, PP desear algo
ein **Wunschtraum** <III 7, MA> una ilusión
ein **Würfel** <III 5, 4> un dado
würfeln <III 8, 3> tirar el dado
eine **Wüste** III 4, PP un desierto
wütend <III 2, MA> rabioso,-a

Z

eine **Zahl** I 3B, PP un número
 <III 4, 12> una cifra
etw. **zählen** <III 5, 8> contar algo
(etw.) **zahlen** I 7A pagar (g-gu) (algo)
 Zahlen, bitte! III 1, PP ¿Me cobras?
zahlreich <III GC> numeroso,-a
ein **Zahn** I 6, PP un diente
 sich die **Zähne** putzen I 6, PP lavarse
 los dientes
eine **Zahnbürste** II 6 un cepillo de
 dientes
zehn I 3B, PP diez
…**zehn** *(bei den Zahlen 16–19)* I 3B, PP
 dieci…
zehnte,-r,-s II 2 décimo,-a
eine **Zeichnung** <III 1, 2> un dibujo
jdm. etw. **zeigen** I 8A enseñar(le) algo a
 alguien
 III 8, 4 mostrar (-ue-) algo a alguien
auf etw./jdn. **zeigen** <III 4, 10> señalar
 algo/a alguien
sie **zeigen** *(einen Film)* I 4A, PP ponen
 (una película)
eine **Zeile** <III 1, 9> una línea
die **Zeit** I 5A el tiempo
 in letzter **Zeit** II 8 últimamente
 zur **Zeit** II 8 actualmente
die (Vergangenheits)**Zeiten** <III 2, 13>
 los tiempos del pasado

Diccionario

ein **Zeitraum** <III GC> un periodo

eine **Zeitschrift** II 9, PP una revista

eine **Zeitung** II 9, PP un periódico

ein **Zeitungsartikel** II 9, PP un artículo

ein **Zelt** II 1, PP una tienda de campaña

das **Zentrum** I 4A el centro

sich den Kopf **zerbrechen** III 1 romperse la cabeza

etw. **zerstören** <III 8, MA> destruir (-y-) algo

die **Ziehung** (der Lotterie) <III 3, TA> el sorteo

das **Ziel** <III 6, 3> la llegada

zielstrebig III 5, PP constante

ziemlich I 4B bastante

eine **Ziffer** <III PM 3> una cifra

ein **Zigeuner**, eine **Zigeunerin** <III GC> un gitano, una gitana

ein **Zimmer** I 1 una habitación
I 6 un cuarto

ein **Zirkus** <III 1, MA> un circo

eine **Zitrone** I 7A, PP un limón

ein **Zoo** <III 1, MA> un parque zoológico

zornig <III 2, MA> encendido, -a

(hin) **zu** I 4A a

ab und **zu** <III 1, MA> de cuando en cuando

zu (+ adj.), **zuviel** III 1 demasiado

zu Hause I 4A en casa

das Essen **zubereiten** I 8A, 6 preparar la comida

der **Zucker** I 7A, 7 el azúcar

(das) **Zuckerrohr** <III GC> la caña de azúcar

zuerst I 3B primero (adv.)

zufrieden (sein) I 6 (estar) contento, -a

ein **Zug** II 1, PP un tren

zugunsten von <III 2, TA> a favor de

ein **Zuhause** III 6 un hogar

jdm. **zuhören** I 2A, PP escuchar a alguien

die **Zukunft** II 7 el futuro

jdn. **zurechtweisen** II 5 echar una bronca a alguien

zurück <III 8, 3> atrás

jdm. etw. **zurückgeben** <II 10> devolver (-ue-) algo a alguien

zurückkommen I 5B volver (-ue-)

sich **zurückziehen** <III 8, MA> retirarse

zusammen I 4B junto, -a

alles **zusammen** I 7A en total

etw. **zusammenfassen** <III 1, 12> resumir algo

eine **Zusammenfassung** <III 3, 1> un resumen

das **Zusammenleben** <III 4, 9> la convivencia

etw. **zusammenzählen** III 5 sumar algo

zuviel III 1 demasiado

zwanzig I 3B, PP veinte

...**undzwanzig** I 3B, PP veinti...

zwei I 3A, PP dos

zweifellos II 6 sin duda

zweihundert II 5, PP doscientos, -as

zweihundertzehn II 5, PP doscientos, -as diez

zu zweit <III 2, 8> en parejas

zweite, -r, -s II 2 segundo, -a

die **zweite** Klasse der Sekundarstufe (entspricht der 8. Klasse in Deutschland) II 2 segundo (2°)

jdn. **zwingen** etw. zu tun <III PM 3> obligar (g-gu) a alguien a hacer algo

zwischen II 7 entre

in der **Zwischenzeit** II 7 entretanto

zwölf I 3B, PP doce

Para hacer los ejercicios del libro

In den Arbeitsanweisungen kommen manchmal Wörter vor, die ihr noch nicht gelernt habt, die ihr aber schon aus *Línea amarilla* 1 und 2 kennt, oder die ihr mit Hilfe der bekannten Lerntechniken erschließen könnt. Falls ihr euch nicht sicher seid, könnt ihr hier oder im *Diccionario* auf den Seiten 152–188 nachschlagen.

La clase **adivina** de quién habláis.
Die Klasse **rät**, von wem ihr sprecht.

Poned los **adjetivos** en el lugar correcto.
Setzt die **Adjektive** an die richtige Stelle.

Añadid más información al **esquema** / al **gráfico**.
Fügt dem **Schema** / der **Grafik** weitere Informationen hinzu.

Apuntad la **información** en vuestro cuaderno.
Notiert die **Informationen** in eurem Heft.

Buscad **argumentos a favor** y **en contra de** …
Sucht **Argumente für** und **gegen** …

Cada grupo / alumno / alumna …
Jede Gruppe / **Jeder** Schüler / **Jede** Schülerin …

Haced un **collage**.
Macht eine **Kollage**.

Haced una tabla con dos **columnas**.
Macht eine Tabelle mit zwei **Spalten**.

Comparad con un compañero / una compañera.
Vergleicht mit einem Mitschüler / einer Mitschülerin.

Leed el texto **completo**.
Lest den **gesamten** Text.

Comprobad vuestros **resultados**.
Überprüft eure **Ergebnisse**.

Completad el texto con las formas correctas del verbo.
Vervollständigt den Text mit den richtigen Verbformen.

Continuad con …
Macht weiter mit …

Controlad los resultados / las respuestas.
Kontrolliert die Ergebnisse / die Antworten.

Copiad la tabla.
Zeichnet die Tabelle **ab**.

Corregid o completad vuestros **apuntes**.
Korrigiert oder ergänzt eure **Notizen**.

Describid las fotos / los dibujos / a las personas.
Beschreibt die Fotos / die Zeichnungen / die Personen.

Con ayuda de los **dibujos** contad la historia.
Erzählt die Geschichte mit Hilfe der **Zeichnungen**.

Leed la **estrategia** de la **página** …
Lest die **Lernstrategie** auf der **Seite** …

Formad frases.
Bildet Sätze.

Formulad una **regla**.
Formuliert eine **Regel**.

Sacad información de las **ilustraciones**.
Entnehmt den **Abbildungen** Informationen.

Escribid el texto con ayuda de las **indicaciones**.
Schreibt den Text mit Hilfe der **Angaben**.

Intercambiad los papeles.
Tauscht die Rollen.

Inventad el final / una historia.
Erfindet das Ende / eine Geschichte.

Justificad vuestra **decisión**.
Begründet eure **Entscheidung**.

Mirad las **líneas** … a … del texto.
Schaut euch die **Zeilen** … bis … des Textes an.

Marcad las formas **irregulares**.
Markiert die **unregelmäßigen** Formen.

Dad vuestra **opinión** sobre este tema.
Nennt eure **Meinung** zu diesem Thema.

Ordenad los dibujos / las frases según el texto.
Ordnet die Zeichnungen / die Sätze dem Text entsprechend.

Apuntad las **palabras clave**.
Notiert die **Schlüsselwörter**.

Trabajad **en parejas** / en grupos.
Arbeitet **zu zweit** / in Gruppen.

Decid con qué **párrafo** del texto **va** cada foto.
Sagt, welcher **Abschnitt** zu welchem Foto **gehört**.

Presentad los resultados de vuestro trabajo en clase.
Präsentiert eure Arbeitsergebnisse vor der Klasse.

Preparad una **presentación**.
Bereitet eine **Präsentation** vor.

Haced una **red de vocabulario**.
Macht ein **Vokabelnetz**.

Relacionad las dos frases.
Verbindet die beiden Sätze

Repartid / **Repartíos** los temas / el trabajo.
Verteilt die Themen / **Teilt** die Arbeit **auf**.

Representad el diálogo / la **escena**.
Spielt den Dialog / die **Szene**.

Resumid el texto / cada párrafo / el **contenido**.
Fasst den Text / jeden Abschnitt / den **Inhalt zusammen**.

Reunid la información en una **red**.
Sammelt die Informationen in einem **Netz**.

Elegid una de las siguientes **tareas**.
Wählt eine der folgenden **Aufgaben** aus.

Decid de qué **tema** habla el texto.
Sagt, von welchem **Thema** der Text handelt.

Explicad qué **tiempo verbal** tenéis que usar.
Erklärt, welche **Zeitform** ihr verwenden müsst.

Dad un **título** a cada párrafo del texto.
Tomad nota.
Traducid las palabras **en negrita**.
Transformad las frases como en el ejemplo.
Unid las frases.
Usad las palabras / **expresiones** de la **casilla**.
Usad los **tiempos del pasado**.
Poned los **verbos** en la **forma correcta**.
Decid si esto es **verdadero** o **falso**.

Gebt jedem Textabschnitt eine **Überschrift**.
Macht euch Notizen.
Übersetzt die fettgedruckten **Wörter**.
Formt die Sätze wie im Beispiel **um**.
Verbindet die Sätze.
Verwendet die Wörter / **Ausdrücke** aus dem **Kästchen**.
Setzt die **Verben** in die **richtige Form**.
Verwendet die **Vergangenheitszeiten /-tempora**.
Sagt, ob dies **wahr** oder **falsch** ist.

Otras expresiones útiles en clase

Lo que os dice vuestro profesor / vuestra profesora

... si tenéis que hacer un ejercicio
Abrid los libros en la página ...
Empezamos con la unidad ... / el texto... / el ejercicio ...
¿Quién quiere empezar a leer?
¿Quién empieza con el ejercicio?
¿Quién quiere continuar?
¿A quién le toca?
..., lee el texto de la página ..., por favor.
..., haz el ejercicio número ... / la frase número ...
¿Tenéis alguna pregunta?
Cerrad los libros y escuchad el cedé.
¿Entendéis todo? / ¿Qué palabras (no) entendéis?
Contestad las preguntas de la página ... por escrito / de forma oral.
¿Quién quiere salir a la pizarra / escribir en la transparencia?

... si algo (no) está bien
Tú lo puedes hacer mejor. Inténtalo otra vez.
Eso es. Muy bien. Excelente.
Habla más alto. No se te entiende.
Has cometido un error gramatical / de vocabulario / de pronunciación.
Esto no es correcto. / Esto no está bien.
Repite la palabra / la frase.

... para poner los deberes
Los deberes para la próxima clase son los ejercicios ...
En casa hacéis el ejercicio ... / leéis el texto
... / repasáis / preparáis el vocabulario de ...

... cuando trabajáis con un texto
Sacad información del texto / de los dibujos / de las ilustraciones.
Intentad comprender la idea global del texto.
Formulad una hipótesis.
Fijaos sobre todo en ...

Was euch euer Lehrer / eure Lehrerin sagt

... wenn ihr eine Übung machen sollt
Schlagt die Bücher auf Seite ... auf.
Wir beginnen mit der Lektion ... / dem Text ... / der Übung ...
Wer möchte anfangen zu lesen?
Wer will mit der Übung beginnen?
Wer möchte weiter machen?
Wer ist dran?
..., bitte lies den Text auf Seite ...
..., mach die Übung Nummer ... / den Satz Nummer ...
Habt ihr eine Frage?
Schließt die Bücher und hört die CD an.
Versteht ihr alles? / Welche Wörter versteht ihr (nicht)?
Beantwortet die Fragen auf der Seite ... schriftlich / mündlich.
Wer will an die Tafel kommen / auf Folie schreiben?

... wenn etwas (nicht) gut ist
Du kannst es besser. Versuch's noch einmal.
Genau. Sehr gut. Ausgezeichnet.
Sprich lauter. Man versteht dich nicht.
Du hast einen Grammatik- / Wortschatz- / Aussprachefehler gemacht.
Das ist nicht richtig.
Wiederhole das Wort / den Satz.

... um die Hausaufgaben zu geben
Die Hausaufgaben für nächstes Mal sind die Übungen ...
Zu Hause macht ihr die Übung ... / lest ihr den Text ... / wiederholt ihr / bereitet ihr das Vokabular von ... vor.

... wenn ihr mit einem Text arbeitet
Entnehmt dem Text / den Zeichnungen / den Abbildungen Informationen.
Versucht zu verstehen, worum es in dem Text geht.
Formuliert eine Hypothese / eine Vermutung.
Achtet vor allem auf ...

Primero no os fijéis en los detalles.	Achtet zunächst nicht auf die Details.
No os paréis en palabras desconocidas.	Haltet euch nicht bei unbekannten Wörtern auf.
¿Qué quiere decir el autor / el personaje / … cuando dice que …	Was will der Autor / die Figur / … sagen, wenn er / sie sagt, dass …
Explicad qué quiere expresar el autor / la autora.	Erklärt, was der Autor / die Autorin ausdrücken will.

Lo que vosotros podéis decir al profesor

… si no sabéis qué hay que hacer

¿En qué página / párrafo estamos?
¿Qué ejercicio estamos haciendo?
¿Qué deberes tenemos?

… si no sabéis algo

Tengo una pregunta.
¿Cómo se dice … en español?
Se puede decir también …
¿Cómo se pronuncia esta palabra?
¿Cómo se escribe …?
¿Se escribe con *b* o con *v*? / ¿Se escribe con o sin acento? / ¿Lleva acento?
¿Es correcto? / ¿Está bien?
¿Puede escribir la palabra en la pizarra?
No entiendo la expresión en la línea …
¿Puede traducir, por favor?
¿Puede repetirlo / explicarlo otra vez, por favor?
¿Puede poner otro ejemplo?
¿Puede hablar más despacio?
¿Podemos escuchar el cedé otra vez?

Was ihr zum Lehrer sagen könnt

… wenn ihr nicht wisst, was ihr tun müsst

Auf welcher Seite / in welchem Abschnitt sind wir?
Welche Übung machen wir gerade?
Welche Hausaufgaben haben wir auf?

… wenn ihr etwas nicht wisst

Ich habe eine Frage.
Wie sagt man … auf Spanisch?
Kann man auch … sagen?
Wie wird dieses Wort ausgesprochen?
Wie schreibt man …?
Schreibt man das mit *b* oder mit *v*? / Schreibt man das mit oder ohne Akzent? / Hat das einen Akzent?
Ist das richtig?
Können Sie das Wort an die Tafel schreiben?
Ich verstehe den Ausdruck in Zeile … nicht.
Können Sie das bitte übersetzen?
Können Sie das bitte wiederholen / noch einmal erklären?
Können Sie noch ein Beispiel geben?
Können Sie langsamer sprechen?
Können wir die CD noch einmal hören?

Hispanoamérica

país	adjetivo	habitantes	capital	
Argentina	argentino, -a	un argentino, una argentina	Buenos Aires	*Argentinien*
Bolivia	boliviano, -a	un boliviano, una boliviana	La Paz	*Bolivien*
Chile	chileno, -a	un chileno, una chilena	Santiago de Chile	*Chile*
Colombia	colombiano, -a	un colombiano, una colombiana	Bogotá	*Kolumbien*
Costa Rica	costarricense (m./f.)	un costarricense, una costarricense	San José	*Costa Rica*
Cuba	cubano, -a	un cubano, una cubana	La Habana	*Kuba*
Ecuador	ecuatoriano, -a	un ecuatoriano, una ecuatoriana	Quito	*Ecuador*
El Salvador	salvadoreño, -a	un salvadoreño, una salvadoreña	San Salvador	*El Salvador*
Honduras	hondureño, -a	un hondureño, una hondureña	Tegucigalpa	*Honduras*
Guatemala	guatemalteco, -a	un guatemalteco, una guatemalteca	Ciudad de Guatemala	*Guatemala*
México	mexicano, -a	un mexicano, una mexicana	Ciudad de México	*Mexiko*
Nicaragua	nicaragüense (m./f.)	un nicaragüense, una nicaragüense	Managua	*Nicaragua*
Panamá	panameño, -a	un panameño, una panameña	Ciudad de Panamá	*Panama*
Paraguay	paraguayo, -a	un paraguayo, una paraguaya	Asunción	*Paraguay*
Perú	peruano, -a	un peruano, una peruana	Lima	*Peru*
Puerto Rico	puertorriqueño, -a	un puertorriqueño, una puertorriqueña	San Juan	*Puerto Rico*
República Dominicana	dominicano, -a	un dominicano, una dominicana	Santo Domingo	*Dominikanische Republik*
Uruguay	uruguayo, -a	un uruguayo, una uruguaya	Montevideo	*Uruguay*
Venezuela	venezolano, -a	un venezolano, una venezolana	Caracas	*Venezuela*

En toda Hispanoamérica la lengua oficial es el castellano. Además, existen muchísimas lenguas indígenas. Algunas de las más importantes son: el quechua (en Perú, Ecuador, Bolivia y Colombia), el guaraní (en Paraguay y Argentina), el aymara (en Perú y Bolivia), el náhuatl (en México) y varias lenguas mayas (en México y Guatemala). En Puerto Rico, las lenguas oficiales son el español y el inglés.

Plano Zona Centro de Madrid